Me bastó leer el primer párrafo del libro [...] por Ann Spangler para que se produjera en mi mente una escena sobrecogedora: me veía, alumbrada por la luz de unas velas, a los pies de un eximio narrador. Sus coloridas descripciones y su ágil estilo pintaron en mi mente imágenes que no dejaban de danzar. Pude «ver» las historias bíblicas con una brillantez como nunca antes había visto. Para cualquiera que desee conocer más íntimamente a los hombres y mujeres de las Escrituras y ver más de nosotros mismos a través de ellos, leer *Lejos de ser perfectos* será un placer.

SUSAN GREGORY, autora del *best seller* *The Daniel Fast*

Cuando éramos niños disfrutábamos de las historias de la Biblia, ilustradas a todo color e impresas para usar en los antiguos flanelógrafos. En *Lejos de ser perfectos*, Ann Spangler nos invita a volver a admirar a esos grandes personajes bíblicos y a meditar sobre cómo Dios los usó a pesar de su imperfección. He disfrutado sus vibrantes narraciones y muchas de sus referencias a asuntos culturales. Cada capítulo está salpicado de pepitas de oro del mundo antiguo que arrojan nueva luz sobre las vidas de los personajes bíblicos en el mundo en el que ellos vivieron.

LOIS TVERBERG, autora de *Reading the Bible with Rabbi Jesus*

El último libro de Ann Spangler, *Lejos de ser perfectos*, es un reconocimiento conmovedor al hecho de que, a menudo, Dios usa a personas que frecuentemente son consideradas por los demás como fracasadas. Estas son historias maravillosamente escritas que te conmoverán y te inspirarán a vivir una fe fresca en Jesucristo y su gracia.

JIM CYMBALA, pastor principal, The Brooklyn Tabernacle

Ann Spangler tiene el don de hacer que la Biblia cobre vida. La hermosa forma en que narra sus historias combinadas con aplicaciones históricas desvela poderosas lecciones que podemos aplicar a nuestras propias vidas tan llenas de imperfecciones.

JOANNA WEAVER, autora del *best seller*
Having a Mary Heart in a Martha World

Ann Spangler hace que sintamos a la gente de la Biblia como parientes cercanos, y que nos identifiquemos con ellas. Tomándonos de la mano, nos lleva a través de estas vidas de la antigüedad con una lente contemporánea que es sincera, valiente, inspiradora y aguda. Con Ann Spangler, tales viajes bíblicos son siempre maravillosos. ¡No te pierdas este!

PATRICIA RAYBON, autora de *Undivided: A Muslim Daughter,*
Her Christian Mother, Their Path to Peace

En sus vívidas viñetas de ficción sobre treinta personajes bíblicos, absolutamente fieles a los originales, Ann Spangler llega inequívocamente al corazón del asunto: Dios siempre trabaja con personas profundamente imperfectas, y a menudo lo hace a pesar de ellos. Los ricos retratos de Ann captan lo raro de los tiempos en que vivió cada personaje sin menoscabar la familiaridad de sus situaciones. Estas historias —de Adán y Eva y su variedad de descendientes— nos advierten y nos alientan porque, después de todo, nosotros también somos hijos de Adán e hijas de Eva, y estas historias son nuestras historias. Nos recuerdan la sangre que corre por nuestras venas y la de Aquel que por su sangre puede redimirnos.

MARK BUCHANAN, autor de *The Rest of God*

OTROS TITULOS DE ANN SPANGLER

Mujeres de la Biblia (escrito con Jean Syswerda)

Finding the Peace God Promises

He's Been Faithful (Carol Cymbala con Ann Spangler)

*I Am with You: Daily Meditations on
Knowing and Experiencing God*

Men of the Bible (escrito con Robert Wolgemuth)

The Names of God: 52 Bible Studies for Individuals and Groups

The Names of God Bible (editora general)

The One-Year Devotions for Women

Praying the Names of God

Praying the Names of Jesus

The Rescue (Jim Cymbala con Ann Spangler)

She Who Laughs, Lasts!

Sitting at the Feet of Rabbi Jesus (escrito con Lois Tverberg)

The Tender Words of God

Los que piensan que la Biblia está llena de personas perf[ectas]
porque nunca la han leído. En estas personas lejos de ser pe[rfectas]
encontramos más de lo que esperamos. Gracias, Ann, por ay[udar]
nos a usar nuestra imaginación para alimentar nuestras almas. [Ann]
nos recuerda que solo hay un tipo de persona: la quebrantada.

Al invitarnos a pasar los dedos por los bordes tan irregular[es]
de estas vidas bíblicas, nos recuerda nuestra propia complejidad [y]
nuestra gran necesidad de la paciencia de Dios. ¡Ann es una maestra
de la narración!

Hace de los personajes de las Escrituras algo tan vibrante como
los que encontramos en una novela o en la vida cotidiana. ¡Aquí no
hay santos unidimensionales! Solo gente desesperada, —sean o no
conscientes de ello— necesitadas de Dios.

DERON SPOO, pastor, First Baptist Tulsa; autor de *The Good
Book: 40 Chapters That Reveal the Bible's Biggest Ideas*

El conocimiento y la comprensión de Ann Spangler de la historia
antigua, las leyes y las culturas le permiten tejer un comentario
informativo entre las páginas de las Escrituras. A través de descripciones detalladas de escenas y emociones, las historias y los personajes cobran vida, dando al lector un asiento en primera fila para
seguir el desarrollo del drama. El relato creativo de la autora de las
historias bíblicas nos recuerda de nuevo cómo Dios usó personas
lejos de ser perfectas en su plan supremo de redención.

CRYSTAL BOWMAN, autora de éxitos de librería,
galardonada por haber escrito más de 100 libros para niños,
incluyendo *Our Daily Bread for Kids,
Devotions for Beginning Readers,* y *M is for Manger.*

LEJOS DE SER PERFECTOS

Hombres y mujeres de la Biblia quebrantados
y lo que podemos aprender de ellos

ANN SPANGLER

CONTENIDO

INTRODUCCIÓN

Antes que se escribiera una sola palabra de la Biblia, ya sus historias e instrucciones se comunicaban oralmente. Aunque muchas culturas modernas se sustentan en la palabra escrita, las culturas antiguas desarrollaron fuertes tradiciones orales por medio de las cuales la información fue pasando de generación en generación.

Seguramente así fue como se preservaron las historias de las mujeres incluidas en este libro, contándose de generación en generación, tal vez alrededor de una fogata bajo un cielo salpicado de estrellas. Cuando el sol se ocultaba y se ponía fin al trabajo del día, la gente compartía una comida, se contaban las experiencias vividas en la jornada, y luego relataban las historias de su nación y su tribu deleitándose con los recuerdos de coloridos personajes, gente real a la que sus padres, abuelos y tatarabuelos habían conocido.

Es posible que algunas historias desagradables como las de Amnón o la enamorada de Sansón, Dalila, se hayan reservado para tarde en la noche, cuando los niños pequeños ya se habían ido a la cama. Conservadas con notable fidelidad por una fuerte tradición oral, estas y otras historias finalmente llegaron a formar parte de la Biblia que leemos hoy en día.

Es muy posible que, desde sus primeros años, los niños hayan considerado las historias de gente como Sara, Jacob y Judá, parte de su propia familia; como sus tías y tíos de donde surgieron los primeros brotes de su árbol genealógico.

A diferencia de otros libros sagrados, la Biblia nunca maquilla a sus personajes. Esta es una de las razones para que los haga tan reales. Sentimos que las personas que pueblan sus páginas son seres humanos con muchas de las mismas vulnerabilidades y problemas que afligen a nuestro mundo. Si la Biblia fuera una colección de curiosidades, seguramente varias de estas historias nunca habrían llegado a sus páginas. Pese a todos nuestros intentos de introducir la Biblia a los niños, la Escritura es esencialmente un libro para adultos. Eso significa que tenemos que ir más allá de las versiones de Escuela Dominical de estas historias. En *Lejos de ser perfectos* he intentado volver a imaginarlas de una manera que cobren vida en el mundo de hoy. Aunque las técnicas de ficción sirven para extraer ciertos elementos de la historia, he pasado ligeramente sobre ellas en aras de mantenerme lo más cerca posible del texto bíblico. Debido a que las historias ocurrieron en un mundo tan lejano del nuestro en tiempo como en cultura, he entretejido información de fondo para que sirva como puente entre el pasado y el presente. Mi objetivo es hacer que te sea lo más fácil posible caminar por ese puente para que puedas leer estas historias y entenderlas de la misma manera que lo harían quienes las escucharon hace miles de años.

La frase *lejos de ser perfectos* puede parecer un eufemismo cuando se trata de algunas de las personas cuyas historias se incluyen aquí, como Herodes el Grande o su malvada nieta Herodías, por ejemplo. ¿Podrían sus vidas enseñarnos algo? Para quienes creemos que la Escritura es la Palabra de Dios inspirada, estas y otras historias están en la Biblia por alguna razón. Al volver a contarlas, intentaré descubrir lo que podemos aprender sobre Dios, sobre nosotros mismos y sobre el mundo lejos de ser perfecto en el que vivimos.

Hace algunos años, el escritor ruso Alexander Solzhenitsyn dijo algo muy interesante: «Si hubiera gente perversa en alguna parte cometiendo maldades, y solo fuera cuestión de separarlos del resto de nosotros y destruirlos... pero la línea que divide el bien y el mal pasa por el corazón de cada ser humano. ¿Y quién estaría dispuesto a destruir una parte de su propio corazón?».[1]

La Biblia ilustra la verdad de esto. En sus primeras páginas vemos a Adán y Eva viviendo felices en el jardín que Dios había creado para ellos. Pero después de unos pocos párrafos comienzan a inclinarse hacia la oscuridad, escuchando las mentiras que los habría de sumergir en un mundo roto creado por ellos mismos. Como consecuencia, asuntos como el engaño, la alienación y la violencia se abrirían camino a través de todas las historias que siguieron. Incluso David, uno de los héroes más grandes de la Biblia, al que se dice que es «un hombre según el corazón de Dios», tiene un lado oscuro que causa un dolor tremendo a quienes lo rodean.

En lugar de limitarme a llenar los temas que forman este libro con referencias para seguirles la pista a cada una de las citas de la Biblia, intenté simplificar las cosas incluyendo información que te ayude a encontrar el lugar dónde aparece cada historia en la Escritura. En algunos casos, la historia no se puede explorar completamente sin visitar una variedad de lugares en la Biblia donde el personaje aparece, desaparece y luego reaparece. Para aumentar tu comprensión de las Escrituras, cada historia culmina con una breve sección, titulada «Los tiempos» donde encontrarás más información sobre el contexto histórico y cultural en el que se desarrolló. Para aquellos que quieran profundizar aún más, la última sección de cada capítulo, titulada «Algo para pensar», incluye preguntas para discusión y reflexión diseñadas para estudio bíblico individual o en grupos.

Ya sea que leas la Biblia íntegramente o solo las partes que tienen relación con los hombres y mujeres más quebrantados, espero que te des cuenta de que la Biblia es, ha sido y sigue siendo el libro de historia más grande del mundo. En la medida que te vayas familiarizando con ella, más irás reconociendo la presencia en ella de una mano creadora hasta que un día se te revele como el relato de una sola gran historia: Dios entrando en nuestro mundo deteriorado y convirtiéndose en uno de nosotros para salvarnos.

CAPÍTULO 1

LA HISTORIA DE ADÁN

Cómo por comer lo que no debían lo arruinaron todo

Porque polvo eres, y al polvo volverás.

GÉNESIS 3.19

Un día antes de que se hicieran los días, Dios comienza a hacer algo tan estupendo y sorprendente que nadie podría haberlo imaginado, suponiendo que hubiera habido alguien para presenciarlo.

Él habla para que el universo llegue a ser, creando los cielos y la tierra. Del caos esculpiría un mundo.

Así, día tras día su poderosa palabra fue horadando la oscuridad vacía a la vez que la llenaba de todo tipo de cosas bellas: tierra y cielo, montañas, praderas y grandes olas ondeantes que salpicaban y rompían entre ellas como si aplaudieran lo que Dios estaba haciendo.

Más allá de la tierra, galaxias flotan en número tan grande que hace imposible contarlas. Son como grandes hogueras que se arremolinan, encienden el universo y lo llenan de asombro.

Hay música en los cielos y música acá abajo, en el mar, porque las grandes criaturas de Dios entonan canciones en las profundidades mientras que las más pequeñas revolotean por los cielos, trinando de alegría.

Háganse… Háganse dice Dios, y se hacen flores y bosques, ríos y arroyos, y todo tipo de animales salvajes y maravillosos. Un mundo ruidoso se inunda con los mugidos, balidos, rebuznos, gorjeos, risas, silbidos, rugidos, aullidos, graznidos, resoplidos y chillidos.

Pero lo más maravilloso de todo es que surgen de la tierra misma. Porque Dios, que ha examinado cada cosa que ha creado y la ha llamado buena, se inclina en un último estallido de energía y recoge un puñado de polvo. Pero ¿qué podría hacer con ese polvo?

Puede hacer algo audaz y valiente, inteligente y fuerte. Algo curioso y astuto, intrépido y libre. Algo que llegará a ser Alguien. Después de que Dios forma con el polvo algo que puede amar, sopla de su aliento en las fosas nasales, y el hombre llega a ser un ser viviente.

Esta nueva criatura —una amalgama de suciedad y posibilidad divina— se llama *adán*, que significa «extraído de la tierra». Y así es como Dios crea a los seres humanos a su imagen; a la imagen de Dios los crea; hombre y mujer los crea.

Para cuando el primer hombre entra en escena, el Señor Dios ya ha plantado un jardín en el este, en el Edén, un lugar especial en el cual la mayor de sus criaturas pueda vivir. Es un paraíso, lleno con toda clase de árboles: agradables a la vista y buenos para comer. Para donde sea que mires, verás senderos sinuosos, lagunas azules y árboles cargados de frutas. En el medio de este magnífico jardín se encuentran dos árboles misteriosos: el árbol de la vida y el árbol del conocimiento del bien y del mal.

Dios le explica que solo hay una cosa que no debe hacer. «Puedes comer de todos los árboles del jardín» le dice. «Pero del árbol del conocimiento del bien y del mal no deberás comer. El día que de él comas, ciertamente morirás» (Génesis 2.16).

Aunque el Señor comienza enfatizando la libertad humana para comer de cualquier otro árbol en el jardín, no pasará mucho tiempo antes de que las personas comiencen a pensar en Dios como un aguafiestas divino, como si negándoles una cosa, les estuviera negado todo.

Ya el Señor Dios ha formado las criaturas del mar, las aves del cielo y los animales que moran en la tierra. Trayendo cada uno al hombre, espera para ver qué nombre les va a poner. Uno por uno, el hombre va poniéndoles nombre: «asno», «cerdo», «león», «vaca», «pez», «gato», «halcón», «gacela», «cabra», «zorro», «caballo»,

En el mundo antiguo, la acción de nombrar indicaba a menudo la asignación de una función o el decreto de un destino. Era considerado un acto de autoridad.■

I Lois Tverberg comenta que «cuando Dios "opera" a Adán, le saca una *tzela echad*– literalmente un costado. La traducción de *tzela echad* como costilla solo se da aquí— en los demás lugares se refiere a un "lado" de algo, como cuando se insertaron los anillos en un lado del arca en Éxodo 37.3».[7] ■

«buitre», «oveja», «elefante», «simio», «camello», «águila». Los nombres siguen y siguen. Cuando finalmente ha puesto nombre a cada animal, se hace evidente que ninguno de ellos, por magníficos, talentosos, bellos, bien formados o listos que sean, se compatibiliza con el hombre mismo.

«No es bueno que el hombre esté solo», observa Dios. Y luego dice: «Le haré una compañera adecuada». Hace que caiga en un sueño profundo, lo divide y crea una nueva persona.

Cuando Adán despierta y ve la asombrosa compañía que Dios le ha traído, se muestra extasiado; tan emocionado que lo primero que se le ocurre decir es: «Esto es ahora hueso de mis huesos y carne de mi carne; se llamará "mujer", porque fue sacada del hombre». Debido a que Adán entiende que ha perdido parte de él mismo, quiere tenerla toda para él.

Desde entonces, Adán y Eva, porque así es como la llamará, son inseparables. Dos inocentes en el paraíso se contentan con explorar la longitud y la amplitud de su hogar en el jardín, balanceando sus pies en sus frescos y refrescantes arroyos mientras se deleitan con melocotones, peras, granadas, higos, dátiles, melones, almendras, aceitunas, miel y más. Complementándose mutuamente, se sienten completos y felices. A pesar de su desnudez, no sienten vergüenza.

Un día, mientras pasean por el jardín cerca del árbol del cono-cimiento del bien y del mal, se encuentran con una criatura a la que Adán ya le había puesto *nahas*, una palabra cuya raíz significa «brillante» y «encantador». De hecho, la serpiente es encantadora, pero también es astuta y llena de malicia.

Sin perder tiempo, la serpiente comienza un ataque sutil. Dirigiéndose a la mujer, le pregunta: «¿Dijo realmente Dios: "No debes comer de ningún árbol en el jardín"?».

Mientras Eva piensa cómo va a responder a esa pregunta, Adam guarda silencio. «Podemos comer fruto de los árboles del jardín, pero Dios dijo: "No deben comer fruto del árbol que está en medio del jardín, ni tocarlo, o morirán"».

Encantada de que la mujer estuviera dispuesta a hablar con ella, la astuta criatura responde con una mentira rotunda rematada con una promesa tendenciosa: «No morirás. Dios sabe que cuando comas de él, tus ojos serán abiertos, y tú serás como Dios, cono-ciendo el bien y el mal».

Es interesante que la primera mentira haya sido una desagrada-ble calumnia sobre Dios. En lugar de apresurarse en salir en defen-sa del Señor o simplemente negarse a escuchar, Adán y su esposa dejan que las palabras de la serpiente entren en sus corazones, donde ensombrecen todo lo que saben acerca de Dios.

Y ya se encuentran frente al árbol prohibido con una fruta tan deliciosa que suplica que se la coman, al menos eso es lo que Eva piensa. Envalentonada por su conversación con la serpiente, extien-de su mano, coge una y le da un mordisco. Su carne la siente firme y dulce. Coge otra, se la pasa a Adán, quien también la come.

Antes de que los dos puedan terminar, sienten en el pecho cómo sus corazones se endurecen y se constriñen. Su amor, que una vez era algo frecuente y ardiente como algo natural e inocente se vuelve, de pronto, bestial y sucio. Tal como la serpiente se los había dicho, sus ojos se han abierto, pero en vez de percibir lo bueno, solo ven lo malo. Tratando de cubrirse el uno del otro, tapan su desnudez con hojas de higuera.

De repente, oyen un sonido como de un viento impetuoso. Adán se agazapa detrás de un árbol mientras escucha al Señor preguntando: «¿Dónde estás?».

«Te escuché en el jardín», responde Adán, «y tuve miedo porque estaba desnudo; así que me escondí».

«¿Quién te dijo que estabas desnudo?» retumba la voz de Dios. «¿Has comido del árbol del que te mandé que no comieras?».

«La mujer que me diste, me dio un poco y yo comí».

Incluso para Adán, la respuesta suena a cobardía. Pero eso a él no le importa.

Dirigiéndose a Eva, Dios le pregunta: «¿Qué has hecho?».

Al igual que Adam, ella intenta quitarse de encima la culpa y dice:

«La serpiente me engañó y yo comí».

Volviéndose a la serpiente, Dios le dice: Por causa de lo que has hecho, ¡maldita serás entre todos los animales, tanto domésticos como salvajes! Te arrastrarás sobre tu vientre, y comerás polvo todos los días de tu vida. Pondré enemistad entre tú y la mujer, y entre tu simiente y la de ella; su simiente te aplastará la cabeza, pero tú le morderás el talón».

A Adán, Dios le dice: «Por cuanto le hiciste caso a tu mujer, y comiste del árbol del que te prohibí comer, ¡maldita será la tierra por tu culpa! Con penosos trabajos comerás de ella todos los días de tu vida. La tierra te producirá cardos y espinas, y comerás hierbas silvestres. Te ganarás el pan con el sudor de tu frente, hasta que vuelvas a la misma tierra de la cual fuiste sacado. Porque polvo eres, y al polvo volverás».

Así fue como los primeros seres humanos, creados a partir del polvo de la tierra y el aliento de Dios, cayeron desde el lugar en lo alto en que habían sido puestos. En lugar de gobernar la tierra tranquilamente, verán cómo la tierra los domina. En lugar de disfrutar del exuberante y paradisíaco jardín, tendrán que trabajarlo de la mañana a la noche hasta que finalmente se los trague. Sin importar cuánto suden, nada impedirá que vuelvan a sus comienzos, a la tierra de donde salieron.

Después de cubrirlos con vestiduras hechas de piel, Dios dice: «El ser humano ha llegado a ser como uno de nosotros, pues tiene conocimiento del bien y del mal. No vaya a ser que extienda su mano y también tome del fruto del árbol de la vida, y lo coma y viva para siempre». Para evitar que Adán y su esposa coman de ese fruto que los inmortalizaría y los condenaría a una vida sin fin de pecado, los saca del Edén y pone en la entrada querubines y una espada llameante para proteger el camino al árbol de la vida.

Afortunadamente, Dios sigue amando todo y a todos los que él ha hecho. En medio del juicio que les hace, promete a la mujer que saldría de entre sus descendientes uno que un día aplastaría la cabeza de la serpiente.

Incluso después de escuchar la penosa sentencia que Dios ha pronunciado por el pecado, Adán expresa su esperanza por el futuro del mundo nombrando a su esposa Eva, porque «ella será la madre de todo ser viviente».

Después de innumerables años y demasiadas penas para contar, una hija de Eva, cuyo nombre es María, dará a luz un hijo. Él será un nuevo Adán, rescatando al mundo de su pecado.

LOS TIEMPOS

La historia de Adán tuvo lugar antes
del registro de Los tiempos.
Se encuentra en los capítulos 1 al 4 del libro de Génesis.

El título hebreo para el libro de Génesis es *Bereshith*, que también es la primera palabra de la Biblia. Las traducciones al español la convierten en «En el principio». Aunque los dos primeros capítulos del Génesis describen la creación como un mundo de perfecta belleza y armonía, la paz que caracterizó al mundo de Dios saltó en pedazos cuando Eva y luego Adán lo desobedecieron.

Según Génesis 1.27, «Dios creó al ser humano [Adán] a su imagen; lo creó a imagen de Dios. Hombre y mujer los creó». En los primeros tres capítulos de Génesis, la palabra hebrea *adán* puede traducirse como «hombre», «género humano», «humano» o «ser humano». A menudo, las traducciones al español la traducen como un nombre propio. Técnicamente, «Adán» no aparece como un nombre propio sino hasta Génesis 4.25.

Es interesante notar que cuando a Jesús le preguntaron sobre el divorcio, respondió recordando el relato de la creación: «¿No han leído... que en el principio el Creador "los hizo hombre y mujer", y dijo: "Por eso dejará el hombre a su padre y a su madre, y se unirá a su esposa, y los dos llegarán a ser un solo cuerpo"? Así que ya no son dos, sino uno solo. Por tanto, lo que Dios ha unido, que no lo separe el hombre» (Mateo 19.4-6). Como Lois Tverberg ha señalado, incluso antes de la época de Jesús, los sabios judíos creían que «en el matrimonio, un hombre y una mujer se funden en una sola persona completa porque de alguna manera al principio fueron hechos juntos».[1]

Cuando Adán desobedeció a Dios, perdió no solo su hogar sino también la relación íntima que siempre había disfrutado con su Creador.

Además, su trabajo de cuidar de la creación ya no sería una alegría y una delicia, sino algo mortificante y doloroso porque la tierra se resistiría a él en todo momento. Aunque el primer hombre se formó a partir de elementos tanto inferiores como superiores —el polvo del suelo y el aliento de Dios (Génesis 2: 7)—, serían los elementos inferiores los que prevalecerían. Al final, moriría y volvería al polvo.

El primer pecado trajo consigo la ruptura, el conflicto, el dolor, la enfermedad, el sufrimiento, la tristeza y la muerte. Crearía una división dentro del corazón humano, alejándonos de Dios, de otros e incluso de nosotros mismos. Se requeriría un nuevo Adán para que subsanara la brecha que el pecado creó.

ALGO PARA PENSAR

1. Tómate un momento para pintar una imagen en tu mente de cómo era la vida antes y cómo fue después de que Adán desobedeciera a Dios. ¿Qué ves?

2. El pecado entró al mundo a través de los ojos y los oídos de un hombre y una mujer. Describe épocas en tu propia vida cuando no escuchaste a Dios.

3. Fíjate que la primera mentira en la historia del mundo fue sobre el carácter de Dios. Y, además, que Jesús llamó al diablo «mentiroso y padre de mentiras» (Juan 8:44). ¿Qué mentiras acerca de Dios te has sentido tentado a creer?

4. Hasta cierto punto, la historia de los primeros seres humanos nos habla no solo de lo que sucedió una vez, sino también

de lo que sucede siempre. ¿De qué manera este relato de los comienzos del mundo nos da una idea de nuestro mundo de hoy? ¿Y de nuestras propias luchas? ¿Qué te dice esto sobre tus expectativas en cuanto a cómo los primeros humanos habrían de cuidar su mundo, según leemos en Génesis 1.28?

CAPÍTULO 2

LA HISTORIA DE EVA

La mentira que destruyó el mundo maravilloso de Dios

Nada hay tan engañoso como el corazón. No tiene remedio. ¿Quién puede comprenderlo?

JEREMÍAS 17.9

Bzzz, bzzz. Espanta todas las moscas que puede, pero estas insisten en volver. Son demasiadas como para poder contarlas. Ya está acostumbrada a tales contrariedades; las moscas son uno entre muchos problemas. Su lugar favorito para atacar es alrededor de los ojos, ya que allí pueden succionar las lágrimas antes que se asomen.

Aun así, Eva es una criatura espléndida, la mujer más bella del mundo en opinión de su esposo, una broma que lo hace reír. Tiene unos grandes ojos color miel, una piel suave y delicada, y una frondosa cabellera negra que se desliza como cascada por su espalda.

Eva tiene recuerdos, pero no muchos. Las imágenes se arremolinan en su cabeza, nítidas y refulgentes, junto con largas y profundas sombras.

Ella sabe lo que es caminar en el jardín de Dios, por senderos que serpentean a través de prados verdes y la conducen a aguas límpidas y tranquilas. Cuando tiene hambre, simplemente extiende el brazo para sacar de los árboles el alimento que crece en abundancia.

Recuerda lo que es tener cada sentido satisfecho, cada necesidad atendida. Caminar con Dios en el frescor del día. Conocer la inmensidad de su amor. Él le dice que la hizo a su imagen. Que ella y su esposo deben ejercer dominio sobre los peces del mar, las aves del cielo y todo el ancho mundo que ha creado. Que deben fructificar y multiplicarse para poder cuidar de su gran creación.

Les dice cómo separó la luz de las tinieblas y formó dos grandes lumbreras: la lumbrera mayor para dominar el día y la lumbrera menor para dominar la noche. Les habla de su deleite al poner las estrellas en sus sitios en el cielo. Para Eva, las estrellas se ven como pequeños puntos de luz brillante filtrándose a través del manto de la noche.

Escucha con asombro mientras él le dice cómo hizo un hogar para ella y Adán en el este del Edén, un jardín paradisíaco en el cual crece toda clase de árboles agradables a la vista y buenos para proporcionarles comida. En el centro del huerto crecen el árbol de la vida y el árbol del conocimiento del bien y del mal.

Recuerda también lo que Adán le ha dicho. Cómo Dios lo formó del polvo de la tierra. Aún se acuerda del cálido y dulce aliento de Dios trayendo su alma a la vida. A Adán le encanta recordar el día cuando Dios hizo desfilar a todos los animales frente a él: cocodrilos, mandriles, gacelas, lagartijas, cotorras, cuervos, leopardos, chorlitos, monos, guacamayos, pitones, ranas, cisnes trompetistas, yaks, zorros voladores, colibríes, garzas, elefantes, leones y grandes pavos reales. Dios y Adán disfrutaban viendo pasar a algunos animales de aspecto muy divertido. La mejor parte fue cuando Adán tuvo que ponerles nombre a todos.

En realidad, Eva conocía muy bien la escena, casi como si hubiera estado ahí y Dios aun no hubiese puesto a Adán a dormir para sacarla de su costado. Quizás el recuerdo perdurara desde cuando los dos habían sido uno.

Adán siempre le recuerda que incluso entre las criaturas más maravillosas que Dios había hecho, ninguna hacía pareja con él. Por eso fue por lo que el Señor Dios lo hizo caer en un sueño profundo y, mientras estaba dormido, formó a una mujer de su costado.

El deleite de Dios era evidente cuando se la presentó a Adán y lo oyó exclamar:

«Ésta sí es hueso de mis huesos
y carne de mi carne.
Se llamará "mujer"
porque del hombre fue sacada».

Esta es la parte favorita de la historia para Eva. Le encanta escuchar a Adán cuando la cuenta. Lo sorprendido que estuvo cuando la vio. Su aliento, dice, tenía la fragancia de las manzanas, y sus pechos eran como racimos de fruta. Su boca era el vino más delicioso.

Eva y Adán. Adán y Eva. Cada uno complementando al otro. Ella sonríe al recordar su vida juntos en el Edén.

Recuerda también lo que en un principio no sabía: que podría haber un lugar menos perfecto, una vida menos placentera, un futuro menos brillante. Que el pecado podría estar acechando a la puerta, esperando la oportunidad para derribarnos y destrozarnos en mil pedazos, cada uno con una espina y una púa. Engaño, culpa, miseria, vergüenza y dolor terrible. Todo esto y peor ya lo ha conocido.

Regresa a sus recuerdos de lo que una vez fue. Piensa en todas aquellas plantas en el paraíso y los deliciosos frutos que producían. Los árboles eran hermosísimos. Palmeras majestuosas, nudosos olivos, robles enormes e higueras perfectas para jugar con Adán a las escondidas. Sin embargo, sobre todo, amaba aquellos que crecían en el centro del jardín. Uno tenía brillantes hojas verdes iluminadas con pequeñas luces que danzaban en su interior. El otro tenía hojas de un púrpura profundo con venillas color rojo.

¿Por qué —se preguntaba—, les había dicho Dios que eran libres de comer de cualquier árbol del jardín, excepto del árbol del conocimiento del bien y del mal, advirtiéndoles que si comían de él les sobrevendría una muerte? ¿Qué era precisamente eso sobre la muerte de que les había hablado?

Un día, mientras se encontraba concentrada en estos pensamientos y caminaba con Adán por el centro del jardín, se les apareció una serpiente. La serpiente no era una criatura cualquiera, sino la más astuta de todos los demás animales salvajes que Dios había creado. La serpiente le habló en un tono seductor. «¿Realmente Dios les dijo: "No deben comer de todos los árboles que hay en el huerto"?». ¿Por qué, preguntó, un Dios tan bueno habría de negarles lo que quisieran? ¿No fueron ella y Adán la corona de su creación?

En ese momento, a Eva se le ocurrió que posiblemente había algo vital que Dios le estaba ocultando y que ella necesitaba conocer. No obstante, tales pensamientos la asustaron, por lo que simplemente dijo: «Podemos comer del fruto de los árboles en el huerto, pero Dios dijo: "No deben comer el fruto del árbol que está en medio del jardín, ni lo tocarán porque si lo hacen, morirán"».

«No van a morir», le dijo la serpiente. «Porque Dios sabe que cuando coman el fruto, sus ojos les serán abiertos, y serán como Dios, sabiendo el bien y el mal».

Saber lo que es bueno en cada situación. Ver el final desde el principio y todo lo que está entre estos dos puntos. Ser capaz de alcanzar una meta con precisión impecable y certeza absoluta. Sin duda, esto era sabiduría. ¿Por qué Dios querría mantener este don poderoso lejos de ella?

Se volvió a Adán como buscando una respuesta a su pregunta silenciosa, pero él no le dijo nada. Ahora estaban cerca del árbol. Tomando un fruto, lo mantuvo en la mano, deleitándose con la firmeza de su pulpa.

Cuando vio que no sucedía nada, le dio un mordisco y luego otro, hasta que se lo hubo comido todo.

Entonces asió otro fruto del árbol y se lo entregó a Adán, quien se lo comió sin la más mínima protesta.

Y de pronto, se les abrieron los ojos y pudieron ver el mal cada uno en el corazón del otro. Avergonzados por su desnudez, cosieron hojas de higuera con las que se cubrieron.

En ese momento Eva y Adán escucharon un ruido que los asustó. Dios venía caminando por el jardín. Se escondieron. Dios los llamó:

«¿Dónde están?».

¿Pero quién puede esconderse de Dios?

«Escuché que andabas por el jardín, y tuve miedo porque estoy desnudo. Por eso me escondí», contestó Adán.

Entonces Dios, que ya conocía la respuesta a su pregunta, inquirió:

«¿Y quién te ha dicho que estás desnudo? ¿Acaso has comido del fruto del árbol que yo te prohibí comer?».

Buscando la manera de explicarse, el esposo de Eva le dijo la verdad, pero no toda la verdad. Comenzó con una insinuación, culpando a Dios por lo que había hecho. ¿No había sido Dios quien le había dado a la mujer? Luego, apuntando en dirección a donde estaba Eva, dijo:

«La mujer que me diste por compañera me dio de ese fruto, y yo lo comí».

Dios entonces se volvió a Eva y le dijo:

«Qué es lo que has hecho?».

La pregunta la atravesó como un cuchillo, cortando su corazón en dos. Sin embargo, ella mintió y, justo como Adán, se rehusó a asumir la culpa.

«La serpiente me engañó, y comí», dijo.

Y luego se agazapó, colocando sus brazos sobre la cabeza como para protegerse de los golpes.

No obstante, Dios simplemente se volvió a la serpiente y le dijo:

«Por causa de lo que has hecho,
¡maldita serás entre todos los animales,
    tanto doméstico como salvajes!
Te arrastrarás sobre tu vientre,
    y comerás polvo todos los días de tu vida.
Pondré enemistad entre tú y la mujer,
    y entre tu simiente y la de ella;
su simiente te aplastará la cabeza,
    pero tú le morderás el talón».

Pero ahí no terminó todo.

Luego Dios se volvió a la mujer y le dijo:
«Multiplicaré tus dolores en el parto,
    y darás a luz a tus hijos con dolor.
Desearás a tu marido,
    y él te dominará».

Las palabras de Dios cayeron como un rayo en una tormenta repentina, iluminando el cielo con sorprendente claridad, mostrándoles todo lo que habían perdido. El futuro se alzaba sombrío y difícil ante ellos.

En cuanto a Dios, se entristeció por lo que había sucedido, cómo el hombre y la mujer a quienes había amado trayéndolos a la existencia habían fallado en retribuirle ese amor. No podía dejar que Adán y Eva permanecieran en el jardín que había creado solo para ellos. Debido a que habían tomado y comido el fruto del árbol de la vida, tendrían que vivir para siempre con su pecado y no habría ninguna posibilidad de convertirse en otra cosa que no fuera lo que eran ahora: seres humanos quebrantados y corrompidos. Así que

Dios los expulsó y los puso al oriente del Jardín del Edén. Y colocó querubines y una espada encendida que se movía por todos lados para guardar el camino del árbol de la vida.

Sin embargo, no estaban totalmente a oscuras. Aunque Eva y su marido habían prestado oídos a la peor mentira de todas, Dios tenía en mente para ellos algo más que castigo. A pesar de todo, sus vidas se desarrollaron como Dios había dicho que ocurriría.

Adán llamó a su esposa Eva, porque ella sería la madre de todos los seres vivientes. Con gran angustia, Eva dio a luz a tres hijos: Caín, Abel y Set. El mayor se transformó en un asesino y el segundo en su víctima. Y con respecto a Adán, tuvo que trabajar de la mañana a la noche para mantener a su familia.

¿Y en cuanto a Dios?

Afortunadamente para Eva y Adán, y todos los hijos que llegarían a ser sus descendientes, Dios había visto el final desde el principio y todo lo que está entre estos dos puntos. Debido a su gran amor y con absoluta certeza, había puesto en marcha un plan para atraer a su pueblo a sí.

LOS TIEMPOS

Estos hechos tuvieron lugar antes que se registraran por escrito.
La historia de Eva se puede encontrar en los
capítulos 1 al 4 del libro de Génesis.

De acuerdo con la visión del mundo que prevalecía entre las naciones vecinas de Israel en el antiguo Oriente Medio, el papel principal del ser humano era atender a las necesidades de sus dioses. Tenían que encargarse de los trabajos rutinarios que los seres divinos estaban cansados de realizar, especialmente el de proveerse comida.

Por contraste, Génesis presenta a Dios como el que no solo crea a los primeros seres humanos, sino que les provee alimentos al crear para ellos un jardín paradisíaco a fin de que vivieran en él. El jardín que describe Génesis no es meramente un jardín de flores o un lugar lleno de hortalizas, sino un parque con senderos, lagunas, plantas y árboles que producen frutos y agua vivificante. Era un jardín impresionante, digno de ser parte de un templo o un palacio. La implicación en Génesis es que el jardín hogar de Adán y Eva formaba parte de la residencia de Dios en el Edén.[1]

Génesis también deja claro que hombres y mujeres, a diferencia de los demás seres vivos, fueron creados a imagen de Dios. Que los dioses colocaran imágenes de ellos mismos en la tierra pudo no haber sido una idea nueva. Los pueblos de los alrededores creían que esas imágenes, que tomaban la forma de ídolos, monumentos o incluso reyes, eran realmente imágenes de la divinidad, conteniendo la esencia de los dioses que los capacitaban para hacer el trabajo de ellos sobre la tierra.

No obstante, Génesis presenta solo a un Dios que es el Creador de todo cuanto existe. En lugar de tratar a Adán y Eva como esclavos,

Dios comienza proveyendo amorosamente para sus necesidades y luego tratándolos como portadores de su imagen real, diciéndoles: «Fructificad y multiplicaos; llenad la tierra, y sojuzgadla y señoread en los peces del mar, en las aves de los cielos, y en todas las bestias que se mueven sobre la tierra» (Génesis 1.28, RVR1960).

Viviendo en un mundo tan quebrantado nos resulta difícil imaginar todo lo que Adán y Eva perdieron por ceder a la tentación de transgredir las órdenes que claramente les había dado Dios. La consecuencia inmediata de su acto fue exponer su vergüenza. Antes de comer el fruto, no tenían nada que esconder; pero ahora, ningún vestido podría ocultarles la oscuridad interior.

ALGO PARA PENSAR

1. Por qué crees que Dios puso a Adán y Eva en el Jardín del Edén? ¿Qué te dice eso acerca de sus expectativas sobre cómo los primeros humanos habrían de cuidar su mundo, según lo expresa en Génesis 1.28?

2. En el Edén, Eva debió haber tenido una relación perfecta con su marido. ¿Cómo crees que funcionaba aquel primer matrimonio?

3. ¿Alguna vez has desobedecido a Dios porque no entendiste o no estuviste de acuerdo con alguno de sus mandamientos? ¿Cuál fue el resultado?

4. ¿De qué maneras crees que la imagen de Dios es quebrantada por las personas en el día de hoy? ¿Cómo crees que Dios quiere restaurar su imagen en la gente de la actualidad?

CAPÍTULO 3

LA HISTORIA DE CAÍN

El orgullo herido lleva al asesinato

¿Acaso soy yo el que debe cuidar a mi hermano?

GÉNESIS 4.9

Caín siente que algo lo acecha a dondequiera que vaya; incluso en el campo donde se siente más a gusto mientras cultiva la tierra y recoge las cosechas siente una presencia amenazante. Como no puede identificar de qué se trata, intenta interpretarlo como producto de su imaginación.

Hombre fornido, con el cabello oscuro y rizado que le cae hasta los hombros, es el orgullo de su madre, la evidencia innegable de su poder creativo. Porque el día en que nació su bebé, ella exclamó: «¡Con la ayuda de Dios, he tenido un hijo varón!».[1] Con sufrimiento y gran dolor, desde lo profundo de su ser, Eva había tenido éxito en dar a luz un hijo.

Corresponde a Caín, entonces, como el primer hombre nacido de mujer, crear el escenario para toda la historia en el que se revele lo que yace en lo profundo del corazón humano: sus furias y pasiones, sus celos y vergüenzas.

De sus padres, Caín ha oído historias de aquel espléndido jardín en el Edén y de lo hermoso que era pasear con Dios en el fresco del día, sin tener necesidad de nada. Esto le suena a Caín más a ficción que a realidad; sin embargo, sabe que hay un Dios. ¿De qué otro modo podría explicarse los amaneceres, el paso de las estaciones y los regalos que brotan del suelo?

Con un alma anclada en la tierra, Caín se convierte en granjero, mientras que su hermano menor, Abel, se hace pastor.

En el tiempo de cosecha, Caín trae a Dios una ofrenda de sus cultivos para asegurarse su bendición. Abel hace lo propio, trayendo lo mejor de los animales de su rebaño.

Dado que Dios con su visión puede penetrarlo todo, incluso los rincones más oscuros del corazón humano, acepta la ofrenda de Abel, pero niega su favor a Caín. Quizás quiera probar a este primogénito hijo de Adán, dándole tiempo para ver lo que hay en su corazón. Pero Caín es un hombre que no soporta esperar, especialmente cuando siente que tiene la razón. Después de todo, él es el primogénito, el mejor y el más brillante. ¿Por qué Dios no habrá aceptado su ofrenda? ¿Por qué le da a su hermano menor lo que legítimamente le corresponde a él?

En medio de sus pensamientos dominados por los celos, Dios le habla.

«¿Por qué estás tan enojado? ¿Por qué andas cabizbajo? Si hicieras lo bueno, podrías andar con la frente en alto. Pero, si haces lo malo, el pecado te acecha, como una fiera lista para atraparte. No obstante, tú puedes dominarlo».

Algunos comentaristas ven Génesis 4.7 como una referencia al demonio de Mesopotamia que se queda en los portales. [2] ▪

Si Caín se hubiere calmado lo suficiente como para escuchar, se habría dado cuenta de que Dios es como un padre tratando de guiar a su hijo. Como un buen hijo, habría escuchado la advertencia sobre el siniestro poder del pecado siempre acechante y cuya presencia ya había sentido.

Pero Caín está demasiado enojado como para aceptar la corrección. Solo quiere darle un puñetazo a Dios y quejarse de las injusticias de la vida. ¿Por qué él, superior en todos los sentidos a su hermano menor, era rechazado?

Como el agua que corre siempre busca su curso, así va el enojo de Caín: creciendo y en aumento. Trama, entonces, un plan para llevar a su hermano al campo. Allí nadie verá ni escuchará las súplicas con las que Abel clamará por misericordia. Y lo ataca.

El clamor del sangriento asesinato llega hasta Dios.

«¿Dónde está tu hermano Abel?» le pregunta.

«No lo sé. ¿Acaso soy yo el que debe cuidar a mi hermano?».

«¿Qué has hecho?».

Caín se encoge, baja la cabeza y se tapa los oídos; sin embargo, la pregunta sigue retumbando, obligándolo a enfrentarse a la realidad.

Al igual que su madre, que había arrancado la fruta del árbol prohibido, Caín ha arrancado la vida de su hermano de la tierra de los vivientes. Como ella, y como su padre, ha caído en el pecado tratando de hacerse él mismo como Dios.

«¡Escucha!» le dice Dios. «Desde la tierra, la sangre de tu hermano reclama justicia. Por eso, ahora quedarás bajo la maldición de la tierra, la cual ha abierto sus fauces para recibir la sangre de tu hermano, que tú has derramado. Cuando cultives la tierra, no te dará sus frutos, y en el mundo serás un fugitivo errante». Debido a que derramó la sangre de su hermano, no habrá lluvia refrescante para revivir los campos de Caín.

«Este castigo es más de lo que puedo soportar» dice Caín. «Hoy me condenas al destierro, y nunca más podré estar en tu presencia. Andaré por el mundo errante como un fugitivo, y cualquiera que me encuentre me matará».

La tierra de Nod se traduce literalmente como la «tierra del vagabundo»." ■

«No será así» —replica el Señor. «El que mate a Caín, será castigado siete veces». Y le puso una marca para que no fuera a matarlo quien lo hallara.

Entonces Caín, el primer hombre nacido de una mujer, deja a su familia y se va a vivir a la tierra de Nod, al este del Edén. Lo último que sabemos de él es que está ocupado en su función de padre y fundando la primera ciudad del mundo.

Eva y Adán pierden a sus dos hijos, uno asesinado y el otro en el exilio. Consolándose mutuamente en medio de su dolor, vuelven a hacer el amor, y Dios los bendice con otro hijo, a quien Eva pone por nombre Set. Esta vez, no hay alarde de sus maravillosos poderes creativos, sino solo gratitud. Porque Dios le ha dado generosamente un hijo para reemplazar al que murió a manos de su hermano.

Con el paso del tiempo, Dios les da más hijos y los seres humanos comienzan a multiplicarse y a llenar la tierra. Pero cuanto más proliferan, peor se ponen las cosas. En poco tiempo, Dios comienza a arrepentirse de haberlos hecho. Al percibir que el corazón humano está permanentemente lleno del mal, el corazón del Señor se inunda de dolor. Decidido a lidiar con la violencia y la corrupción que se han extendido por la tierra, deja que sus ojos vaguen para ver si puede encontrar al menos a un hombre bueno.

Su mirada se detiene en Noé, un hombre justo que desciende no de la línea de Caín sino de la línea de Set. Al ayudarlo a él y a su familia a sobrevivir al devastador diluvio que se avecina, Dios mostrará su misericordia una vez más.

LOS TIEMPOS

*La historia de Caín tuvo lugar antes
de los registros del tiempo.
Su historia está tomada de los capítulos
4 y 5 de Génesis.*

Los primeros capítulos de Génesis montan el escenario sobre cómo se desarrollará la vida humana en la tierra. Lo que se ve es realidad bruta. Al matar a su hermano, Caín desata un ciclo de violencia y victimización que se prolongará a lo largo de la historia. Basta con mirar los noticieros de la noche para entender cómo el mundo que Dios tan amorosamente creó ha alcanzado niveles tan bajos de conflictos y caos.

El Nuevo Testamento habla de «el camino de Caín», conectándolo a «nubes sin agua, llevadas por el viento» o a «estrellas fugaces, para quienes está reservada eternamente la más densa oscuridad» (Judas 1.11-13).

Afortunadamente, para todos nosotros hay un camino opuesto, un camino de fe que nos conduce a Dios y nos aleja de una vida egocéntrica. El escritor de Hebreos dice: «Por la fe Abel ofreció a Dios un sacrificio más aceptable que el de Caín, por lo cual recibió testimonio de ser justo, pues Dios aceptó su ofrenda. Y por la fe Abel, a pesar de estar muerto, habla todavía» (Hebreos 11.4).

El instinto de ofrecer presentes a Dios pareciera haber sido algo natural desde el principio. Al presentar una ofrenda a Dios, ambos hermanos habrían estado expresando su convencimiento de que las bendiciones provenían de su mano.

Mientras que Abel le dio a Dios lo mejor que tenía, el texto simplemente dice de Caín que presentó algunos de sus cultivos como ofrenda para el Señor. Es posible que Caín se haya guardado la mejor parte de los frutos de la tierra para sí mismo. O que lo que haya ofrecido hubiese sido para obtener algo a cambio. En cualquier caso, Dios vio su corazón y rechazó su ofrenda.

El Nuevo Testamento conecta la fe de Abel con la calidad de su ofrenda. Quizás Abel tuvo la fe para creer no solo que Dios era poderoso sino también que Dios era bueno y que podía confiar en él. Por el contrario, Caín pareció confiar solo en sí mismo y en su criterio para determinar lo que era correcto y lo que estaba mal. Al hacerlo, se convirtió en una estrella errante, para quien estaba reservada eternamente la más densa oscuridad.

ALGO PARA PENSAR

1. Es fácil asumir que Caín no era más que un mal hombre cuya historia no tiene nada que ver con la nuestra; pero ¿y si la Biblia lo presenta como un modelo de lo que puede sucederle a los seres humanos que se apartan de Dios? En tal caso, ¿cuáles podrían ser las implicaciones para nuestras vidas en relación con los demás?

2. Dios le hace varias preguntas a Caín: «¿Por qué estás tan enojado?». «¿Por qué andas cabizbajo?». «Si hicieras lo bueno, podrías andar con la frente en alto» (Génesis 4.6). ¿Por qué crees que Dios se acerca a Caín haciéndole preguntas en lugar de echarle de una vez en cara su pecado? ¿Qué nos indica a nosotros la forma en que Dios se enfrenta a Caín cuando se trata de nuestros propios pecados? ¿Cómo podemos permanecer sensibles a la voz de Dios cuando enfrentamos la tentación?

3. La historia de Caín nos habla de cómo el pecado puede causar estragos en una familia por generaciones. Al considerar tu propia historia familiar, ¿qué pecados o fallas de generaciones anteriores todavía tienen un impacto en ti o en los miembros de tu familia?

CAPÍTULO 4

LA HISTORIA DE SARA

Cómo una anciana de noventa
años queda embarazada y
provoca habladurías

El rey de los cielos se ríe.

SALMOS 2.4

Más anciana que vieja. Así es Sara. Su piel cuelga como cilicio, arrugada y áspera. Sin embargo, el suyo es un rostro que todavía hace que los hombres se vuelvan a mirarla, tan hermoso que alguna vez embrujó a reyes.

Cualquiera podría pensar que está medio loca, porque no deja de reír. Su cuerpo se sacude con la risa. Sin embargo, no está loca. Es solo una mujer que no puede dejar de maravillarse por lo que Dios ha hecho. Aunque su marido tiene más de cien años y ella no se le queda atrás, está embarazada, esperando un hijo de él. ¿Quién no encontraría esto gracioso? ¡Dos viejos leños encendiendo un fuego!

No obstante, ha sucedido, aunque otro dolor agudo le baja serpenteando por las piernas. ¡Ay! El peso difícil de llevar y las articulaciones ya bastante flojas le hacen preguntarse si no se caerá, pero, aunque el bebé es muy robusto, aún puede doblarse sin una queja. ¿Cómo podría quejarse cuando el Dios Todopoderoso ha contestado sus oraciones?

Sara vuelve a reír. Esta vez porque el bebé está pateando. Es como un pequeño conejo cuyos pies golpean suavemente las paredes de su vientre. «No pasará mucho tiempo para que lo tenga en mis brazos», piensa.

¿Pero cómo sabe que será un varón?

Sentada en un tranquilo rincón de la tienda, Sara empieza a recordar todas las cosas hirientes que alguna vez dijeron a sus espaldas. Recuerda la amargura que sentía cada vez que oía a las demás mujeres cuchicheando porque Dios no la había bendecido con hijos. Seguramente, decían, tiene que haber hecho algo muy malo para que Dios la dejara estéril.

Agar, su criada egipcia, era siempre la que lanzaba la primera piedra. Decía que Dios había maldecido a Sara debido a que le había sido infiel a Abraham cuando los dos viajaron a Egipto. Sin embargo, lo que Agar no contaba era que Abraham le había pedido a Sara decir una mentira para salvar el pellejo.

La pareja había salido de los desiertos resecos del Neguev rumbo a la tierra exuberante de Egipto. ¿Habría un mejor lugar para escapar de una hambruna que aquel donde había abundancia gracias a las frecuentes inundaciones del río Nilo? En Egipto había cantidades enormes de pepinos, melones, ajo y pescado fresco. Aunque también había un precio que pagar. Siempre ha sido de ese modo.

> Dios cambió el nombre de Sarai por Sara y el de Abram por Abraham (Génesis 17) a fin de simbolizar su relación especial con él. En aras de la sencillez, estoy usando el nombre de Sara a través de toda la historia. ∎

> Los geólogos y arqueólogos han descubierto evidencia de una sequía que abarca un ciclo de trescientos años, la cual ocurrió a finales del tercer milenio y comienzos del segundo antes de Cristo, coincidiendo con uno de los períodos en los que se cree que Abraham y Sara vivieron.[1] ∎

Ante el temor de lo que les esperaba, Abraham instó a Sara a decirles a los egipcios que era su hermana a fin de que no lo mataran para quedarse con ella. Y así fue como ella mintió, aunque no era una mentira del todo pues en realidad Abraham era su medio hermano.

Tal como Abraham había temido, pronto llegó al faraón la noticia de la hermosura de Sara y no tardó en manifestar su decisión de apropiársela. Después de colmar al «hermano» de la mujer de regalos como ovejas, ganado, asnos, camellos, siervos y siervas —de las cuales Agar era una— y sin tener idea de la verdad, el faraón la integró a su harén.

Antes de visitar el dormitorio del faraón, Sara tuvo que someterse a un proceso estético que la transformaría en una belleza egipcia. Afortunadamente, eso tomó tiempo. Ungida con perfumes hechos de aceites preciosos y ungüentos de flores fragantes, maquillaron su rostro de blanco disimulando sus líneas de preocupación con una poción de granos de ciprés, incienso, cera y leche. Cubrieron su pelo oscuro y rizado con una peluca de lana negra que le caía directamente sobre los hombros. Y le colocaron brazaletes, anillos y un gran collar de oro.

Mirándose en un espejo de bronce bruñido, Sara se sintió sobrecogida al observar a aquella mujer que la miraba con tanta tristeza en sus ojos. Le había salvado la vida a su marido, pero ¿qué ocurriría con ella? ¿Regresaría Abraham a su tierra sin su esposa? ¿Cómo se las arreglaría sin él, viviendo la vida de una cautiva en el harén del faraón?

Pero entonces, ocurrió algo maravilloso. Una extraña enfermedad atacó a la casa del faraón, afectando a todos menos a Sara. De un momento a otro, el harén y todos los rincones de la casa del faraón se llenaron de una fetidez insoportable. Cuando por fin se levantó de su lecho de enfermo, el faraón hizo presentarse ante él a Abraham y le dijo: «¿Qué me has hecho? ¿Por qué no me dijiste que era tu esposa? ¿Por qué dijiste que era tu hermana? ¡Yo pude haberla tomado por esposa! ¡Anda, toma a tu esposa y vete!».

Sara y Abraham se apresuraron en salir de Egipto cargando toda la gran cantidad de regalos que el faraón les había dado. Uno de esos regalos era Agar, una joven egipcia que llegó a ser la sierva de Sara.

Agar había oído la historia muchas veces; en realidad, había sido parte de ella. No obstante, cada vez que la contaba ella, no mencionaba la forma en que Dios había intervenido para preservar la integridad de Sara, insistiendo más bien en especular sobre lo que habría significado para su ama llegar a ser parte del harén del faraón.

Sara se había dado cuenta de que su sierva era aficionada a la chismografía y le gustaba contar verdades a medias para dejar a su ama en una mala situación. ¿Por qué, se preguntaba, le dijo a Abraham que se acostara con ella? En las circunstancias que estaban viviendo parecía una buena idea echar mano de la costumbre de hacer que otra mujer les diera un heredero cuando la señora no podía tenerlo. Sara esperaba que así quedaría cubierta la vergüenza de su esterilidad.

Para Agar, esta era una orden de su ama que ella estaría dispuesta a obedecer. Y gustosa estuvo lista para acostarse con Abraham. ¿Cómo podría Sara saber que en el momento en que el vientre de Agar empezara a mostrar vida, desarrollaría una actitud presuntuosa, comenzando a comportarse como si ella, y no Sara, fuera la esposa favorita?

Por todo esto, Sara comenzó a menospreciar a su joven sierva haciéndole la vida imposible. La maltrataba de palabra y con hechos hasta que finalmente Agar no aguantó más y, aunque estaba embarazada de un hijo de Abraham, huyó al desierto. Cuando tal cosa ocurrió, Sara sintió una momentánea punzada de culpa. Pero entonces Agar regresó atolondrada contando la historia tonta de que un ángel se le había aparecido para convencerla de que regresara.

A partir de entonces, Agar no dejó de ser un problema. ¡Cómo habría deseado Sara que el desierto se la hubiera tragado!

A pesar de ese persistente conflicto, Sara se sintió más segura que nunca de que su lugar en el corazón de Abraham era intocable.

Aunque el texto bíblico (Génesis 18.1–15) no dice explícitamente que el período menstrual de Sara había comenzado de nuevo, algunos estudiosos señalan que no hay evidencia de que en el mundo antiguo hombres y mujeres comieran separadamente. Esa era una costumbre que se desarrolló más tarde. Por tal motivo, a los huéspedes les llamó la atención que ella no estuviera presente en la comida, por lo cual hicieron la pregunta. Cuando Abraham les dijo que su esposa «estaba en la tienda», es probable que haya usado un eufemismo de buena educación que indicaba que Sara estaba menstruando, por lo que no podía unirse a ellos. Para que este haya sido el caso, ella tendría que haber comenzado a menstruar justo después de hornear el pan, porque hornear pan les estaría prohibido a las mujeres en medio de su período.[2] ∎

Saber eso es importante, pero no lo es todo. Entonces ocurrió algo que la hizo darse cuenta de que también era primera en el corazón de Dios. Su vientre comenzó a crecer por la presencia en su interior de una criatura. Ella no presta oído a las malas lenguas y más bien la divierten todas las especulaciones que escucha.

¿Cómo podría una mujer de noventa años sobrevivir al nacimiento de un hijo? Y aun si lo lograra, ¿cómo van sus pechos marchitos a producir suficiente leche? Con todo, Sara está confiada. Recuerda la promesa que les hizo Dios, primero en un sueño que tuvo Abraham y luego el año anterior cuando a plena luz del día los visitó a ambos en su tienda cerca del encinar de Mamré.

Fue entonces que comenzó la risa. Su marido había estado sentado a la entrada de la tienda al mediodía cuando de repente vio a tres desconocidos acercarse. Generoso como era, Abraham les rogó que se quedaran a disfrutar de su hospitalidad. Entró a la tienda a pedirle a Sara que preparara un poco de pan y le dijo a un sirviente que matara al mejor becerro del rebaño.

En el momento en que completó su tarea, Sara comenzó a sentirse mal. Con su mano en el estómago, recordó el dolor que había sentido cuando comenzó su menstruación que, a estas alturas, hacía muchos años que se había detenido. Pasaron algunos minutos hasta que estuvo segura. Debió permanecer en la tienda hasta que se hubieron completado sus días de impureza. Susurrándole la noticia a Abraham, le explicó por qué no había podido terminar la comida que estuviera a punto de preparar.

Pudo ver la expresión de asombro en su rostro y la preocupación en sus ojos. ¿Qué enfermedad de mujer había contraído? ¿Sobreviviría?

Siempre con la máxima cortesía, Abraham trajo cuajada y leche y el becerro asado, poniéndolo todo delante de sus huéspedes.

Uno de ellos le preguntó:

«¿Dónde está Sara, tu esposa?».

Seguramente se preguntaban por qué ella no estaba en la comida.

«Allí en la carpa», les respondió Abraham, recurriendo a un eufemismo para explicar que, como toda mujer en su período, estaba recluida en la tienda.

Entonces, uno de ellos dijo:

«Dentro de un año volveré a verte [...] y para entonces tu esposa Sara tendrá un hijo».

En ese momento, Abraham se dio cuenta de que este no era un extranjero cualquiera. Dios mismo había hablado.

A sus ochenta y nueve años, Sara había escuchado la conversación desde la entrada de la tienda. Al oír la extraña promesa del forastero, se echó a reír, diciéndose a sí misma: «¿Voy a tener este placer ahora que estoy desgastada y mi marido es viejo?».

«¿Por qué se ríe Sara?», le preguntó el Señor a Abraham. «¿Acaso hay algo imposible para el Señor? El año que viene volveré a visitarte en esta fecha, y para entonces Sara habrá tenido un hijo».

Asustada, Sara replicó:

«Yo no me he reído».

Hablándole esta vez directamente a Sara, Dios dijo:

«Sí que te has reído».

Y así como se había reído, se seguiría riendo hasta el día en que su hijo Isaac, cuyo nombre significa «risa», finalmente naciera. Ella y Abraham rieron juntos. La alegría brotó grandiosa y arrolladora, y ni aun proponiéndoselo, Sara pudo detenerla. «Dios me ha hecho reír», dice, «y todos los que se enteren de que he tenido un hijo, se reirán conmigo. ¿Quién le hubiera dicho a Abraham que Sara amamantaría hijos? Sin embargo, le he dado un hijo en su vejez».

Y así es como en su vejez Sara llega a comprender que Dios tiene su sentido del humor. A pesar de todos los problemas y males, ella sabe que al final él prevalecerá riéndose de todos los enemigos que lo desprecian.

Sin embargo, Sara aún tiene enemigos. Y los tiene al alcance de la mano.

Isaac ya tiene tres años y acaba de ser destetado. Aunque la muerte les quita la vida a muchos bebés, su buena salud es digna de celebrarse. Abraham organiza una fiesta a fin de celebrar el vigor de su hijo, pero Sara está preocupada. De modo que insiste en decirle: «¡Echa de aquí a esa esclava y a su hijo! El hijo de esa esclava jamás tendrá parte en la herencia con mi hijo Isaac».

No obstante, Abraham siente que el corazón se le rompe, ya que él los ama a los dos. ¿Cómo podría rechazar a uno y favorecer al otro?

Para gran alivio de Sara, el Señor se le aparece a Abraham y se pone de su lado al decirle a su esposo que hiciera todo lo que ella le dijera. Así fue como Abraham envió a Agar y a su hijo Ismael directamente al desierto.

Allí, en lugar de hallarse en la desolación como podría haberse esperado, se encuentran con un mensajero de Dios. Gracias al ángel, un pozo de agua y la mano protectora de Dios, Ismael crece, tal como dicen las Escrituras, llegando a ser «un hombre indómito como asno salvaje».

Sara solo sabe que está agradecida por haberse librado de Ismael y Agar. Por fin podrá morir como una mujer feliz. Por supuesto, ella no sabe que un día su esposo llevaría a su hijo en un viaje de tres días por el desierto y luego a una montaña para sacrificarlo. Abraham debería hacer un altar, poner a su hijo en él y luego alzar un cuchillo para darle muerte.

A sus ciento veintisiete años, Sara no se puede imaginar las glorias y contiendas que les esperan a los descendientes de los dos hijos de Abraham: los árabes, que son los descendientes de Ismael, y los judíos, que proceden de la línea de Isaac.

Si hubiera podido atisbar el futuro, hasta el tiempo cuando otro hijo amado escalaría la misma montaña en la que Dios le dijo a Abraham que le diera muerte a su hijo, habría podido conocer la más profunda verdad de todo. No importa cuánto se multiplique la maldad y se amontonen los problemas, Dios tendrá sin duda la última palabra, riéndose de los enemigos que se mofan.

LOS TIEMPOS

Sara vivió alrededor de los años 2156-2029 A. C.
Su historia se encuentra en Génesis 12.1–20; 16.1–8; 17.1–22;
18.1–15; 21.1–13. También se la menciona en Gálatas 4.22–31.

Durante el tiempo en que Abraham y Sara vivieron, los pueblos de los alrededores adoraban a una gran variedad de dioses. Poco a poco fue surgiendo el concepto de un dios más personal, con la gente expresándole especial devoción a un dios en particular al que hacían su protector y proveedor. Esto pudo haber influido en la forma en que Abraham y Sara interpretaron la promesa que Dios les hizo de que tendrían muchos descendientes.

La devoción a la deidad de la familia podía pasarse de generación en generación, pero también era posible que se adorara a otros dioses. Solo en Israel el Dios de Abraham y Sara sería reconocido como el Dios de toda la nación.

Debido a que el mundo antiguo tenía muy poca comprensión de lo que causaba las enfermedades y los quebrantamientos de la salud, las supersticiones abundaban, provocando una vergüenza adicional en los que sufrían enfermedades o dolencias físicas.

El dolor de Sara por no poder tener hijos tiene que haberse visto agravado al ser interpretado como una señal de juicio divino. Seguramente —se pensaba—, habría hecho algo para que Dios se enojara con ella, por lo que la había hecho estéril.

Aunque los pueblos antiguos hubiesen percibido una conexión entre la menstruación y el tiempo de un embarazo, seguramente no conocían la realidad biológica de que un ser humano se concibe solo cuando un óvulo femenino es fertilizado por el esperma masculino. Ellos creían más bien que la vida se creaba cuando un hombre plantaba su semilla en el vientre de una mujer. A la mujer se le veía solo como un receptáculo o incubadora en la cual la semilla podía crecer. Si una pareja no concebía después de que el hombre había cumplido con su deber, o si se producía un aborto, invariablemente la culpable era la mujer.

La infertilidad de Sara debe haber ejercido una enorme presión en su matrimonio. Ella no podía saber que su incapacidad para tener hijos no tenía nada que ver con algún pecado, sino con el plan de Dios para crear un nuevo pueblo —hijos de la promesa— del cual Abraham sería el padre y Sara la madre. Su embarazo tiene que haberle producido un profundo sentido de reivindicación y alivio.

Cuatro mil años después de su muerte, la historia de Sara sigue viva. Las Escrituras afirman que fue sepultada en la cueva de Macpela, en lo que hoy día se conoce como la Tumba de los Patriarcas, junto con otros personajes cuyas historias se cuentan en el libro de Génesis: Abraham, Isaac, Jacob, Rebeca y Lea. Ubicado en el lado oeste de la ciudad de Hebrón, el sitio tradicionalmente adscrito a la tumba todavía se puede visitar hoy día. No está muy lejos de donde Sara se habría sentado en su tienda, riendo a carcajadas cuando escuchó por primera vez la impresionante promesa de Dios de darles un hijo a ella y Abraham.

ALGO PARA PENSAR

1. Al igual que muchos personajes bíblicos y gente como nosotros, Sara no es una persona enteramente virtuosa. Comenta los aspectos buenos y malos de su carácter según lo revela su historia. ¿Con cuáles te identificas más?
2. Sara tenía sesenta y cinco años cuando Dios prometió que haría de Abraham (y por inferencia de ella) una gran nación.

Sin embargo, Isaac no nació sino hasta veinticinco años después. ¿Por qué crees que Dios se anticipó tanto en hacer esa promesa?

3. Al sugerir que Abraham se acostara con su sierva para concebir un heredero, Sara no estaba haciendo más que seguir la costumbre de aquel tiempo. Ella trataba de hacer realidad la promesa de Dios. ¿Has intentado alguna vez forzar a Dios a actuar? ¿Cuáles fueron los resultados?

4. ¿Crees que Dios te ha prometido algo? ¿Cómo describirías tu experiencia de esperar y quizás seguir esperando ahora mismo que la promesa se convierta en una realidad?

LA HISTORIA DE JACOB Y ESAÚ

Un artista de la estafa es estafado

Y así está escrito: Amé a Jacob, pero aborrecí a Esaú.

ROMANOS 9.13

Mientras mira al cielo, negro como la tinta, con la cabeza apoyada en una piedra, Jacob no puede pensar en otra cosa que no sean sus problemas. Los eventos del último día, en realidad de toda su vida, pesan mucho, arrastrándolo a un torbellino de ansiedad del que no puede escapar. Cuando la soledad y el miedo descienden sobre él, siente un dolor creciente. El problema, él sabe, tuvo sus comienzos incluso antes de que naciera.

¿Cómo es que él, Jacob, el inteligente hijo de Isaac y Rebeca, ha llegado a Betel, un lugar en el medio de nada? Antes de entregarse al sueño, evoca el pasado, esperando que tenga sentido en el momento presente y le abra un camino hacia el futuro. Pero sus recuerdos no lo dejan conciliar el sueño.

Piensa en el pasado lejano, deteniéndose en las circunstancias que rodearon su nacimiento.

Aunque casada desde hacía veinte años, a la brillante y bella Rebeca le faltaba lo único que anhelaba: un hijo. Al observar su pena, Isaac ora y Dios abre la matriz de su esposa.

A medida que su vientre se va llenando de vida, Rebeca siente una agitación interior como si dentro de ella se desarrollara una lucha. Preocupada por lo que esto puede significar, le pregunta al Señor y escucha esto:

Dos naciones hay en tu seno;
dos pueblos se dividen desde tus entrañas.
Uno será más fuerte que el otro,
y el mayor servirá al menor.

Unos meses más tarde nacen dos bebés en una sucesión tan rápida que parece que luchan por ser el primero en entrar en el mundo. Con el más joven agarrado del talón del mayor, son pequeños gladiadores entregados a un fiero combate.

El primero de ellos parece un hombre en miniatura, con brazos y piernas cubiertos de vello. Rebeca e Isaac le ponen por nombre Esaú, que significa «rojo», porque es tan rojo y tosco como la tierra misma.

Al segundo hijo le ponen por nombre Jacob, que significa «él agarra el talón».

A medida que los ve crecer, su madre recuerda lo que Dios le había dicho dijo, que sus hijos darían origen a dos naciones, y que uno serviría al otro.

Como el agua y el aceite, los dos rehúsan mezclarse. A medida que pasa el tiempo, Esaú se convierte en un cazador que disfruta de la vida en el campo mientras que su hermano Jacob se contenta con quedarse en casa, viviendo entre las tiendas.

Debido a que su padre disfruta de la caza que trae Esaú de sus cacerías, siente más cariño por él; su esposa, en cambio, se inclina por su inteligente hijo Jacob.

Un día, mientras Jacob cocina un guiso de lentejas rojas, llega del campo su hermano Esaú.

«Me muero de hambre» le dice. «Dame de ese guiso rojo que estás cocinando».

«Te daré si me vendes tu primogenitura» le contesta Jacob.

«Me estoy muriendo de hambre» contestó Esaú, «así que ¿de qué me sirven los derechos de primogénito?».

Mientras Esaú sumerge el pan en el guisado y se lleva grandes porciones a la boca, Jacob se maravilla de su buena fortuna. Debido al apetito incontrolable de su hermano, él se ha asegurado

El primogénito heredaba, como era costumbre, el doble de herencia que sus hermanos. Pero a esta se añadía la responsabilidad adicional de servir como cabeza de la familia, que podría conllevar, entre otras cosas, proporcionar cuidado de su madre y hermanas solteras. ▪

los derechos del primogénito. Ahora será él y no Esaú quien herede una doble porción de la riqueza de su padre.

Un día Isaac, que ahora es un anciano débil y ciego, llama a Esaú y le dice:

«Como te darás cuenta, ya estoy muy viejo y en cualquier momento puedo morirme. Toma, pues, tus armas, tu arco y tus flechas, y ve al campo a cazarme algún animal. Prepárame luego un buen guiso, como a mí me gusta, y tráemelo para que me lo coma. Entonces te bendeciré antes de que muera».

A través de este ritual de comida y bendición, Isaac planea promover a Esaú. Deseoso de obtener la bendición de su padre, Esaú toma su arco y se va.

Al darse cuenta de lo que está por suceder, Rebeca interviene rápidamente. Instruye a Jacob, diciéndole: «Hijo mío, escúchame bien, y haz lo que te mando. Ve al rebaño y tráeme de allí dos de los mejores cabritos, para que yo le prepare a tu padre un guiso como a él le gusta. Tú se lo llevarás para que se lo coma, y así él te dará su bendición antes de morirse».[1]

«Hay un problema» objeta Jacob. «Mi hermano Esaú es muy velludo, y yo soy lampiño. Si mi padre me toca, se dará cuenta de que quiero engañarlo, y esto hará que me maldiga en vez de bendecirme».

«¡Que esa maldición caiga sobre mí!» le contesta su madre. «Tan solo haz lo que te pido, y ve a buscarme esos cabritos».

Mientras su madre está ocupada cocinando, Jacob se viste con la ropa de su hermano. Para completar el ardid, Rebeca cubre la piel suave de su cuello y sus manos con pedazos de piel de animal.

Cuando la comida estuvo lista, Jacob se la llevó a Isaac y le dijo:

«Ya hice todo lo que me pediste. Ven, por favor, y siéntate a comer de lo que he cazado; así podrás darme tu bendición».

Pero Isaac no está tan débil como parece.

«¿Cómo fue que lo encontraste tan pronto, hijo mío?».

«El Señor tu Dios me ayudó».

Isaac le hace señas a su hijo para que se acerque. Al tocar sus manos y luego su cuello, dice:

«La voz es la de Jacob, pero las manos son las de Esaú. ¿Eres realmente mi hijo Esaú?».

«Sí, padre, soy tu hijo primogénito, Esaú» miente Jacob.

Como su apetito se impone sobre sus últimas dudas, Isaac come y luego anuncia una bendición sobre su hijo.

El olor de mi hijo es como el de un campo
bendecido por el Señor.
Que Dios te conceda el rocío del cielo;
que de la riqueza de la tierra
te dé trigo y vino en abundancia.
Que te sirvan los pueblos;
que ante ti se inclinen las naciones.
Que seas señor de tus hermanos;
que ante ti se inclinen los hijos de tu madre.
Maldito sea el que te maldiga,
y bendito el que te bendiga.

En el momento en que Jacob se va, Esaú regresa de la cacería. Después de prepararle la comida con lo que había cazado, lo coloca frente a su padre y luego le pide su bendición.

«¿Quién eres?» exclama Isaac.

«Soy Esaú, tu hijo primogénito».

Impresionado porque se da cuenta de que Dios mismo ha hecho la elección entre sus hijos, Isaac responde:

«¿Quién fue el que ya me trajo lo que había cazado? Poco antes de que llegaras, yo me lo comí todo. Le di mi bendición, y bendecido quedará».

«¡Padre mío, te ruego que también a mí me bendigas!» grita Esaú lleno de amargura.

Pero Isaac no se opondrá a Dios, ni siquiera por el bien de su hijo favorito.

Tradicionalmente, el hijo primogénito heredaba el doble de lo que heredaban sus hermanos. Si bien esto puede parecer un buen negocio para el hijo mayor, no lo es tanto si se tiene en cuenta que tenía la responsabilidad de servir como jefe de la familia, lo que podría implicar, entre otras cosas, preocuparse del cuidado de su madre y de cualquier hermana soltera.

«Tu hermano vino y me engañó, y se llevó la bendición que a ti te correspondía».

«Con toda razón le pusieron Jacob» gritó Esaú. «Ya van dos veces que me engaña: primero me quita mis derechos de primogénito, y ahora se lleva mi bendición. ¿No te queda ninguna bendición para mí?».

«Ya lo he puesto por señor tuyo: todos sus hermanos serán siervos suyos; lo he sustentado con trigo y con vino. ¿Qué puedo hacer ahora por ti, hijo mío?».

«¿Acaso tienes una sola bendición, padre mío? ¡Bendíceme también a mí!».

Y se echó a llorar. Entonces su padre le dijo:

Vivirás lejos de las riquezas de la tierra,
lejos del rocío que cae del cielo.

Gracias a tu espada,
    vivirás y servirás a tu hermano.
Pero cuando te impacientes,
    te librarás de su opresión.

Enfurecido por el engaño de su hermano, Esaú jura matarlo tan pronto como muera su padre.

Al escuchar esto, Rebeca le dice a Jacob
que huya.

«Tu hermano Esaú está planeando
matarte para vengarse de ti» le dice «Por eso,
hijo mío, huye en seguida a Harán, a la casa
de mi hermano Labán, y quédate con él por
un tiempo, hasta que se calme el enojo de tu
hermano. Cuando ya se haya tranquilizado,
y olvide lo que le has hecho, yo enviaré a
buscarte. ¿Por qué voy a perder a mis dos
hijos en un solo día?».

Con la bendición de su padre, Jacob se
dirige al norte en busca de su tío Labán.
La primera noche duerme bajo las estrellas en Betel. Acostado
en el suelo con la cabeza apoyada en una piedra, recuerda los
acontecimientos del pasado en un vano intento por darle sentido
al presente. Finalmente, cuando ya no puede recordar nada más,
se duerme.

Y sueña. Esto es lo que ve: el Señor Dios Todopoderoso de pie
en lo alto de una gran escalera, que se extiende desde el cielo hasta
la tierra. En ella, los ángeles descienden y ascienden mientras llevan
a cabo sus misiones en la tierra.

Harán, la ciudad en la cual los abuelos de Jacob, Abraham y Sara, se establecieron, está localizada en Mesopotamia. Situada entre los ríos Tigris y Éufrates, Mesopotamia corresponde a los actuales Irak y Kuwait, así como al noreste de Siria y también partes de Turquía e Irán. Harán estaba ubicado en el norte de Mesopotamia en lo que ahora es Turquía. Pudo haber sido un viaje de poco más de ochocientos kilómetros. ◼

«Yo soy el Señor, el Dios de tu abuelo Abraham y de tu padre Isaac. A ti y a tu descendencia les daré la tierra sobre la que estás acostado. Tu descendencia será tan numerosa como el polvo de la tierra. Te extenderás de norte a sur, y de oriente a occidente, y todas las familias de la tierra serán bendecidas por medio de ti y de tu descendencia. Yo estoy contigo. Te protegeré por dondequiera que vayas, y te traeré de vuelta a esta tierra. No te abandonaré hasta cumplir con todo lo que te he prometido».

Cuando Jacob se despierta, su ansiedad se ha desvanecido. Ya no piensa en huir, sino solo en la promesa de Dios de estar con él donde sea que vaya.

«En realidad, el Señor está en este lugar, y yo no me había dado cuenta. «¡Qué asombroso es este lugar! Es nada menos que la casa de Dios; ¡es la puerta del cielo!» dice.

⚜

Continuando su viaje hacia el norte, Jacob finalmente llega a un pozo. De acuerdo con los planes de Dios, este era el pozo en el que su madre abrevaba sus rebaños cuando era una niña. En su conversación con los pastores que allí se encuentran, Jacob se da cuenta que está cerca de la casa de su tío Labán.

«Mira» le dicen ellos, «allí viene la hija de Labán, Raquel, con sus ovejas».

Cuando Jacob se vuelve para saludar a su prima, no puede evitar mirarla fijamente. Es la mujer más hermosa que jamás haya visto.

Decidido a impresionarla, mueve la enorme piedra de la boca del pozo para que ella sea la primera en abrevar su rebaño. Después de explicarle que él es el hijo de su tía Rebeca, la besa y se echa a llorar.

Tan pronto como al padre de Raquel le llega la noticia, se apresura a salir a su encuentro, exclamando: «¡Eres mi propia carne y sangre!».

Mientras Labán y Jacob se abrazan, es difícil ignorar la similitud entre ellos. La ceja bruscamente arqueada, la mirada calculadora, la sonrisa inteligente. No hay duda de que estos dos hombres, uno mayor que el otro, provienen de la misma fuente. Salvo por la diferencia de edad, bien podrían ser gemelos. Da la casualidad de que Labán tiene dos hijas, la cautivadora Raquel y su hermana mayor, Lea, de mirada triste. Aunque su corazón está puesto en Raquel, Jacob no tiene dinero para responder al precio habitual de la novia; pero llega a un acuerdo con su tío, prometiéndole trabajar para él sin paga durante siete años, después de cuyo tiempo Raquel se convertiría en su esposa.

Cuando finalmente llega el día de la boda, Jacob se siente eufórico. Durante el primer día de la fiesta hace tantos brindis por la novia que llega a necesitar a un par de hombres a cada lado para que lo lleven a la cama.

Por la mañana, cuando Jacob abre la aleta que cubre la entrada de la tienda y entra la luz, se da cuenta del error. ¡Ha hecho el amor con Lea y no con Raquel!

Cuando confronta a su tío, Labán tiene preparada una explicación y otro acuerdo.

«La costumbre en nuestro país es casar primero a la mayor y luego a la menor. Por eso, cumple ahora con la semana nupcial de esta, y por siete años más de trabajo te daré la otra».

Jacob estuvo de acuerdo.

El comportamiento de Raquel se consideraba culturalmente aceptable. Dado que era un deber de la mujer producir herederos para su esposo, el no hacerlo le traía vergüenza. Al darle a Bilhá a Jacob como esposa, Raquel buscaba cumplir con su deber, lo que también incidiría en una mejora de su posición social. Algunos contratos de boda otorgaban al marido el derecho de divorciarse de su esposa si ésta no le daba un heredero dentro de un límite de tiempo preestablecido.[2] ■

A medida que pasa el tiempo, no sorprende a nadie, y menos a Lea, saber que Jacob ama a Raquel más que a ella. Pero cuando Dios ve que Lea no es amada, decide bendecirla con hijos. A su primogénito le pone por nombre Rubén. Con el bebé en sus brazos, ella dice: «El Señor ha visto mi aflicción; ahora sí me amará mi esposo».

Queda de nuevo embarazada y da a luz a Simeón, y dijo:

«Llegó a oídos del Señor que no soy amada, y por eso me dio también este hijo».

Rápidamente los siguen dos hijos más.

Entonces Raquel le dice a Jacob:

«¡Dame hijos! Si no me los das, ¡me muero!».

«¿Acaso crees que soy Dios? ¡Es él quien te ha hecho estéril!» le responde Jacob.

En lugar de aceptar su estado sin hijos, Raquel lleva a su criada a la cama de Jacob. Y le dice:

«Aquí tienes a mi criada Bilhá. Acuéstate con ella. Así ella dará a luz sobre mis rodillas, y por medio de ella también yo podré formar una familia».

Cuando la criada de Lea, Zilpa y la criada de Raquel, Bilhá dan a luz más hijos, pronto el hecho se convierte en una competencia. Finalmente, Raquel queda embarazada y da a luz a José, y después a Benjamín.

◦◦◦◦◦

Con su carcaj ahora lleno de flechas, once hijos y una hija, Jacob decide que es hora de regresar a casa.[2] A pesar de que Labán lo ha hecho probar los amargos frutos del engaño, Dios lo ha bendecido y lo ha prosperado. En forma de fugitivo y sin un centavo cuando se fue, regresa a casa como un rico patriarca.

Mientras él y su familia se dirigen al sur, piensa en los peligros que le esperan más adelante. El primero es su hermano Esaú. Aunque su madre Rebeca había prometido enviarle un mensaje tan pronto como fuera seguro regresar, nunca llegó nada de ella. ¿Habría aumentado el odio de Esaú hacia su hermano con el correr de los años?

Para medir el estado del corazón de su hermano, Jacob le envía mensajeros que le anuncien su regreso. Cuando se entera de que su hermano viene a encontrarse con él liderando un grupo de cuatrocientos hombres, el miedo se apodera de Jacob. Divide su caravana en dos grupos, con la esperanza de que al menos uno sobreviva si su hermano lo ataca.

El regalo de Jacob es enorme, más grande de lo que muchas ciudades podrían haber pagado a un rey conquistador.[3] ∎

Luego se echa de bruces y ruega a Dios:

«SEÑOR, Dios de mi abuelo Abraham y de mi padre Isaac, que me dijiste que regresara a mi tierra y a mis familiares, y que me harías prosperar: realmente yo, tu siervo, no soy digno de la bondad y fidelidad con que me has privilegiado. Cuando crucé este río Jordán, no tenía más que mi bastón; pero ahora he llegado a formar dos campamentos. ¡Líbrame del poder de mi hermano Esaú, pues tengo miedo de que venga a matarme a mí y a las madres y a los niños! Tú mismo afirmaste que me harías prosperar, y que mis descendientes serían tan numerosos como la arena del mar, que no se puede contar».

Israel significa «él lucha con Dios». ∎

Peniel significa «rostro de Dios». ∎

Después de eso, selecciona una magnífica colección de regalos para su hermano: cientos de animales, lo mejor de su ganado. Al instruir a sus sirvientes, les dice que vayan delante de él, poniendo espacio entre los rebaños. Al colmar a su hermano con sucesivas oleadas de regalos, Jacob espera pacificarlo.

Esa noche, después de enviar a sus esposas e hijos adelante, Jacob se queda solo, atrás. Cuando las sombras descienden, aparece un personaje extraño y misterioso y lo desafía. Los dos luchan durante horas sin que ninguno parezca dominar al otro. Cuando el adversario de Jacob ve que no puede vencerlo, le toca la cadera para que el hueso se desencaje. A pesar del dolor en su muslo, Jacob no se da por vencido.

«¡Suéltame, que ya está por amanecer!» le dice el extraño.

«¡No te soltaré hasta que me bendigas! respondió Jacob.

«¿Cómo te llamas?» le preguntó el hombre.

«Me llamo Jacob».

Entonces el hombre le dijo:

«Ya no te llamarás Jacob, sino Israel, porque has luchado con Dios y con los hombres, y has vencido».

Jacob replica pidiéndole al extraño que le revele su nombre. En lugar de responderle, su misterioso oponente lo bendice y se va.

Cuando Jacob alza la vista, ve a su hermano acercándose al frente de un ejército de hombres. Desmontando, Esaú comienza a correr directamente hacia él. En lugar de atacarlo, lo abraza, lo saluda con un beso y luego comienza a llorar.

Aunque Jacob también está llorando, se siente inquieto: por eso, cuando su hermano ofrece escoltarlo a él y a su familia hacia el sur a la región en la que él y su gente se han asentado, Jacob declina el ofrecimiento, prometiendo seguirlo tan pronto como su caravana haya descansado. Siempre engañador, se dirige al norte en lugar de al sur.

Poco tiempo después, Raquel queda embarazada de su segundo hijo. Pero el parto se complica, y ella nombra a su bebé Benoní, que significa «hijo de mi aflicción». Pero Jacob le cambia el nombre por «Benjamín», que significa «hijo de mi mano derecha».

Aunque Raquel muere en el parto, Jacob vivirá por muchos años. Durante ese tiempo sufrirá mucho, no a manos de extraños, sino a manos de sus hijos engañadores. Aunque sus últimos días en la tierra los pasará en un país extranjero, será sepultado con honor en la tumba de sus padres. En los siglos que siguen, su cuerpo reposará junto a su primera esposa, Lea, en lugar de junto a su esposa favorita, Raquel, que fue sepultada en algún lugar a lo largo del camino.[4]

LOS TIEMPOS

La historia de Jacob y Esaú se ubica
entre los años 2006 y 1909 A. C.
Se puede leer completa en los capítulos
27 al 33 de Génesis

Al igual que su padre y su abuelo antes que él, Jacob y su familia estaban siempre yendo de un lugar a otro. Para formarse una idea sobre cómo eran sus vidas, piense en los beduinos modernos, que desarman sus tiendas, las empacan y se van a otros lugares donde las condiciones son más favorables. En lugar de permanecer viviendo en Canaán, Jacob pasó años en tierras extranjeras, primero con parientes en el norte de Mesopotamia y luego llegando al final de su vida en Egipto, donde él y su familia se refugiaron en medio de una severa hambruna.

Más que cualquiera otra historia de la Biblia, la de Jacob pone especial énfasis en el significado de los nombres personales y de lugares. Aunque los nombres en el mundo antiguo a menudo funcionaban, como hoy, distinguiendo a una persona de otra, también funcionaban a un nivel mucho más profundo, comunicando la esencia o el destino de una persona.

Cuando Jacob se encontró con Dios en un sueño, llamó al lugar Betel, que significa «casa de Dios». Cuando luchó con Dios, llamó al lugar Peniel, que significa «rostro de Dios». Al concluir su lucha, Dios lo renombró Israel, que significa «él lucha con Dios».

Los nombres de los doce hijos de Jacob también son significativos ya que el nombre de cada niño expresaba la angustia o la esperanza de su madre.

LOS HIJOS DE LEA Y DE SU CRIADA ZILPA

Rubén — «ver un hijo» suena como la palabra hebrea para «el Señor ha visto mi aflicción».

Simeón — «Dios oye».

Levi — suena como el hebreo para «unido».

Judá — puede derivarse de una palabra hebrea que significa «Alabado sea Dios».

Isacar — suena como una palabra hebrea que significa «recompensa».

Zabulón — «un regalo precioso».

LOS HIJOS DE RAQUEL Y DE SU CRIADA BILHÁ

Dan — «Dios me ha hecho justicia».

Neftalí — «la lucha que he ganado».

Gad — «¡qué suerte!».

Aser — «feliz».

José — «que Dios añada».

Benjamín — «hijo de mi mano derecha».

Tenga en cuenta que tanto Lea como Raquel podrían reclamar seis hijos cada una y que Lea también dio a luz a una hija llamada Dina, que significa «juicio».[5]

Cuando Jacob regresó a su tierra natal con sus esposas e hijos a cuestas, descubrió que su hermano Esaú también había prosperado en su ausencia. Para entonces, Esaú estaba viviendo en Edom, una región montañosa al sur del Mar Muerto.

Aunque Jacob y Esaú lograron una apariencia de paz durante sus vidas, en el futuro con frecuencia edomitas e israelitas tendrían disputas. Durante el éxodo de los israelitas de Egipto, el rey de Edom les negó el paso por su tierra. Tanto Saúl como David lucharon contra los edomitas, y David finalmente prevaleció. Más tarde, los edomitas se hicieron conocidos como idumeos. Dos de los villanos más notorios del Nuevo Testamento, Herodes el Grande y su hijo Herodes Antipas, venían de la estirpe de Idumea.

Los idumeos desaparecieron de la historia después de que los romanos destruyeron Jerusalén en el año 70 A. D.

ALGO PARA PENSAR

1. Los nombres de lugares y personales son importantes en esta y en muchas historias bíblicas. Si lo sabes, comparte brevemente el significado de tu propio nombre. ¿De qué manera, si lo hay, refleja algo significativo sobre quién eres o qué has experimentado en la vida?

2. Dios le habló a Jacob en un sueño, asegurándole que lo cuidaría y lo protegería donde sea que fuera. Sin embargo, es posible que la vida de Jacob no pareciera muy «vigilada». Describe los momentos en tu propia vida cuando las circunstancias te hicieron dudar de la presencia y el cuidado de Dios. ¿Cómo lidiaste con tus dudas?

3. Jacob es conocido como el hombre que luchó con Dios. ¿Está bien que nosotros hagamos lo mismo? ¿Hay asuntos sobre los cuales nunca es correcto luchar con Dios? ¿Por qué sí? ¿Por qué no?

4. ¿Alguna vez has decidido dejar de insistir ante Dios por una bendición o una respuesta a la oración? Si es así, ¿cuál ha sido el resultado? Si lucharas con Dios en esta época de tu vida, ¿qué bendición buscarías?

CAPÍTULO 6

LA HISTORIA DE SIQUÉN

Una venganza despreciable en un príncipe despreciable

¡Malditas sean la violencia de su enojo y la crueldad de su furor! Los dispersaré en el país de Jacob, los desparramaré en la tierra de Israel.

GÉNESIS 49.7

«Mía es la venganza; yo pagaré» dice el Señor.

ROMANOS 12.19

Aunque Josué más tarde lideraría una invasión israelita a Canaán, fue difícil desplazar a la población que vivía allí, muchos de los cuales continuaron ocupando las llanuras y los valles, las áreas más fértiles del país. Sin lograr la conquista de los cananeos, los israelitas se vieron tentados a asimilarse con los pueblos circundantes, adoptando sus creencias religiosas y sus costumbres. ■

Aunque Abraham no compró tierra para vivir, sí compró una cueva para enterrar a su esposa Sara. Conocida tanto como la Cueva de los Patriarcas (para judíos y cristianos) o el Santuario de Abraham o el Ibrahimi Mosque (para los musulmanes), se encuentra en la ciudad palestina de Hebrón, que está treinta kilómetros al sur de Jerusalén. También conocida como la Cueva de Macpela, es el sitio funerario donde yacen Abraham y Sara, Isaac y Rebeca, y Jacob y Lea. ■

Jacob se apoya en su báculo para ayudarse por sus piernas ya débiles. Mientras recorre con la mirada la fértil llanura que se extiende ante él, sonríe. Aquí por fin, en las afueras de la ciudad cananea de Siquén, descansará su numerosa familia. A la vista de la ciudad amurallada, puede echar raíces mientras sus rebaños engordan y se hacen fuertes.

Después de años de luchar con Esaú y luego con Labán, Jacob, el que se agarra del talón, está listo para dejar eso. Sin energía para pelear, solo quiere vivir en paz. Él es el primero de su familia, —de Abraham e Isaac—, en comprar una propiedad en la tierra que Dios les había prometido. Pero mientras Jacob sueña con la paz, los problemas se están gestando en casa.

La hija de Lea, Dina de doce años,[1] una niña rodeada de hermanos rufianes, se ha vuelto inquieta. Anhelando explorar la vida fuera del campamento, hace lo impensable: se escabulle para mezclarse con los lugareños. Sin la protección de su padre o de sus hermanos, se acerca a un grupo de mujeres que están sentadas en el suelo, no lejos de las puertas de la ciudad. Tan curiosas de verlas como éstas de verla a ella, dejan lo que están haciendo para saludarla.

Deseosa de hacer amigos, Dina no se da cuenta que se ha convertido en un espectáculo. Muchos ojos, incluyendo unos grandes y oscuros, que pertenecen a un príncipe de la ciudad, se posan en ella. Acostumbrado a dominar a los demás, este joven todavía no ha aprendido a dominarse a sí mismo.

Demasiado tarde para ponerla sobre aviso, las mujeres se alejan al verlo acercarse. Desvían la mirada y vuelven a sus quehaceres. Siquén —que así se llama el muchacho— sonríe cálidamente, se aproxima a Dina, la toma de la mano y le habla al oído. Después de un rato se la lleva y la viola. Una vez que ha satisfecho sus deseos, trata de calmarla, diciéndole palabras de amor. Le dice que él es el príncipe de la ciudad y que ella está destinada a convertirse en su princesa. Prometiéndole su amor, le dice que su padre le hablará al padre de ella antes de que se termine el día para que se puedan casar.

Cuando la noticia de lo que sucedió llega a oídos de Jacob, no dice nada hasta que sus hijos regresan de los campos. Cuando éstos se enteran de que su hermana ha sido deshonrada, se enfurecen. ¿Cómo pudo suceder? ¿Qué estaría pensando Dina cuando se fue sola? Maldiciendo a los heveos como perros inmundos, prometen vengar su honor. Pero no es fácil atacar una ciudad amurallada y prevalecer.

Algunos comentaristas creen que este fue un caso de violación legal. En otras palabras, que Dina pudo haber dormido voluntariamente con Siquén a pesar de estar bajo la edad de consentimiento. Incluso si esto fuera cierto, Siquén cometió lo que se habría considerado una ofensa escandalosa contra Dina y su familia. ∎

Los heveos eran una de las varias tribus cananeas. Aunque se sabe poco de ellos, heveo puede significar «morador de tienda». Cuando Salomón era rey, fueron consignados a trabajos forzados entremezclándose finalmente con los israelitas. ■

Poco tiempo después, llegan dos hombres hasta donde están ellos. Uno, de abultado vientre y llamado Hamor, es el gobernante de la ciudad; el otro es Siquén, su hijo, muchacho arrogante y taimado.

Después de saludar a Jacob, Hamor habla para decir:

«Mi hijo Siquén está enamorado de la hermana de ustedes. Por favor, permitan que ella se case con él. Háganse parientes nuestros. Intercambiemos nuestras hijas en casamiento. Así ustedes podrán vivir entre nosotros y el país quedará a su disposición para que lo habiten, hagan negocios y adquieran terrenos».

Él no ofrece ninguna palabra de disculpa, arrepentimiento ni indicio de vergüenza por lo que su hijo ha hecho. En cambio, habla como si simplemente estuviera proponiendo un simple acuerdo de negocio o un asunto político que beneficiaría a todos. Seguramente Jacob verá el valor de forjar una alianza, especialmente porque su hija necesita un esposo para eliminar su vergüenza.

Aunque Dina fue victimizada, habría sido una vergüenza a los ojos de los demás. ■

Antes de que Jacob pueda responder, Siquén habla.

«Si ustedes me hallan digno de su favor, yo les daré lo que me pidan. Pueden pedirme cuanta dote quieran, y exigirme muchos regalos, pero permitan que la muchacha se case conmigo».

Confía en que la cantidad correcta de dinero cerrará el trato. Mientras espera una respuesta, no se da cuenta de la forma en que los hermanos de Dina lo miran, esperando escuchar algo que él no ha dicho: una palabra de remordimiento, una expresión de arrepentimiento, un reconocimiento de culpa. Su conciencia es tan insensible que no se le ocurre sentir vergüenza. Tranquilamente, como si su furia y dolor se hubieran desvanecido, uno de los hermanos responde:

«Nosotros no podemos hacer algo así. Sería una vergüenza para todos nosotros entregarle nuestra hermana a un hombre que no está circuncidado. Solo aceptaremos con esta condición: que todos los varones entre ustedes se circunciden para que sean como nosotros. Entonces sí intercambiaremos nuestras hijas con las de ustedes en casamiento, y viviremos entre ustedes y formaremos un solo pueblo. Pero, si no aceptan nuestra condición de circuncidarse, nos llevaremos a nuestra hermana y nos iremos de aquí».

Para Jacob y sus hijos, la circuncisión era un signo indeleble de su relación con Jehová. Los marcaba, no solo como descendientes de Abraham, sino también como hombres cuyos poderes se han entregado a Dios. Al menos esa es la teoría. Pero ahora están empeñados en tomarse el poder en sus propias manos. ¿Por qué no invitar a un pueblo que adoraba a muchos dioses a unirse a ellos en un pacto que no pudieran entender?

Aunque sorprendido por la oferta de sus hijos, Jacob no dijo nada.

Después de aceptar su propuesta, Siquén y su padre Hamor regresaron a la ciudad con solo una cosa en mente: convencer al resto de los hombres de que el dolor temporal de la circuncisión sería un pequeño precio que pagar por las riquezas que obtendrían.

Escúchenme, les dice Hamor:

«Estos hombres se han portado como amigos. Dejen que se establezcan en nuestro país, y que lleven a cabo sus negocios aquí, ya que hay suficiente espacio para ellos. Además, nosotros nos podremos casar con sus hijas, y ellos con las nuestras. Pero ellos aceptan quedarse entre nosotros y formar un solo pueblo, con una sola condición: que todos nuestros varones se circunciden, como lo hacen ellos. Aceptemos su condición, para que se queden a vivir entre nosotros. De esta manera su ganado, sus propiedades y todos sus animales serán nuestros».

Todos estuvieron de acuerdo.

Tres días después, cuando todos los hombres de Siquén estaban demasiado adoloridos para pararse, dos de los hermanos de Dina, Simeón y Leví, ingresaron a la ciudad y masacraron hasta el último varón, incluso los niños más pequeños. Luego volvieron a casa con Dina a cuestas. Cuando el resto de los hijos de Jacob descubrieron los cuerpos, saquearon la ciudad, capturaron rebaños y manadas y todo en el campo. Tomaron a las mujeres y también a las niñas.

Cuando Jacob descubrió que sus hijos habían superado su propio Talento como engañador, se enfrentó a Simeón y a Levi, y les dijo:

«Me han provocado un problema muy serio. De ahora en adelante los cananeos y ferezeos, habitantes de este lugar, me van a odiar. Si ellos se unen contra mí y me atacan, me matarán a mí y a toda mi familia, pues cuento con muy pocos hombres».

En lugar de disculparse, los hijos de Lea lo miraron directo a los ojos y le dijeron:

«¿Acaso podíamos dejar que él tratara a nuestra hermana como a una prostituta?».

Algo en su tono muerde y llora en su corazón. Han llamado a Dina «nuestra hermana». Pero ella también es su hija. ¿La habría vigilado más de cerca si su madre hubiese sido Raquel en lugar de Lea?[2]

Por primera vez, Jacob se permite preguntarse: ¿Habrán sentido también los hijos de su esposa menos amada el dolor de ser menos amados? Esto no lo sabe, aunque años después la respuesta sería lo suficientemente clara para cualquiera que escuchara la historia.

LOS TIEMPOS

El caso de Siquén y su muerte tuvieron
lugar alrededor del año 1909 A. C.
Su historia ha sido tomada del capítulo 34 de Génesis.

En el antiguo Oriente Medio, la circuncisión masculina se practicaba ampliamente, aunque no en forma uniforme. Llevado a cabo en la pubertad, era un rito de iniciación que enfatizaba la potencia sexual de un joven y marcaba su iniciación en la sociedad masculina, un momento en el que dejaba atrás su principal vínculo con su madre y entraba en el mundo de su padre.

Entre los israelitas, la circuncisión tiene un significado radicalmente diferente. En lugar de realizarse en la adolescencia, la circuncisión, en ese entonces y ahora, se practicaba en niños de ocho días. En lugar de pregonar el poder masculino de un joven, la circuncisión servía como un signo visible de purificación y compromiso con la relación de pacto con Dios. En lugar de significar la destreza masculina, el ritual apuntaba a la responsabilidad masculina.

Entonces, como ahora, cuando los padres judíos circuncidan a sus hijos, son —como señala el comentarista Leon Kass— «convocados para ratificar el significado de su propia circuncisión (y, por lo tanto, de la visión comunitaria de la humanidad), cada nuevo padre vindicando la promesa hecha por su propio padre para mantenerlo dentro del pacto… Se les recuerda que traer a un niño al mundo es la parte fácil, que criarlo bien es la verdadera vocación. Son convocados para continuar la cadena criando a sus hijos proyectados hacia lo sagrado y lo divino, iniciándolos en los caminos elegidos por Dios».[3]

Al igual que otros pueblos antiguos, los israelitas también se dieron cuenta de que la circuncisión promovía la limpieza, lo que puede ser el motivo por el cual estaba estrechamente asociada con la pureza espiritual. La Biblia se refiere a los filisteos y luego a los griegos con el término despectivo de los «incircuncisos», lo que implica que no solo eran físicamente inmundos sino también espiritualmente corruptos.

¿Por qué las mujeres judías no eran circuncidadas? Probablemente haya varias razones. Una es porque los hombres pueden haber necesitado más incentivos que las mujeres para asumir las responsabilidades de ser padres. Como Leon Kass señala: «Liberados por la naturaleza de las consecuencias de su sexualidad, probablemente menos adaptados y menos interesados por la naturaleza que las mujeres por el trabajo de cuidar y criar, los hombres necesitan ser aculturados para el trabajo de transmisión. La virilidad y la potencia son, desde el punto de vista de la Biblia, mucho menos importantes que la decencia, la rectitud y la santidad».[4]

A principios del siglo I, los bebés eran circuncidados por un sacerdote, ya fuera en el Templo de Jerusalén o en una sinagoga. Durante la ceremonia, el niño también recibía su nombre públicamente.

Aunque la circuncisión era un símbolo de la comunidad del pacto, de vez en cuando se convertía en un signo exterior de orgullo étnico y religioso con poco significado interno, razón por la cual el profeta Jeremías insta a las personas a circuncidar sus corazones y no solo sus cuerpos (Jeremías 4.4).

Una versión de la Biblia parafrasea las palabras de Pablo en su carta a los Romanos de la siguiente manera: «La circuncisión, el ritual quirúrgico que lo marca como judío, es grandioso si usted vive de acuerdo con la ley de Dios. Pero si no lo hace, es peor que no ser circuncidado. Lo contrario también es cierto: los incircuncisos que guardan los caminos de Dios son tan buenos como los circuncidados, de hecho, mejor. Es más importante mantener la ley de Dios sin circuncisión que quebrantarla circuncidado» (Romanos 2.25-27).

ALGO PARA PENSAR

1. A la luz del significado de la circuncisión tal como se practica en la comunidad judía, comenta cómo se comportaron los hombres de la historia, tanto los Siquénitas como los judíos. ¿Vivieron o no a la altura del compromiso y la responsabilidad de su circuncisión?

2. En muchas sociedades antiguas, las mujeres eran estigmatizadas o incluso consideradas responsables de abusos o agresiones sexuales. ¿De qué manera, si hay alguna, crees que actitudes similares persisten hoy?

3. ¿Cómo describirías lo que significa vivir con lo que el apóstol Pablo describe como un corazón circuncidado? Utiliza los siguientes enunciados iniciales como parte de tu respuesta:
   • Sé que estoy viviendo con un corazón no circuncidado cuando…
   • Sé que estoy viviendo con un corazón circuncidado cuando…

4. Después del incidente con sus vecinos paganos, Dios le ordena a Jacob que se mude y se establezca en Betel (Génesis 35.1-5), el lugar en el que soñó con Dios cuando huía de Esaú. ¿Qué instrucciones —desde una actitud, una influencia, una atmósfera o una relación— te ha dado Dios para que dejes el pasado atrás? ¿De qué manera podría Dios, en la actualidad, invitarte a dejar atrás esta actual temporada de tu vida?

CAPÍTULO 7

LA HISTORIA DE TAMAR

Una viuda y una aventura
de una sola noche

*La gente se fija en las apariencias, pero yo me
fijo en el corazón.*

1 SAMUEL 16.7

El talento de Jacob para el engaño aún está abriéndose paso a través de su descendencia. Su hijo Judá está metido hasta las rodillas al inventar una mentira que romperá el corazón del viejo Jacob. Un mentiroso renuente, Judá tiene poca idea de que algún día aprenderá una lección de engaño de su nuera Tamar. Pero por ahora es él el que está enlodado en una mentira.

Ya es de noche cuando Judá y sus hermanos llegan a casa. Llevan la túnica de su hermano José, un jovencito de diecisiete años. En el momento en que Jacob ve rasgada y cubierta de sangre la hermosa vestimenta que le había dado a su hijo favorito, llora y se lamenta: «¡Es la túnica de mi hijo! ¡Algún animal salvaje lo ha atacado, despedazándolo!».

Los madianitas eran descendientes de Abraham a través de su esposa Cetura, mientras que los ismaelitas eran sus descendientes a través de Agar. Eso pudo haber significado que los mercaderes que compraron a José y lo vendieron como esclavo en Egipto fueran sus primos segundos o terceros. ∎

Para Judá, es mejor que Jacob crea que su hijo preferido ha sido devorado por animales salvajes antes que conozca la triste verdad: que José sigue vivo y va rumbo a Egipto con una caravana de mercaderes ismaelitas y madianitas, los cuales han pagado una buena suma por un nuevo esclavo.

A pesar de que Judá ha salvado la vida de su hermano al sugerir que lo vendan en lugar de darle muerte como ellos querían, todo lo que ocurrió lo ha puesto muy mal. No importa que su hermano haya sido un muchacho engreído y su padre hubiera contribuido al convertirlo en su hijo favorito. Judá sabe que todo aquello no ha sido otra cosa que una terrible traición.

Para distanciarse de su padre desconsolado y los brutos de sus hermanos, Judá se dirige al pueblo de Adulán y se queda a vivir con un hombre de allí al que conoce. No mucho tiempo después se casa con una mujer cananea. De este matrimonio nacen tres hijos: Er, Onán y Selá.

Dos de los hermanos de Judá, Simeón y Levi, masacraron a un pueblo entero de hombres Siquénitas porque uno de ellos había violado a su hermana, Dina. Para detalles de este sórdido caso, léase Génesis 34.

Como ocurre con frecuencia, una mala decisión lleva a otra. Primero, Judá conspira contra su hermano José. Luego, le miente a su padre. Después, se casa fuera de su tribu a diferencia de sus antepasados Abraham, Isaac y Jacob. Su matrimonio le abre la puerta a dificultades futuras. Una de estas ocurrirá años después, cuando su hijo mayor se case con una mujer llamada Tamar.

En lugar de crecer altos y derechos, Er y Onán, los hijos de Judá, crecen como ramas dobladas en el árbol familiar, con formas retorcidas y engañosas. El otro hermano, Selá, es todavía un niño y resulta demasiado pronto para apreciar su carácter.

Er es un hombre amargado, lleno de complejos, que se deleita en maltratar a su esposa, Tamar. Es la clase de hombre que pasa desapercibido para los demás, pero no para Dios. Muy por el contrario, Dios observa cada detalle de la perversidad de Er y planifica terminar con su vida antes de tiempo. Por lo menos, eso es lo que todos dicen cuando una mañana lo encuentran en su cama con el rostro enrojecido y ahogado en su propio vómito.

A estas alturas, Judá se ha convertido en un hombre de recursos, pero ha perdido a un hijo. Siguiendo la costumbre, hace lo

Esta historia se desarrolla en un periodo en el que el mandato de Dios en Génesis 1.28 de «Sean fructíferos y multiplíquense» si la nueva nación iba a sobrevivir. Si un hombre moría, era responsabilidad de su hermano casarse con su viuda para perpetuar el nombre del hermano fallecido. También era manera de proporcionar cuidado de la viuda sin hijos que de otra manera no hubiera podido mantenerse a sí misma. Durante el periodo patriarcal, los castigos por descuidar este deber eran severos, y es por lo que Dios mató a Onán, el segundo hijo de Judá, pues se negó a que su mujer Tamar, quedara embarazada. ∎

correcto al darle instrucciones a su segundo hijo, Onán, para que se case con Tamar y así su hermano muerto pueda tener herederos.

Onán es la clase de hijo que afirma: «Sí, papá; lo que tú digas, papá». Sin embargo, ya se ha adueñado de la propiedad de su hermano muerto como si todo le perteneciera a él. ¿Por qué habría de engendrar un hijo que llegado el momento podría quitársela? Así es que decide dedicarse a jugar a ser el esposo. Cada vez que duerme con Tamar, se asegura de retirarse antes de depositar la semilla en la matriz de la joven. No habría descendiente.

Tamar no dice nada. Tiene demasiado miedo a lo que Onán le pueda hacer si habla, por eso sus lágrimas pasan desapercibidas para su suegro, Judá.

Sin embargo, Dios, que todo lo ve, toma nota de la maldad de Onán y decide quitarle la vida. Ha muerto el segundo hijo de Judá.

Ahora Judá ha perdido a dos de sus hijos. ¿Quién podrá continuar la línea de Judá?

Afortunadamente, todavía le queda un hijo. ¿Y qué pasa con Tamar?

Para una mujer es tragedia suficiente ser la esposa de un hombre malo, pero ser la esposa de dos hombres malos, uno tras otro, es más de lo que alguien podría soportar. Sin embargo, Tamar está dispuesta a esperar que todo mejore cuando crezca Selá.

Así es como Judá le dice a su nuera que regrese a la casa de su padre y viva como viuda hasta que Selá tenga la edad suficiente para desposarla. Con todo, Tamar no se siente tranquila. ¿Por qué no la deja seguir viviendo en su casa como es la costumbre? ¿Será que cree que ella ha sido la culpable de todo y que su lecho está maldito? Habiendo perdido a dos hijos, quizás él no quiera arriesgarse con el tercero.

Tamar permanece en la casa de su padre y pasa muchas horas trabajando en el telar. No obstante, mientras sus dedos manejan la lana, piensa y observa a otras mujeres haciendo lo que ella siempre ha querido hacer. Como las gallinas, estas mujeres juntan sus polluelos debajo de sus alas. Ella quiere ver a sus propios hijos crecer fuertes y derechos, de modo que pueda reírse de los días que tiene por delante. Sin embargo, no tiene esposo, no hay hijos, y siente un miedo doloroso que le dice que ya se ha convertido en lo que teme, una viuda sin futuro ni esperanza.

El tiempo pasa y no hay nada de la boda. Luego muere la esposa de Judá.

Un día le llega la noticia de que Judá está planeando ir hasta Timnat para la esquila de las ovejas. Como el dinero abunda durante la cosecha de la lana, habrá mujeres al acecho. Lo sabe. No obstante, ella no es como aquellas mujeres, de ninguna manera.

Entonces, decide cambiar su ropa sencilla por una túnica de colores, se cubre el rostro con un velo, sale al camino que lleva a Timnat y se sienta a esperar.

Al verla, a Judá le parece atractiva. No ha sido fácil vivir todos esos meses sin una esposa que lo consuele.

«Ven» le dice con voz seductora. «Ven a acostarte conmigo».

Judá probablemente llevaba su sello en un cordón alrededor del cuello. El sello era un cuño o grabado hecho de piedra o metal que podía dejar su impresión en arcilla o cera. Se utilizaba para autenticar documentos legales, y podía decorarse con una simple imagen y también incluir el nombre de la persona. Los bastones a menudo estaban grabados en la parte superior, haciendo que fuera fácil identificar a su propietario. ■

«¿Cuánto me vas a pagar?» le pregunta ella.

«Te enviaré un cabrito de mi rebaño».

La negociación continúa.

«¿Pero cómo puedo estar segura de que vas a cumplir tu palabra? Dame tu sello y su cordón, y el bastón que tienes en tu mano».

Ella sabe que lo que le ha pedido es algo muy importante para un hombre.

Aun así, Judá acepta y entonces se acuesta con ella.

Más tarde, Judá envía a alguien a entregar el cabrito prometido y recuperar sus cosas. Sin embargo, la mujer se ha desvanecido. Nadie ha visto a una prostituta[1] en el camino donde estaba. La respuesta es siempre la misma: «Nunca ha habido aquí una mujer como esa».

Judá está desconcertado, ¿pero qué puede hacer? Nunca le vio el rostro a la mujer, porque ella lo mantuvo siempre cubierto con el velo. Así que simplemente se encoge de hombros y dice: «Por lo menos, lo intenté. Que se quede con lo que le di. Si sigo buscándola, todo el mundo se va a dar cuenta y yo voy a ser el hazmerreír de la gente».

Pasan tres meses y un día le llega a Judá una noticia impactante. «¡Tu nuera Tamar ha estado ejerciendo la prostitución y ahora está embarazada!».

Judá se indigna. ¡Cómo se atreve Tamar a traer esa vergüenza a su familia!

Él no toma en cuenta las circunstancias de Tamar: una viuda sin hijos con muy escasos medios de provisión. Tampoco piensa en lo que podría haberla llevado a un acto tan desesperado. En lugar de eso, hace retumbar el juicio como un trueno, diciendo: «¡Sáquenla afuera y quémenla hasta que muera!».

Los mejores hombres del pueblo se apresuran a cumplir la orden de Judá. No obstante, cuando intentan sacar a Tamar de la casa, ella le envía un mensaje a su suegro junto con ciertas posesiones.

«Estoy embarazada del hombre que es dueño de estas cosas. Vean si reconocen el sello, el cordón y el bastón que les he entregado».

Judá está estupefacto. Esas cosas no pertenecen a ningún otro hombre sino a él.

¿Tendrá excusa posible que lo justifique? La evidencia es obvia. ¡Acaba de condenar a una mujer por acostarse con un hombre, pero ese hombre es él! Así que avergonzado, tiene que reconocer: «Su conducta es más justa que la mía, pues yo no la di por esposa a mi hijo Selá».

Pero ese no es el final de la historia. Seis meses más tarde, Tamar da a luz a dos bebés. Durante su lucha por llegar a este mundo, aparece un pequeño brazo. Poniéndole en la muñeca un hilo de grana, la partera dice: «Este salió primero». Luego, para su sorpresa, la manito volvió a ocultarse y salió su hermano, lo cual hizo que la partera exclamara: «¡Cómo te abriste paso!».

Al primer hijo, Tamar le puso por nombre Fares, que significa «brecha», y al segundo lo llamó Zara, que significa «escarlata».

Tamar, una viuda que había sido casi olvidada por los que debían cuidar de ella, fue recordada por Dios. Fares creció y se convirtió en el padre de una cadena de descendientes entre los cuales había nombres tan importantes como Aminadab, Abías, Josafat y Zorobabel. De Fares también salieron Booz, el rey David y el sabio rey Salomón.

En cuanto a Tamar, Dios la hizo una mujer feliz al rescatarla de dos maridos malvados y bendecirla con dos preciosos hijos. Y como si eso no fuera suficiente, ella figura entre el puñado de mujeres cuyos nombres aparecen incluidos en una genealogía en el capítulo primero del Evangelio de Mateo. Aunque sus historias están entrelazadas con detalles desagradables, como el incesto, los embarazos fuera del matrimonio y el asesinato, cada mujer de la lista es recordada como parte de una cadena vital de seres humanos que se extiende desde Abraham hasta José, el esposo de María, de la cual nació Jesús, quien es llamado el Cristo.

LOS TIEMPOS

Tamar vivió alrededor de los años 1893 y 1833 A. C.
Su historia se encuentra en el capítulo 38 de
Génesis. También se la menciona en Mateo 1.

La historia de cómo Tamar engañó a su suegro para que durmiera con ella y así quedar embarazada de él nos parece tanto sórdida como extraña. ¿Qué hace este relato en la Biblia? A diferencia de los lectores contemporáneos, el pueblo judío que sabía de la historia consideraba a Tamar una heroína en lugar de una perversa.

Ellos sabían que una de las peores desgracias que le podría sobrevenir a una mujer era quedarse sin hijos, porque una viuda sin descendencia carecía de una buena posición económica, jurídica y social. Cuando Judá le dijo a Tamar que se quedara viuda aun cuando él no tenía intención de proveerle un marido, estaba quebrantando la costumbre del matrimonio levirato, una práctica común en muchas culturas antiguas. Morir sin un heredero se consideraba una maldición. Para prevenir esto, la esposa del hombre muerto se casaba con uno de sus hermanos. Si este paso era imposible de dar, ella también podría casarse con su suegro. El matrimonio levirato era una manera de proveer para la viuda, así como de concebir un heredero que preservara el apellido de su marido.

Una antigua ley hitita decía así: «Si un hombre tiene una mujer, y el hombre muere, su hermano tomará a la viuda como su esposa. (Si el hermano muere), su padre se casará con ella. Y si el padre muere, el hermano del padre se casará con ella».[2]

Judá también estaba pecando contra Tamar al impedirle volver a casarse como otras viudas podían hacerlo en los casos en que la familia no podía proporcionarles un marido. A pesar del mal trato de su suegro, Tamar se mantuvo leal a su familia, arriesgando su vida para concebir un heredero. De otra manera, la línea de Judá, de la cual el Mesías habría de venir, se hubiera visto interrumpida. Las acciones de Tamar dieron como resultado que la línea de Abraham continuara, no a través de los malvados hijos cananeos de Judá, sino a través de los hijos que tuvo con Tamar.

ALGO PARA PENSAR

1. ¿Por qué crees que la Biblia incluye historias sórdidas como esta?
2. Salmos 33.15 afirma que Dios cuida a todos los que viven en la tierra y considera todo lo que hacen. Las palabras del salmo parecen confirmadas por esta historia. ¿Cómo tal comprensión define tu forma de ver lo que está sucediendo a tu alrededor? ¿Cómo define la forma en que ves tu propia vida?
3. ¿Qué revela esta historia sobre la capacidad de Dios para redimir el mal, incluso en medio de una arraigada disfunción familiar?
4. ¿Qué tipo de cosas tienden a hacerte sentir menoscabado en tu valor? ¿Qué te hace sentir que vales?

CAPÍTULO 8

LA HISTORIA DE JUDÁ Y SUS HERMANOS MALVADOS

Cuando Dios los sorprende a todos

Judá es como un cachorro de león.

GÉNESIS 49.9

Judá recuerda la historia como si hubiese sucedido ayer. La siente como si un cuchillo estuviese revolviéndose en sus entrañas. El dolor de su traición es tan fuerte que sobrepasa cualquier otra sensación. De hecho, se había vuelto contra su padre y contra su hermano, primero vendiendo al engreído José como esclavo y luego uniéndose a sus hermanos en el ardid que inventaron para explicarle a su padre «la muerte» de José.

«Aquí tienes la hermosa túnica de tu hijo» dijeron, entregándole a Jacob la prenda ensangrentada de su hijo amado.

«¡Mi hijo seguramente ha sido despedazado!», exclamó. «Algún animal salvaje lo habrá devorado».

La agonía de Jacob se hizo más aguda por la sospecha que le asaltaba. ¿Habrán podido sus propios hijos quitarle la vida a José? ¿Habrán sido ellos las feroces bestias que lo despedazaron?

La túnica ornamental había sido un regalo espectacular del padre a su hijo, que había marcado a José no solo como su hijo favorito sino también como la futura autoridad sobre sus hermanos. No es extraño que sus hermanos mayores lo hubieran odiado. La túnica que no dejaba de usar era un recordatorio constante del favoritismo de su padre, que comenzó con su preferencia por Raquel sobre su madre Lea.

La vestimenta en el antiguo Oriente Medio comunicaba algo importante sobre el status de la persona que la llevaba. La calidad de la tela, los colores, la cantidad de ornamentos, todo esto enviaba un mensaje sobre la persona. En el caso de la túnica de José, significaba tanto privilegio como autoridad. En lugar de «algo de muchos colores», quizás sería más exacto describirla como un abrigo de manga larga y que cubría el cuerpo por completo. ■

El pequeño hermano José había empeorado las cosas al hablar abiertamente sobre sus sueños insufribles. Incluso su padre había quedado sorprendido cuando escuchó que su hijo de diecisiete años había soñado que el sol, la luna y las estrellas —un código para toda su familia— algún día se inclinarían ante él.

Desde el principio, la familia de Jacob se había construido sobre una falla: la que corría entre Raquel y Lea y sus hijos. ¿Qué pasaría si Jacob moría? Sin el padre como elemento cohesionador de la familia, podría saltar en pedazos y desaparecer, mezclándose con los pueblos circundantes.

Curiosamente, la maldad cometida por los hermanos contra José fue lo que los unió, al menos por un tiempo. Rubén, Simeón, Leví, Judá y los demás, a excepción de Benjamín, fueron cómplices de la mentira. Y algunos de ellos, salvo Judá, disfrutaban del dolor de su padre.

Cuando Judá se distanció de su familia mudándose a un pueblo cananeo, no pensó en el pacto que Dios había hecho con sus antepasados. Dando la espalda a todos, incluso a su afligido padre, nunca se le ocurrió considerar quién podría liderar a este grupo de hermanos en el futuro. Tampoco miró hacia el cielo nocturno recordando la promesa de Dios a su bisabuelo Abraham: «Mira ahora los cielos, y cuenta las estrellas, si las puedes contar. Así será tu descendencia».

La próxima vez que oigamos de él, estará regresando con su padre y sus hermanos. Amenazado por una hambruna severa, Jacob envía a Egipto a Judá y sus hermanos (excepto Benjamín) a comprar grano.

Ninguno sospecha de la sorpresa que les espera en Egipto. Allí descubrirán al hermano que habían maltratado años antes. No lo reconocen cuando lo encuentran. Inclinándose ante José, que se había convertido en una poderosa autoridad egipcia, le explican que han venido a comprar comida para evitar que su familia se muera de hambre.

Aunque sus hermanos no reconocen al hombre poderoso que está frente a ellos, José sabe exactamente quiénes son. En lugar de revelar su verdadera identidad, inicia un juego en el que los convertirá en peones.

«Ustedes son espías» los acusa.

«No, mi señor. Nosotros, sus siervos, éramos doce hermanos, todos hijos de un mismo padre que vive en Canaán. El menor se ha quedado con nuestro padre, y el otro ya no vive».

«Si en verdad son honrados» les responde José, «quédese uno de ustedes bajo custodia, y vayan los demás y lleven alimento para calmar el hambre de sus familias. Pero cuando regresen, tráiganme a su hermano menor y pruébenme que dicen la verdad. Así no morirán».

«Sin duda» se susurran unos a otros, «estamos sufriendo las consecuencias de lo que hicimos con nuestro hermano. Aunque vimos su angustia cuando nos suplicaba que le tuviéramos compasión, no le hicimos caso. Por eso ahora nos vemos en aprietos».

Cuando José les da la espalda para ocultar sus lágrimas, ellos no se dan cuenta. Tampoco saben que este egipcio, pese a que les hablaba por medio de un intérprete, entendía cada palabra de lo que ellos decían en su propia lengua.

Dejando a Simeón como rehén, los hermanos regresan a casa. Aunque sus sacos rebosan de granos, sus corazones van llenos de ansiedad. Judá se pregunta cómo van a encontrar el valor para contarle a su padre lo que les ha sucedido, que han dejado a Simeón en Egipto con el riesgo de que se pudra en la cárcel.

Tan pronto como Jacob escucha las noticias, exclama:

«¡Ustedes me van a dejar sin hijos! José ya no está con nosotros, Simeón tampoco está aquí, ¡y ahora se quieren llevar a Benjamín!

¡Todo esto me perjudica! [...] ¡Mi hijo no se irá con ustedes! Su hermano José ya está muerto, y ahora solo él me queda. Si le llega a pasar una desgracia en el viaje que van a emprender, ustedes tendrán la culpa de que este pobre viejo se muera de tristeza».

Pero a medida que disminuyen sus raciones, Jacob ordena a sus hijos que regresen a Egipto. Aun así, se resiste a permitir que el joven Benjamín vaya con ellos. Sabiendo que perecerán sin más reservas de grano, Judá le suplica a su padre:

«Bajo mi responsabilidad, envía al muchacho y nos iremos ahora mismo, para que nosotros y nuestros hijos podamos seguir viviendo. Yo te respondo por su seguridad; a mí me pedirás cuentas. Si no te lo devuelvo sano y salvo, yo seré el culpable ante ti para toda la vida».

Entonces Jacob cede, y sus hijos salen para Egipto.

Tan pronto como llegan, José los invita a cenar en su casa, ordenando a sus sirvientes que llenen sus sacos con la mayor cantidad de grano que puedan llevar. Después de inquirir cortésmente sobre la salud de su padre, le ordena secretamente a su mayordomo que esconda una copa de plata en el saco del joven Benjamín. A la mañana siguiente, después de que Judá y sus hermanos inician el regreso a casa, ordena a su mayordomo que los persiga y arreste a aquel en cuyo saco encuentre la copa.

Cuando Benjamín y sus hermanos son llevados de vuelta ante José, Judá es el que de nuevo habla, esta vez haciendo el discurso de su vida.

«Si el niño no está con nosotros cuando volvamos a nuestro padre, al no verlo, morirá, y nosotros seremos los culpables de que nuestro padre se muera de tristeza. Este siervo suyo quedó ante mi padre como responsable del joven. Ahora, por favor, déjeme quedar como su esclavo en lugar del niño, y que vuelva con sus hermanos».

La disposición de Judá para tomar el lugar de Benjamín revela la clase de hombre que ha llegado a ser. No solo ha regresado al corazón de su familia, sino que ha estado dispuesto a sacrificarse para que su hermano pudiera vivir.[1]

Su deseo de pagar el precio para asegurar la libertad de Benjamín hace que Judá sea el legítimo líder del clan, el hermano que llevará adelante el pacto.

Cuando Judá se ofrece como esclavo para que Benjamín pudiera irse libre, José no puede soportar más la tensión. Rompiendo a llorar, exclama gritando:

«Yo soy José, el hermano de ustedes, a quien vendieron a Egipto».

En un momento de silencio impresionante, los hermanos dan un paso atrás. ¡Seguramente este hombre tan importante que está delante de ellos no puede ser el hermano que trataron tan brutalmente! ¿Qué hará ahora? Sorprendidos y atontados, esperan lo peor. ¿Los estará castigando Dios al permitirles caer en las manos del hermano al que traicionaron vendiéndolo como un esclavo?

En un gesto que supera la generosidad de Judá, José les dice:

«No se aflijan más ni se reprochen el haberme vendido, pues en realidad fue Dios quien me mandó delante de ustedes para salvar vidas. Desde hace dos años la región está sufriendo de hambre, y todavía faltan cinco años más en que no habrá siembras ni cosechas. Por eso Dios me envió delante de ustedes: para salvarles la vida de manera extraordinaria y de ese modo asegurarles descendencia sobre la tierra».

Después, José les dice que traigan a sus familias a vivir a Egipto para que sus vidas sean preservadas.

Entonces Jacob y su numerosa familia descienden a Egipto. Antes de su muerte, y él perecerá en Egipto, Jacob convoca a sus hijos y le dice a cada uno de ellos lo que les sucederá en los días venideros. Cuando es el turno de Judá, su padre dice:

> Tú, Judá, serás alabado por tus hermanos; dominarás a tus enemigos, y tus propios hermanos se inclinarán ante ti. Mi hijo Judá es como un cachorro de león [...] El cetro no se apartará de Judá, ni de entre sus pies el bastón de mando, hasta que llegue el verdadero rey, quien merece la obediencia de los pueblos...

Y así es como a pesar de sus maneras necias y odiosas, Dios preserva a su pueblo incipiente. Sorprende a todos, sacando grandes bienes del gran mal y levantando a Judá como el líder de su pueblo, de cuya línea finalmente nacerá el que será llamado el León de la Tribu de Judá, el Mesías de Israel.

LOS TIEMPOS

La historia de Judá y sus hermanos tuvo lugar
alrededor de los años 1898 y 1859 A. C.
La historia completa se puede leer en Génesis 37–46, 49.

Las historias antiguas que se abren camino a través del Génesis son fascinantes e iluminadoras, y repiten ciertos temas generación tras generación. Desde el principio hay engaño, luchas, violencia y una increíble disfunción, comenzando en el Jardín del Edén, continuando con Caín y Abel, y luego serpenteando a través de Jacob y su familia.

Jacob debe de haber sentido que sus propios esfuerzos para engañar a su padre y sus triquiñuelas para quedarse con la bendición que le correspondía a su hermano las había pagado con creces. Incluso José, su hijo favorito y la víctima inocente de esta historia, engañó a sus hermanos a fin de obligarlos a enfrentar la verdad sobre lo que le habían hecho.

Sin embargo, hay misericordia y la evidencia del extraordinario poder de Dios para preservar a su pueblo y llevar adelante su plan a pesar de sus tropiezos.

Para apreciar la vida de Judá y la transformación de su carácter, necesitamos pensar como alguien en su mundo abordaría sus obligaciones sagradas hacia la familia. También necesitamos recordar cuán frágil fue el pueblo elegido de Dios en esta etapa de su historia. Sin la correcta clase de líder, habría sido fácil para este clan en ciernes dividirse y dejarse terminar asimilándose en el mundo que lo rodeaba.

Después de la traición cometida por los hermanos contra José, el alejamiento de Judá de su familia tiene el aspecto de otra fractura.

Cuando el texto dice que «se apartó de sus hermanos y *se fue a vivir* a la ciudad de Adulán, donde se casó con una mujer cananea» (Génesis 38.1-2), puede estar señalando que, al abandonar a su padre y a sus hermanos desatinados, Judá *haya tomado* el camino equivocado, poniendo en peligro el futuro de la familia.

Cuando Judá dio la espalda a sus hermanos, su propio hijo, Onán, volvió sus espaldas a Er, su hermano muerto y a su viuda al evitar deliberadamente que ella quedara embarazada.

Después de la muerte de sus dos primeros hijos, Judá de nuevo descuida su deber familiar. Por temor a que su hijo menor también muriera, falló en su responsabilidad hacia los vivos y hacia los muertos. Al rehusar que su hijo se casara con Tamar, la viuda de Er y de Onán, la relegó a una vida difícil y solitaria. En el mundo de Judá, las viudas sin hijos no tenían ninguna posición social o económica. Sin un proveedor masculino algunas mujeres incluso se veían forzadas a venderse como esclavas o a prostituirse para poder sobrevivir.

Judá también les dio la espalda a sus hijos fallecidos al no hacer nada para que sus nombres perduraran a través de sus descendientes.

Afortunadamente, su historia no termina en fracaso. Cuando se enfrenta a su pecado y reconoce su falta, revierte el curso de su vida. A partir de entonces, el curso de su historia retorna a su medio familiar. Al final, lo vemos como un hombre en capacidad de guiar a su clan al negarse a dejar solo a su hermano menor, al punto que está dispuesto a sacrificar su propia vida para que Benjamín pueda regresar con su padre.

Aunque Jacob adopta como propios a los hijos de José, Efraín y Manasés, y se refiere a su hijo favorito, José, como «escogido entre sus hermanos» (Génesis 49.26), la promesa del pacto no pasará a través de la línea de José, sino a través de la Judá, de quien vendrá el León de la tribu de Judá.[2]

ALGO PARA PENSAR

1. Una vez más, la historia de Judá destaca el carácter dis-
funcional de las familias que pueblan el libro de Génesis.
Abunda toda clase de celos, traiciones, orgullos, egoísmos,
avaricias, engaños y más. ¿Con qué eventos o temas en la
historia de Judá tú te relacionarías más? ¿De qué manera, si
es que hay alguna, la historia de Judá te ayudaría a entender
algo sobre tu propia historia familiar o sobre lo que ha sido
la experiencia en tu vida familiar?

2. La historia de Judá expone la habilidad de Dios en trabajar
por el bien a pesar de nuestras luchas, dificultades y pecados.
¿Qué te viene a la mente cuando consideras esta dinámica
en tu propia vida? ¿Cómo ha sacado Dios lo bueno de tus
luchas, dificultades o pecados, en el pasado o recientemente?

3. A través de sus fracasos y luchas, Judá se convierte en una
persona diferente. ¿De qué manera su historia te presenta
un desafío? ¿De qué manera te alienta? ¿Qué sugiere la vida
de Judá sobre el proceso de transformación?, es decir ¿cómo
Dios nos cambia?

CAPÍTULO 9

LA HISTORIA DE MIRIAM

Cómo una buena mujer vacila

*La rebeldía es tan grave como la adivinación,
y la arrogancia, como el pecado de la
idolatría.*

1 SAMUEL 15.23

«Papá, cuéntanos la historia de José y su túnica tan linda», le dice ella. Sus ojos oscuros brillan a la luz del fuego, mientras se inclina hacia adelante para escuchar la historia una vez más. En cada ocasión que su padre la vuelve a relatar, la historia del joven soñador y sus hermanos mayores celosos cobra vida en su mente como si hubiese ocurrido solo ayer.

Su padre dice que Dios tenía su mano puesta sobre el joven desde el principio, plantando en su mente sueños de tal magnificencia que al compartirlos con sus hermanos hacía que estos se pusieran locos de envidia. Sin embargo, incluso la maldad de sus hermanos no pudo detener el plan de Dios para hacer de José un gran hombre en Egipto, un hombre que salvaría al mundo y su propia familia.

Al igual que ellos, Miriam vive en el delta del Nilo, en Gosén, no muy lejos de donde el río desemboca en el Mediterráneo. No obstante, a diferencia de José, la fogosa muchacha siempre ha sido una esclava, aunque sueña con la libertad. Sus sueños se nutren de historias sobre su pueblo que han ido pasando de generación en generación. Ellas le recuerdan que la vida no siempre ha sido tan dura y que hay un Dios que los ama.

Aunque el recuerdo de José sigue vivo en los corazones de su pueblo, un nuevo gobernante ha surgido en Egipto que no sabe nada de él. Este gobernante solo piensa en cómo controlar a los esclavos hebreos, que se han venido multiplicando a un ritmo alarmante. Teme que pronto lleguen a ser demasiado fuertes como para dominarlos y se conviertan en conspiradores con los invasores en su frontera norte. Así que decide exterminarlos como si fueran uno de sus rebaños. Comienza instruyendo a las parteras hebreas para que den muerte a cada bebé varón que nazca. Sin embargo, las parteras le temen a Dios más que al faraón, así que idean una mentira que solo un hombre creería. Le dicen que las esclavas hebreas son mucho más fuertes que las mujeres egipcias. Y que cuando ellas llegan para asistirlas en el parto, el bebé ya ha nacido y lo han escondido.

Entonces el faraón le ordena a su gente echar a todos los niños varones al río Nilo en cuanto los descubran. A Miriam le resulta extraño que trate de controlar la fertilidad de su pueblo lanzando a los niños al mismo río que él adora como fuente de la fertilidad de Egipto.

La madre de Miriam, Jocabed, es una de esas mujeres hebreas fuertes que ha dado a luz un hijo varón. No obstante, su llegada no da lugar a una celebración, sino a una preocupación.

A veces, Miriam oye gritos en medio de la noche, y no puede evitar que las lágrimas acudan a sus ojos. Cuando tal cosa ocurre, sabe que un bebé más acaba de ser arrojado al río para alimento de ese dios egipcio.

En cuanto al bebé de Jocabed, ya tiene tres meses de vida. Es un niño vigoroso cuyo llanto fácilmente podría delatarlo. Presionando su mejilla contra la suavidad de la del niño, lo sostiene pegado a su cuerpo y ora. Día tras día, las palabras de sus oraciones suben al cielo como el incienso. Al oírlas, el gran Dios en lo alto —el Dios de Abraham, el Dios de Isaac y el Dios de Jacob— el Dios de sus padres, mira hacia abajo con lástima y respuestas.

De pronto, ella sabe qué hacer.

El faraón ha ordenado que todo bebé varón sea echado a las aguas del Nilo. Así se hará. Cuidadosamente, Jocabed cubre una pequeña cesta de papiro con alquitrán y brea, asegurándose de que no quede ningún hueco por el cual pueda entrar el agua. Cuando está segura de que la cesta está en condiciones de navegar, pone a su pequeño hijo dentro. Sus ojitos marrones la miran con tanta confianza que ella se siente tentada de tomarlo en sus brazos y no dejarlo ir.

Miriam observa cómo su madre le pone la tapa a la cesta y la deposita delicadamente en el gran río. Su corazón se está rompiendo también. ¿Cómo podrá el bebé sobrevivir a las pitones que se esconden en sus orillas o a los hipopótamos y cocodrilos que acechan en el agua? De pie en la orilla del río, estira el cuello para ver qué va a pasar con la pequeña arca que se aleja flotando.

Una de las hijas del faraón se acerca a la orilla del río. En cuanto la princesa ve la canasta, manda a una de sus esclavas a traérsela. Miriam ve cómo la joven entra al agua, agarra la canasta y se la lleva a su ama. Observa cómo la princesa levanta la tapa y exclama: «Es uno de los bebés hebreos». Tiernamente, la hija del faraón toma al niño, lo saca de la canasta y lo acerca a su pecho, luego lo mece y lo arrulla para que no siga llorando.

A Miriam le late con fuerza el corazón. Se adelanta a fin de preguntar si puede ayudar en algo. Quizás pueda encontrar a alguien que lo cuide. Es más, ella conoce a una mujer hebrea que acaba de perder a un hijo. Contiene la respiración mientras espera para ver si la hija del faraón cae en la trampa.

Afortunadamente, la princesa le agradece su ayuda, y Miriam corre a casa para traer a su madre. Qué buena coincidencia, piensa la princesa, tener a la mano a una mujer que acaba de perder a su propio hijo. ¿No será la madre del bebé? Sin embargo, eso no le preocupa. Lo importante es que el bebé sobreviva.

Gracias a la audacia de Miriam y el plan desplegado por Dios, Jocabed no solo se reúne con su hijo, sino que también recibe una paga de un miembro de la casa del faraón por cuidarlo. Después

de unos años, cuando el niño sea destetado, dejará a su familia y
vendrá a vivir al palacio. Hasta entonces, es criado con el amor y la
orientación de su familia. Miriam lo deleita con historias, como la
de Noé y los animales que suben a bordo del arca, o su favorita, la
historia de José y sus hermanos celosos.

El tiempo pasa y el niño crece fuerte. Un día salen al camino,
él va tomado de la mano de Miriam y su madre. Sabe a dónde se
dirigen. Siempre lo ha sabido, porque su madre no deja de cantar
alabanzas a la princesa, contando cómo lo rescató del río Nilo. A
él le gustaría vivir en el palacio, pero no todavía, a pesar de que su
madre y su padre dicen que debe ir allá ya. Miriam le aprieta la
mano, como queriendo asegurarle que todo va a estar bien.

La hija del faraón les da una calurosa bienvenida. No obstante,
cuando llega el momento de que Jocabed y Miriam tienen que irse,
el niño se resiste a la separación, y mostrando en el rostro su angustia extiende los brazos hacia su madre y le dice: «¡No me dejes!».
Miriam se vuelve tratando de ocultar sus propios temores.

Jocabed le coloca su brazo alrededor de los hombros, la lleva
afuera y le susurra al oído: «Silencio niña, tu llanto solo hará que las
cosas empeoren». Y una lágrima rueda por su mejilla.

En cuanto a la hija del faraón, está encantada con su muchachi-
to. Será un buen chico, inteligente y fuerte. Ahora que ha pasado
con éxito la edad del destete, le da un nombre. Se llamará Moisés,
dice, «porque yo lo saqué del agua». Y así se queda con él.

De esta manera Moisés, a quien el faraón había tratado de
matar, crece como un niño presumido, que vive en su palacio dándose la gran vida, come de su comida y obtiene la mejor educación
que Egipto puede proveer. Cada vez que Miriam piensa en esto, su
dolor se suaviza. Se ríe un poco, porque tal cosa prueba que Dios
está en control y que él tiene sentido del humor.

El tiempo vuela. Con sus cuarenta años, Moisés ya es un hombre hecho y derecho. Es alto y fornido, la imagen misma de la dignidad y el poder egipcios. Miriam se pregunta si todavía la recordará. Espera que por lo menos recuerde las historias que le contaba acerca de un Dios poderoso que había elegido a su pueblo y le había prometido una tierra donde vivir. Quizás consiga el favor del faraón para llegar a ser el que los libre de la esclavitud y salve a su familia como lo hizo José.

Sin embargo, el sueño de que Dios liberaría a este pueblo que clama a él de día y de noche se desvanece cuando se entera de que a Moisés lo han acusado de asesinato y el faraón tiene la intención de matarlo tan pronto como lo atrape. ¿Cuál ha sido su delito? Haberle dado muerte a un egipcio tratante de esclavos que estaba golpeando a un israelita.

Moisés escapa y a ella le duele no saber de él por otros cuarenta años.

Después de un tiempo, el rey de Egipto muere y otro faraón asciende al trono. Este, según dicen, es peor que el anterior y tiene el corazón de una víbora. Una pequeña cobra de oro —emblema de Uadyet, la diosa protectora de la región del Delta—, adorna su corona, recordándoles a sus enemigos su fuerza y su astucia. Proclama su poder, como para decir que él no dudará en castigar a cualquiera que sea tan necio para desafiarlo. Con la protección de Uadyet se siente seguro en su trono. Sin embargo, su presunción no habría durado mucho si se hubiera dado cuenta de que una Deidad por él desconocida estaba por empezar a provocarle problemas, convocando a un libertador que les daría órdenes a las fuerzas de la naturaleza para hacer estragos en su reino. Este plan ha estado en la mente del Señor desde el principio, cuando trajo a Moisés a la vida en el vientre de su madre y luego lo mantuvo vivo con la ayuda de Miriam y la hija del faraón.

No obstante, ¿a dónde se ha ido Moisés? Se encuentra viviendo en el desierto de Madián, al este de Egipto. Este es un lugar donde Dios puede darle forma y moldearlo para que sea el hombre que debe llegar a ser, porque hay algunas cosas que solo el desierto puede enseñar.

Un día en el que Moisés se encuentra cuidando su rebaño cerca del monte Horeb,[1] Dios se le aparece en la forma de una zarza ardiendo. Con una voz impresionante le dice desde el interior del fuego:

«¡Moisés, Moisés! [...] Quítate las sandalias, porque estás pisando tierra santa. Yo soy el Dios de tu padre. Soy el Dios de Abraham, de Isaac y de Jacob [...] Ciertamente he visto la opresión que sufre mi pueblo en Egipto. Los he escuchado quejarse de sus capataces, y conozco bien sus penurias. Así que he descendido para librarlos del poder de los egipcios y sacarlos de ese país, para llevarlos a una tierra buena y espaciosa, tierra donde abundan la leche y la miel [...] Así que disponte a partir. Voy a enviarte al faraón para que saques de Egipto a los israelitas, que son mi pueblo».

Cubriéndose el rostro con ambos brazos, Moisés no se atreve a mirar hacia la zarza que arde para no ver el rostro de Dios y morir.

De alguna manera encuentra el valor para responder:

«Siendo que yo hablo con labios vacilantes, ¿por qué el faraón va a querer hablar conmigo?».

Sin embargo, el Señor le asegura que él es la persona perfecta para llevar a cabo ese trabajo, no porque sea fuerte o persuasivo, pues no lo es, sino porque Dios mismo estará con él.

Cuando regresa a Egipto después de una ausencia de cuarenta años, se reúne de nuevo con su familia. Aunque sus padres han muerto, su vínculo de amor con Miriam y Aarón se renueva. Los tres discuten el asunto y luego se reúnen con los ancianos de Israel. Todos coinciden en que Moisés y Aarón,

En el antiguo Egipto magos practicaban el encantamiento de serpientes, y sabían cómo poner a las serpientes en un trance que las ponía rígidas.[2] ■

que es su portavoz, deben ir a ver al faraón y decirle lo que el Señor ha dicho: «Deja salir a mi pueblo».

Así que Moisés se reúne con el faraón, pero el arrogante soberano hincha su pecho y se burla.

«¿Quién es este Señor de quien me hablas?».

Y hace énfasis en la palabra *Señor*, haciendo uso de un sarcasmo deliberado.

«No lo conozco, y no voy a dejar ir a Israel».

Sus brazos están doblados sobre el pecho; la mandíbula apretada. Luego acusa a los esclavos de ser perezosos y les duplica su carga de trabajo.

Agotados, muchos israelitas maldicen a Moisés, acusándolo de volver las cosas mucho peor con toda su charla tonta de libertad. Miriam siempre ha sabido que la lucha por la libertad no sería fácil, pero nunca esperó que el desafío que ahora se presentaba viniera desde adentro de su propia comunidad.

Con todo, Moisés y Aarón no se dan por vencidos, por lo que vuelven a la corte del faraón. Aarón deja caer al suelo su vara y esta se transforma en una serpiente. El faraón trata de ocultar su sorpresa. Seguramente, piensa, esto no es nada más que un truco. Así que llama a sus hechiceros para ver si pueden hacer lo mismo. Curiosamente, ellos arrojan al piso sus propias varas y se convierten en un nudo de serpientes que se arrastran silbando.[2] Pero antes de que el faraón tenga tiempo para jactarse, la vara de Aarón se come a todas las serpientes de sus hechiceros.

Los magos dan un paso atrás. La señal es inconfundible. El Dios de Moisés y Aarón ha desafiado y derrotado a la diosa Uadyet, cuyo emblema es la serpiente, la cobra en la corona del faraón. El faraón también está impresionado. Sin la protección mística de Uadyet, ¿cómo podría permanecer su reino? Aun así, su corazón es tan duro como el pedernal, y no va a dejar ir al pueblo de Dios.

De modo que la batalla continúa con plaga sobre plaga sobre plaga. El Nilo se convierte en sangre, la tierra se llena de ranas, el polvo se convierte en mosquitos, grandes enjambres de moscas invaden la tierra, el ganado perece, furúnculos supurantes aparecen en animales y humanos por igual.

En medio de estos horrores, Miriam siente que su esperanza está brotando como la savia de un árbol. Sabe que Dios está trabajando para liberar a su pueblo y que ella debe ayudar a prepararse para su viaje fuera de Egipto, el cual podría ocurrir cualquier día.

Hay más plagas. El granizo destruye la vegetación, las langostas devoran lo que queda, las tinieblas cubren la tierra y —lo peor de todo— el latir de los corazones de cada primogénito en Egipto es silenciado, y hay luto y lamentos y dolor como la nación nunca antes conoció. Todo ha ocurrido según Dios y Moisés dijeron que ocurriría. Solo la tierra de Gosén, donde el pueblo de Dios vive, está a salvo.

Finalmente, en medio de la noche, cuando los egipcios están contando sus muertos, el faraón convoca a Moisés.

«¡Largo de aquí! ¡Aléjense de mi pueblo ustedes y los israelitas! ¡Vayan a adorar al Señor como lo han estado pidiendo! Llévense también sus rebaños y sus ganados, como lo han pedido, ¡pero váyanse ya!».

En su prisa por librarse de sus antiguos esclavos, los egipcios los colman de oro, plata y ropa fina, como si hubiesen sido saqueados por un ejército conquistador.

De esta manera Moisés, Miriam y Aarón, y toda la muchedumbre de esclavos hebreos además de todos los que optan por salir de Egipto, inician su marcha fuera del país. Las mujeres van adornadas con hermosos anillos, collares y brazaletes de oro desde la muñeca hasta el codo. Los hombres cargan pesadas bolsas llenas de plata. Los niños saltan y juegan, ajenos a los peligros de su nueva aventura.

La gran multitud de esclavos abandona la tierra de su cautividad cantando y danzando, pero no al principio, pues faraón hace un último esfuerzo estúpido por alcanzarlos en su marcha hacia el mar.

Vienen en carros de guerra. Grandes nubes de polvo van quedando a su paso. Los israelitas son presa del pánico. Claman:

«¡Estamos perdidos, atrapados entre el mar y los carros del faraón!».

Miriam y Aarón tratan de imponer la calma mientras Moisés le dice al pueblo:

«No tengan miedo. Mantengan sus posiciones, que hoy mismo serán testigos de la salvación que el Señor realizará en favor de ustedes. A esos egipcios que hoy ven, ¡jamás volverán a verlos! Ustedes quédense quietos, que el Señor presentará batalla por ustedes».

En seguida extiende sus brazos, y toda la noche el Señor mantiene atrás a los perseguidores egipcios mientras desata un fuerte viento del este para separar las aguas del mar de modo que los israelitas puedan atravesarlo caminando en tierra firme.

Una multitud de personas —jóvenes y viejos— con todos sus rebaños avanza a través del camino abierto con paredes de agua a ambos lados. Mientras un viento ensordecedor todavía hace retroceder las olas, el faraón llega a la orilla del agua e insta a sus carros a seguir adelante, anticipando la masacre que pronto les causaría a sus esclavos que huyen. No obstante, sus carros se atascan en el barro y las ruedas se desprenden. Para cuando se da cuenta de su error, ya es demasiado tarde.

Una vez que el pueblo de Dios se encuentra seguro al otro lado, Moisés levanta los brazos de nuevo y las paredes de agua caen sobre los enemigos de Israel. Soldados, caballos y carros se ahogan bajo las olas del mar embravecido, permaneciendo para siempre enterrados en una tumba de agua.

Entonces Miriam toma un tambor[3] y comienza a dirigir al pueblo en una gran danza de victoria mientras la gente recrea la batalla que Dios acaba de ganar. Su falda gira como remolino y oscila mientras baila y canta una canción que nunca se olvidará.

Canten al Señor, que se ha coronado de triunfo
arrojando al mar caballos y jinetes.

Luego Moisés, junto con Aarón y Miriam, llevan al pueblo adelante en su largo y arduo viaje a través del desierto. Y a medida que marchan, Dios habla. A veces se le presenta a Miriam en visiones y sueños. Ella es una profetisa, una mujer a la que Dios le confía orientaciones divinas y palabras sabias.

Aun así, un día ella y Aarón comienzan a murmurar. El pueblo es difícil de guiar, el viaje es más largo de lo que se habían imaginado. ¿Por qué solo Moisés toma todas las decisiones? ¿No ha hablado Dios también a través de ellos? Sus quejas van en aumento y llegan a excederse, y comienzan a criticar a Moisés públicamente por haberse casado con una mujer extranjera.[4] Sin embargo, eso no es más que un pretexto. Lo que ellos quieren es poder, un papel más destacado que el que tienen. Y el Señor los escucha hablando contra su siervo Moisés.

De una vez, Dios cita a los tres y hace que se presenten ante él. Luego llama a Miriam y Aarón. «Escuchen mis palabras», trona desde la columna de nube que flota sobre el tabernáculo.

Cuando un profeta del Señor se levanta entre ustedes, yo le hablo en visiones y me revelo a él en sueños. Pero esto no ocurre así con mi siervo Moisés, porque en toda mi casa él es mi hombre de confianza. Con él hablo cara a cara, claramente y sin enigmas. Él contempla la imagen del Señor. ¿Cómo se atreven a murmurar contra mi siervo Moisés?

La ira de Dios se enciende contra los dos, y cuando la nube se levanta, Miriam se encuentra cubierta de escamas blancas como la nieve. Está leprosa.

Horrorizado por lo que le ha sucedido a su hermana, Aarón le ruega a Moisés que ore.

«Por favor», le dice, «pídele a Dios que levante esta maldición».

Como Moisés es más humilde que cualquier otra persona en la faz de la tierra, hace lo que Aarón le pide, clamando al Señor: «¡Oh, Dios, por favor, sánala!».

Y Dios responde con palabras que queman en el corazón de Miriam:

«Si su padre le hubiera escupido el rostro, ¿no habría durado su humillación siete días? Que se le confine siete días fuera del campamento, y después de eso será readmitida».

Miriam es sanada y perdonada, pero no antes de que esté separada del pueblo por siete días. Durante su aislamiento, tiene tiempo para reflexionar sobre la maldad que ella y su hermano Aarón han hecho. Es cierto que Dios ha hablado con ella. Que la ha hecho líder y profeta. No obstante, ella no es Moisés. Ella no fue sacada de las aguas y criada en la familia del faraón. No se había reunido con Dios cara a cara como su hermano lo había hecho.

Miriam piensa en la historia de José y sus hermanos celosos, y así como no le gusta lo que recuerda, se da cuenta de que ella también ha perdido una batalla con los celos. Ha sido tan ciegamente celosa que no se percató de que ella y Aarón estaban poniendo en peligro el futuro de su pueblo al desafiar a Moisés y las palabras que Dios habló a través de él.

Sin embargo, ¿por qué no hubo castigo para Aarón? Tal vez porque Dios en su sabiduría no quiso que la adoración en el tabernáculo se viera interrumpida por la ausencia de Aarón como sumo sacerdote.

Después de siete días de un castigo leve, según piensa Miriam, se le restaura a la comunidad y el pueblo parte de nuevo. Luego de cuarenta años de andar errante y experimentando muchas aventuras difíciles en el camino, el pueblo de Dios finalmente se acerca a la Tierra Prometida, pero Miriam no la alcanzará, ni Aarón, ni Moisés. Los tres morirán antes de entrar en ella.

El pueblo los llora cuando está a punto de tomar posesión de una gran promesa de Dios: darles una tierra donde fluye leche y miel. Un paraíso propio. La tarea de guiarlos no le corresponderá a Moisés, sino a Josué, un guerrero que puede dirigirlos con seguridad a través de todas las batallas que se avecinen.

LOS TIEMPOS

*Estos hechos probablemente tuvieron lugar
desde aproximadamente el año 1533 al año 1406 A. C.
La historia de Miriam se encuentra en
Éxodo 2-3; 5; 7.1-13; 12.3-36 y en Números 12.*

A diferencia de los egipcios que a lo largo de su historia adoraron a unos mil quinientos dioses, los israelitas adoraron solo a uno: Dios, cuyo nombre es *Jehová*.

Es únicamente por escuchar a Jehová y hacer caso a sus instrucciones que Moisés resulta capaz de guiar a los israelitas fuera de Egipto. Y es solo por acatar el liderazgo de Moisés que Miriam, Aarón y el pueblo pudieron sobrevivir en el desierto.

La batalla entre Moisés y el faraón es una epopeya que simboliza la batalla entre el bien y el mal. Es una batalla no meramente entre humanos, sino entre Dios y todos los dioses falsos de los egipcios que han esclavizado a su pueblo.

Aun hoy en día, la historia del éxodo le da forma a la comprensión tanto de judíos como de cristianos que creen que cada uno de nosotros puede identificarse con la historia de una forma personal. Así como los israelitas fueron cautivos del faraón, que personifica el mal, nosotros también somos acosados por los malvados, de quienes solo Dios puede librarnos. Si lo seguimos a él, nos sacará de la cautividad para llevarnos a una vida de libertad.

Aunque Miriam es castigada con «lepra» por oponerse a su hermano, hay poca evidencia de que en el antiguo Oriente Medio haya estado presente la enfermedad de Hansen. El término hebreo traducido como «lepra» probablemente se refería a enfermedades tales como la tiña, la soriasis o el eczema.

Como es a menudo el patrón en las Escrituras, Dios usa héroes improbables de una manera improbable para alcanzar sus propósitos. Aunque Moisés y Aarón se enfrentan al faraón, es Dios mismo quien pelea. Esta batalla épica, como todas las batallas espirituales, no puede ganarse con las fuerzas humanas, sino solo con el poder de Dios.

ALGO PARA PENSAR

1. Imagínate que tú eres uno de los personajes que jugó un papel determinante en la salvación de Moisés: una partera hebrea, Jocabed, Miriam o la hija del faraón. ¿Qué experimentas en tu mente y tu corazón al confrontar las circunstancias? ¿Cómo has trabajado Dios en tu propia vida para librarte del mal?

2. La gente que nunca ha estado allí piensa de Egipto como un vasto desierto, ignorando la exuberancia de la tierra alrededor del río Nilo. Moisés vivió los primeros cuarenta años de su vida en una tierra fértil. ¿Por qué habrá permitido Dios que los siguientes cuarenta años los pasara en el desierto antes de elegirlo para que guiara a su pueblo durante otros cuarenta años a través del desierto?

3. El primer encuentro de Moisés con Dios ocurrió en el monte Horeb, también conocido como el monte Sinaí. En lugar de guiar al pueblo israelita por un camino directo a la Tierra Prometida, Dios los llevó primero a la montaña sagrada, donde se encontraron con él y recibieron sus mandamientos. Comenta sobre el significado de esto.

4. ¿Qué adjetivos usarías para describir a Miriam? ¿De qué maneras eres como ella? ¿De qué maneras te considera diferente a ella?

CAPÍTULO 10

LA HISTORIA DE FARAÓN, REY DE EGIPTO

El hombre más poderoso de la tierra aprende quién realmente es el que manda

Llegó al poder en Egipto otro rey que no había conocido a José.

ÉXODO 1.8

¿Y quién es el Señor —respondió el faraón— para que yo le obedezca y deje ir a Israel? ¡Ni conozco al Señor, ni voy a dejar que Israel se vaya!

ÉXODO 5.2

Aunque Jacob ya es un anciano para cuando él y sus hijos se mudan a Egipto, pasarán aun varios años hasta que finalmente se reúna con sus antepasados. Antes de su muerte, hace que José prometa enterrarlo en la Cueva de Macpela, en la tumba donde ya reposan los restos de Abraham, Sara, Isaac, Rebeca y Lea.

Cuando Jacob muere y José pide permiso para ir a enterrar a su padre, el faraón le proporciona una magnífica guardia de honor para la procesión fúnebre. El cuerpo de Jacob es embalsamado y luego escoltado a casa por carros, caballos y las principales autoridades de Egipto, así como por sus hijos con sus familias.

El viaje final de Jacob sigue una ruta tortuosa, cruzando el desierto y luego entrando a Canaán desde el este, por el río Jordán. Aunque nadie lo sabe en esos momentos, esta travesía final del patriarca sugiere algo que habría de ocurrir cientos de años en el futuro, cuando una muchedumbre de esclavos hebreos escaparía de Egipto y tomaría una ruta similar a casa, a la tierra que Dios les había prometido.

Después de dejar a su padre en Macpela, sus hijos regresan a Egipto.

Muchos años después, cuando es el turno de José de dejar esta tierra, convoca a sus hermanos restantes y dice:

En lugar de tomar la ruta más directa al dirigirse al noreste y luego continuar hasta Canaán a través de la llanura costera, la procesión fúnebre parece haber optado por una ruta más tortuosa. Éxodo 50.10-11 dice dos veces, tal vez a modo de énfasis, que José y su séquito entraron a Canaán por un lugar cerca del río Jordán, que limita con Canaán por el este.[1] ■

Jacob vivió en Egipto durante diecisiete años hasta su muerte. José vivió otros cincuenta años. ■

«Yo estoy a punto de morir, pero sin duda Dios vendrá a ayudarlos, y los llevará de este país a la tierra que prometió a Abraham, Isaac y Jacob».

Entonces José hizo que sus hijos le prestaran juramento. Les dijo:

«Sin duda Dios vendrá a ayudarlos. Cuando esto ocurra, ustedes deberán llevarse de aquí mis huesos». Después de la muerte de José, su gran protector ocurrió, los descendientes de Jacob permanecieron en Egipto, y Dios los bendijo.

El libro de Éxodo solo se refiere a estos dos reyes de Egipto como «Faraón», lo que deja a los estudiosos inseguros acerca de cuáles jugaron papeles protagónicos en la historia. Las posibilidades incluyen a Tutmosis I (1504-1491 a. c.), a Tutmosis II (1491-1479 a. c.); a Tutmosis III (1483-1450 a. c.), a Amenhotep II (1450-1424 a. c.), a Seti I (1294-1279 a. c.) y a su hijo, Ramsés II (1279-1213 a. c.). ∎

Han pasado cientos de años y un nuevo rey gobierna en Egipto, uno que no honra el legado de José, si es que tiene conocimiento de él. Temiendo la creciente fuerza de los israelitas, los esclaviza. Su sucesor hace lo mismo.

Oprimido por brutales capataces, el pueblo clama a Dios año tras año pidiendo liberación. Y el Señor oye sus lamentos. Cuando mira hacia abajo desde el cielo, su mirada se posa sobre la persona que está en el centro de todo.

⁂

El faraón está sentado en su trono, gobernando como un dios entre su gente. Su gran poder se deriva, al menos en parte, del vivificante río Nilo, que se inunda a intervalos regulares, depositando tierra rica en la cual se pueden conseguir abundantes cosechas. Mientras otras naciones sufren, Egipto prospera y se hace fuerte. Pero los reyes de Egipto no siempre han sido tan poderosos. Irónicamente, fue José, el hijo amado de Jacob, al que llamaron el soñador, quien transfirió el poder del pueblo a los faraones, levantando a los reyes de Egipto por encima de sus súbditos. Lo hizo llenando los depósitos del faraón con grano durante un tiempo de abundancia, de modo que hubiera suficiente para comer durante siete años de hambre. Además, pudo vender a las naciones vecinas. Cuando los vecinos se quedaron sin dinero para seguir comprando, se les hizo pagar con su ganado. Y cuando se les terminó el ganado, con sus tierras, transfiriendo todo a las arcas del faraón.

El rey que ahora reina es el gobernante absoluto de su pueblo. Es un semidiós que mantiene a raya el caos sirviendo de intermediario, equilibrando cuidadosamente la relación de las personas y sus dioses, de los que Egipto tiene una multitud.

Todas las mañanas, cuando el faraón sale de su casa para realizar sus acostumbradas abluciones, se fija en que la hierba se abre paso a través de grietas muy finas alrededor de los cimientos del palacio. ¿Cómo es, se pregunta, que algo tan frágil como la hierba puede irrumpir a través del suelo duro y romper el ladrillo para brotar y crecer? Le trae a la memoria otra cosa que le preocupa. ¿Por qué los esclavos hebreos continúan multiplicándose y propagándose, a pesar de sus esfuerzos por controlarlos?

Aunque Egipto se ha levantado sobre las espaldas de los esclavos, faraón quiere menos de ellos. No más. Al menos esclavos varones. Lo preocupa el pueblo, en constante multiplicación, que vive en las tierras de Gosén y que se aferra a sus costumbres y creencias. Los imagina traidores que cualquier día podrían formar una alianza con sus enemigos, abriendo el flanco noreste de su reino a una invasión.

Aun endiosado, el faraón teme tales posibilidades. Como los hebreos son su posesión, decide controlar su número. Así es que ordena a las parteras egipcias que maten a todos los bebés varones que nazcan; pero las parteras temen más a Dios que a él. De esta manera, los niños varones continúan multiplicándose. El faraón entonces llama a las parteras hebreas y las interroga.

«Nuestras mujeres» le explican, «no son como las mujeres egipcias. Son tan vigorosas que dan a luz antes de que nosotras lleguemos».

Es el primero de los muchos errores del faraón: creer lo que le dicen. Decidido a reprimir a sus esclavos, decreta que cada varón que nazca sea arrojado al Nilo. Es extraño que decidiera esa forma de darles muerte cuando él y su pueblo veneran al río como fuente de vida.

Aunque muchos bebés mueren, uno sobrevive. Su madre lo oculta y cuando ya no puede ocultarlo más, cumple a regañadientes con el decreto del faraón. Pone al niño en una pequeña canasta acondicionada con brea y alquitrán y lo deposita en el río. Mientras se desliza por el río, una de las hijas del faraón lo saca y lo adopta como su propio hijo, todo debajo de las narices de su malvado padre.

Moisés, que tal es el nombre del niño, es criado en la casa del faraón y educado en los ambientes de la sociedad más avanzada del mundo. Pero Dios vela por él, asegurándose de que haya lugares en su corazón que Egipto no pueda tocar.

Un día, Moisés ya hombre, ve a un egipcio golpeando brutalmente a un esclavo hebreo. Le agarra el brazo, le arrebata el látigo, lo mata y lo entierra en la arena.

Pero la noticia se extiende rápidamente y llega a los oídos del faraón. Temiendo que el faraón lo mate, huye al norte, perdiéndose en la inmensidad del desierto.

Pasan cuarenta años. Ahora, el desierto de Madián es tan parte de la vida de Moisés como lo fue el mundo cosmopolita de Egipto. Un día, mientras cuida a su rebaño en un remoto sitio del desierto, Dios se le aparece como una presencia ardiente, asegurándole que ha escuchado el clamor de su pueblo por su liberación. Moisés es el siervo escogido por Dios para sacar a los israelitas de Egipto y llevarlos a la tierra prometida.

Para cuando Moisés regresa a Egipto, hay un nuevo faraón. Es joven, seguro de sí mismo, dinámico. Está listo y preparado, piensa, para lo que le depare el futuro.

Jehová, o Yahvé, representa el nombre personal y del pacto de Dios. La mayoría de los eruditos creen que la palabra hebrea comúnmente traducida como «Señor» en las traducciones de la Biblia en español corresponde al nombre «Jehová».[2] ∎

Pronto Moisés y su hermano Aarón se acercan a este joven rey con un mensaje de Jehová. Y le dicen: «Así dice el Señor, Dios de Israel: "Deja ir a mi pueblo para que celebre en el desierto una fiesta en mi honor"».

Pero el corazón del faraón no se conmueve. Ya ha tomado una decisión. ¿Qué es eso de «mi pueblo»? Los esclavos hebreos le pertenecen a él y solo a él. Son suyos y están destinados a construir ciudades, templos y monumentos.

Mira a Moisés y a Aarón, preguntándose cuántos problemas pueden causarle estos dos hermanos. ¿Serán capaces de fomentar una rebelión con todo eso de adorar al Dios de los hebreos?

¿Y por qué un solo Dios cuando Egipto tiene tantos para elegir? Están Osiris, Set, Isis, Horus, Anubis, Ra y tantos dioses locales que resulta difícil contarlos. Hay dioses para sanidad, para protección, para la fertilidad y para todo lo que haya bajo el sol. En su condición de faraón, su trabajo es mantener la paz actuando como intermediario entre los dioses y la gente.

Y como para reforzar su elevada función, la cobra dorada montada en su tocado se balancea ligeramente, como si estuviera lista para atacar a cualquiera que fuera lo suficientemente necio como para oponérsele. La cobra es el emblema de la diosa Uadjet, la poderosa serpiente protectora y patrona de los faraones. Inclinándose hacia delante, el faraón responde:

«Moisés y Aarón, ¿por qué distraen al pueblo de sus quehaceres? ¡Vuelvan a sus obligaciones!».

Luego ordena a sus supervisores que no provean a los hebreos de la paja que necesitan para la fabricación de ladrillos. Sin la paja, el barro no se adherirá y los ladrillos se desbaratarán.

«¡Que vayan ellos mismos a recogerla! Pero sigan exigiéndoles la misma cantidad de ladrillos que han estado haciendo. ¡No les reduzcan la cuota! Son unos holgazanes, y por eso me ruegan: "Déjanos ir a ofrecerle sacrificios a nuestro Dios". Impónganles tareas más pesadas. Manténganlos ocupados. Así no harán caso de mentiras».

La estrategia le funciona. Como el faraón esperaba, los esclavos se enojan con Moisés en el momento en que escuchan lo que sucedió.

«¡Que el Señor los examine y los juzgue! ¡Por culpa de ustedes somos unos apestados ante el faraón y sus siervos! ¡Ustedes mismos les han puesto la espada en la mano, para que nos maten!» los acusan.

Los faraones a veces se representaban en las paredes de las tumbas reales con una vara de pastor, símbolo de su autoridad como gobernantes. ■

Aunque angustiado, Moisés vuelve al rey con Aarón como su portavoz. Cuando el faraón exige un milagro, Aarón arroja al suelo su vara y ésta se convierte en una serpiente.

Como el faraón cree en la magia, llama a su equipo de hechiceros y les pide que hagan lo mismo. Tan pronto como arrojan sus varas, el suelo se convierte en una maraña de serpientes retorciéndose. El faraón aplaude feliz. No le cabe duda que el concurso lo ganará él. Pero de repente, la vara de Aarón comienza a moverse por el suelo y a comerse a todas las otras varas. La señal es clara: el Dios de los hebreos ha desafiado al faraón al devorar las varas de sus magos y humillar a su gran protectora, la diosa serpiente Uadjet.

Pero el rey tiene su orgullo y no está dispuesto a ceder su poder a nadie. A la mañana siguiente, cuando llega al río con sus funcionarios para realizar los rituales de costumbre, se molesta al descubrir que Moisés y Aarón ya lo están esperando. Esta vez, Aarón levanta su vara, golpea el Nilo y sus aguas se convierten en sangre.

Cuando los magos del faraón hacen lo mismo, el rey da media vuelta y se dirige a su palacio.

Después de que hubieron pasado siete días, tiempo suficiente para que un hombre se calme, el Señor le dice a Moisés que regrese al faraón con el mismo pedido. Esta vez, cuando el faraón se niega a permitir que los esclavos hebreos viajen al desierto para adorar a su Dios, Aarón extiende su vara y aparecen las ranas. Surgen del río como una enorme alfombra rodante, invadiendo casas de adobe, amplias villas y el palacio imperial mismo. Hay tantas ranas que el faraón las encuentra hasta en su cama. Y la gente tiene que barrerlas hasta de las artesas y hornos.

Una vez más, los magos de la corte hacen lo mismo. Pero lo último que el faraón querría tener serían ranas. Lo que necesita es alivio. ¡Alguien que lo libre de esas pestes infernales! Así es que convoca a Moisés y a Aarón, y cede un poco.

«Ruéguenle al Señor» les dice, «para que aleje las ranas de mí y de mi pueblo, y yo dejaré ir al pueblo para que le ofrezca sacrificios».

Pero al día siguiente, después de que todas las ranas murieron y formaron grandes y apestosos montones, se olvida de su promesa. No permitirá que ni siquiera un esclavo hebreo se vaya a adorar a su Dios. Más plagas llegan: una invasión de mosquitos, enjambres de moscas, una plaga en el ganado, furúnculos en las personas, un granizo que destruye la vida, un ejército de langostas.

Los magos más poderosos del faraón no pueden repetir estas plagas ni nadie puede explicar por qué la tierra de Gosén, donde residen los esclavos, permanece intacta.

A pesar de todas estas aflicciones, el rey se niega a dejar ir al pueblo de Dios. Hasta ahora, cada acto de resistencia, cada negativa a hacer lo que Dios ha pedido, ha endurecido más su corazón.

El orgullo le dice que la victoria está por llegar; y que todo lo que tiene que hacer es mantenerse firme contra las demandas de sus esclavos perezosos. Todavía no se da cuenta el tremendo Poder contra el que está luchando.

Entonces el Señor le habla a Moisés y le dice:

«Levanta los brazos al cielo, para que todo Egipto se cubra de tinieblas, ¡tinieblas tan densas que se puedan palpar!».

Tan pronto como Moisés alza sus manos al cielo, Egipto se sumerge en la peor de las oscuridades. La nación que adora al gran dios del sol, Amón Ra, se ve privada de su luz por tres días seguidos.

Tres largos días para preguntarse qué espantosos espectros pueden esconderse en la oscuridad es suficiente para trastornar la mente del faraón. Se aterroriza ante el menor ruido; se tapa los oídos con las manos para no escuchar la risa que le parece oír. ¿Vendrá de algún lugar arriba?

Al final de los tres días, Moisés se presenta ante el faraón y le habla en nombre de Dios:

«¡Deja ir a mi pueblo!».

Esta vez, el faraón está listo para rendirse, pero no del todo. Le dice a Moisés que hará todo que le pide excepto una cosa. El pueblo puede salir al desierto para sacrificar a Jehová. Incluso las mujeres y los niños, pero el ganado debe quedarse.

«No puede quedarse ni una sola pezuña» replica Moisés.

«Largo de aquí! ¡Y cuidado con volver a presentarte ante mí! El día que vuelvas a verme, puedes darte por muerto».

«¡Como quieras!» le respondió Moisés. «¡Jamás volveré a verte!».

Las palabras caen como un presagio. Hasta ahora, el Señor se ha reservado lo peor de sus juicios. No pasará mucho tiempo antes de que el mazo de su juicio vuelva a caer, esta vez aplastando los corazones de todos los egipcios.

Antes de que ocurra esta última plaga, Jehová da instrucciones a su pueblo para que celebren una comida de Pascua. Les dice que deben sacrificar un cordero sin mancha, marcar con su sangre los postes de las puertas de sus casas y luego asarlo y comerlo, junto con pan sin levadura.

A medianoche, cuando la luna está formando un arco en el cielo, una sombra pasa sobre el faraón dormido. Se despierta aterrorizado. Ya consciente, siente un dolor insoportable. Su esposa está gritando.

Como un león herido, ruge de angustia. Sus gritos se mezclan con un alarido que se eleva por todo Egipto. Ninguna casa está sin su muerto. Todo primogénito ha perecido, incluyendo al hijo del faraón.

Extrañamente, los hijos amados de los que viven en la tierra de Gosén siguen durmiendo plácidamente en sus esteras. La sangre del cordero pintada en cada poste de la puerta los ha preservado del asombroso poder del ángel vengador.

En medio de la noche, el faraón manda a Moisés y a Aarón que se presenten ante él.

«¡Dejen a mi pueblo tranquilo!» les dice. «¡Ustedes y los israelitas! Vayan a adorar al Señor como me lo han pedido. Llévense sus rebaños y sus ganados como me lo han dicho. ¡Y váyanse!».

Después de su estada en Egipto, ha llegado por fin el momento de que los hijos de Jacob regresen a la tierra que Dios había prometido hacía mucho tiempo a sus antepasados. Antes de partir, piden a sus vecinos egipcios regalos de ropa, plata y oro.

«¡Váyanse! ¡Dense prisa antes de que muramos todos!».

Los egipcios están tan ansiosos por deshacerse de los hebreos que les entregan sus tesoros a manos llenas, cargándolos con todo lo que pueden llevar.

Así es como el pueblo de Dios deja Egipto, la tierra de su terrible opresión, no como esclavos maltratados que están escapando por sus vidas, sino como un gran ejército de saqueo que se dirige a casa cargados de tesoros de plata y oro.

Pero todavía no están en casa.

Eufóricos por su liberación milagrosa, no tienen idea de la batalla que los espera adelante. Si Dios les hubiera dijo lo que estaba en su mente, es posible que nunca hubiesen tenido el valor de dejar atrás la tierra de su esclavitud. Porque él aún no había terminado con el faraón. En cambio, lo atraerá al desierto para la batalla final.

Acompañando a su pueblo por medio de una columna de nube durante el día y una columna de fuego por la noche, Dios los dirige hasta el mar. La ruta que tomaron desconcierta a los exploradores egipcios que los persiguen. Claramente están perdidos, atrapados frente al mar sin otro camino por el cual seguir.

Cuando el faraón se entera de esto, la esperanza vuelve a su corazón alimentado por sus viejos prejuicios. Ese estúpido de Moisés ha llevado a los esclavos ignorantes a una trampa. Monta en su carro, y se dirige al desierto a la cabeza de su ejército.

Los israelitas se asombran cuando ven los carros y los caballos del faraón tronando a través del desierto. Desesperando, se lamentan:

«¿Acaso no había sepulcros en Egipto, que nos sacaste de allá para morir en el desierto?».

Entonces Dios le habla a Moisés.

«¡Ordena a los israelitas que se pongan en marcha! Y tú, levanta tu vara, extiende tu brazo sobre el mar y divide las aguas, para que los israelitas lo crucen sobre terreno seco».

A medida que el faraón y su ejército avanzan, comienza a preguntarse por qué sus soldados no ganan terreno. Aunque él y sus hombres cabalgan con fuerza, no se acercan a su objetivo. ¿Estará el desierto haciéndoles trampa? De lo que el faraón no se da cuenta es que el mismo que vive donde el tiempo y la distancia no se pueden medir, es el que se interpone entre el ejército de Egipto y el ejército de Israel.

Durante toda la noche, las columnas de nube y fuego producen oscuridad a los egipcios y luz a los israelitas.

Cuando Moisés extiende su brazo hacia el mar, comienza a soplar un fuerte viento del este. Durante toda la noche hace retroceder el mar y convierte el lecho en tierra seca. Mientras tanto, el faraón y su ejército no cejan en su furiosa persecución.

En la oscuridad, el pueblo comienza a cruzar: las madres con sus bebés en los brazos, los niños correteando felices, los abuelos apoyándose entre ellos, los padres manejando el ganado.

Mientras la multitud sigue cruzando, ansiosa por llegar al otro lado, el faraón en su carro llega a la orilla del mar. Con el telón de fondo de nubes grises y ondulantes, luce como un dios enojado. Pero, con todo su poder, no es más que un pobre hombre dueño de un corazón obstinado y frío. Musitando una oración a cualquier dios que lo quiera escuchar, empuja a su ejército a entrar en el mar.

Impulsados por el infierno, presionan a los caballos para alcanzar a los esclavos más rezagados. De pronto, cuando se han acercado lo suficiente como para empezar a disfrutar de la victoria, las ruedas de sus carros se atascan. Mientras más se esfuerzan por avanzar, más empantanados se vuelven. Entonces, gritan:

«¡Alejémonos de los israelitas, pues el Señor está peleando por ellos y contra nosotros!».

Pero es demasiado tarde para escapar. Ante una orden de Dios, Moisés extiende su brazo y las paredes de agua colapsan. El mar cubre completamente carros, caballos y jinetes. Está amaneciendo. La batalla ha terminado. Todo está en silencio... un inquietante silencio.

Cuando los israelitas ven a los egipcios muertos en la orilla, cantan una canción tan alegre que irrumpe en los cielos.

El Señor es mi fortaleza y mi defensa; él se ha convertido en mi salvación.

> Cantaré al Señor, que se ha coronado de triunfo
>   arrojando al mar caballos y jinetes.
> El Señor es mi fuerza y mi cántico;
>   él es mi salvación.
> Él es mi Dios, y lo alabaré;
>   es el Dios de mi padre, y lo enalteceré.
> El Señor es un guerrero;
>   su nombre es el Señor.
> El Señor arrojó al mar
>   los carros y el ejército del faraón.
> Los mejores oficiales egipcios
>   se ahogaron en el Mar Rojo.
> Las aguas profundas se los tragaron;
>   ¡como piedras se hundieron en los abismos!
> Tu diestra, Señor, reveló su gran poder;
>   tu diestra, Señor, despedazó al enemigo.
> Fue tan grande tu victoria
>   que derribaste a tus oponentes;
> diste rienda suelta a tu ardiente ira,
>   y fueron consumidos como rastrojo.
> Bastó un soplo de tu nariz
>   para que se amontonaran las aguas.

Las olas se irguieron como murallas;
   ¡se inmovilizaron las aguas en el fondo del mar!
«Iré tras ellos y les daré alcance
   —alardeaba el enemigo—.
Repartiré sus despojos
   hasta quedar hastiado.
¡Desenvainaré la espada
   y los destruiré con mi propia mano!».
Pero con un soplo tuyo se los tragó el mar;
   ¡se hundieron como plomo en las aguas turbulentas!
¿Quién, SEÑOR, se te compara entre los dioses?
   ¿Quién se te compara en grandeza y santidad?
Tú, hacedor de maravillas,
   nos impresionas con tus portentos.
Extendiste tu brazo derecho,
   ¡y se los tragó la tierra!
Por tu gran amor guías al pueblo que has rescatado;
   por tu fuerza los llevas a tu santa morada.

Con una canción en sus corazones, el pueblo de Dios continúa su viaje por el desierto y finalmente, después de años de luchas y pruebas, llegan a la tierra que les había prometido.

Una y otra vez contarán la historia de cómo Dios los rescató. Y los corazones de los hijos se conmoverán cada vez que escuchen cómo sus padres y madres, y todo el pueblo de Dios, casi perecieron en la orilla del mar. Suspirarán de alivio y asentirán con conocimiento cuando vuelvan a escuchar la historia de cómo Dios descendió del cielo para liberarlos con su fuerte y poderoso brazo.

LOS TIEMPOS

El relato del Éxodo se ubica entre los años 1445 y 1260 A. C.
La historia de Faraón se ha extraído de
los capítulos 1 al 13 de Éxodo.

Como el primer estado nación del mundo, Egipto fue la civilización más avanzada técnicamente en la región del Mediterráneo cuando la familia de Jacob se estableció allí.

A diferencia de otras sociedades, el intenso enfoque en la vida futura y el embalsamamiento de los cadáveres significa que los egipcios estaban familiarizados con la anatomía humana, una de las razones por la que eran famosos por sus habilidades médicas. Como todos los aspectos de la sociedad egipcia, la práctica médica estaba imbuida por la magia. Debido a que con frecuencia las enfermedades las atribuían a los demonios, algunos remedios eran intencionalmente nocivos. ¿Qué demonio querría estar cerca de un paciente cuando era tratado con excrementos de moscas, estiércol de animales o ratones hervidos?

Durante la época de los faraones, los principales practicantes de la magia eran sacerdotes que podían leer los textos que preservaban el conocimiento secreto que se creía que impartían los dioses. La magia era un sistema de defensa que proporcionaba una ilusión de seguridad en medio de fuerzas visibles e invisibles que de otro modo podrían causar estragos.

Gran parte de la riqueza de Egipto, así como su poder derivaban del río Nilo, al que los egipcios se referían simplemente como «el río». Fluyendo de sur a norte, atravesaba más de seis mil kilómetros hasta vaciarse en el Mar Mediterráneo.

Durante los veranos, las fuertes lluvias de las tierras altas de Etiopía fluyen hacia el Nilo, inundando la tierra a lo largo del río y depositando un rico limo negro, perfecto para el cultivo de abundantes cosechas. Los egipcios aprovechaban el río practicando la irrigación mediante cuencos y abriendo canales para desviar el agua a áreas más grandes. El rico suelo alrededor del río era conocido como la Tierra Negra, mientras que la inhóspita región desértica, un vasto cementerio donde se construyeron las tumbas, era conocida como la Tierra Roja.

Gracias a Hollywood, a menudo nos imaginamos a esclavos hebreos involucrados en el trabajo agotador de erigir tumbas de piedra elaboradas para los reyes y reinas de Egipto, que estaban en busca de un paso seguro y cómodo a la otra vida. Sin embargo, las pirámides antiguas no fueron construidas por esclavos sino por varios miles de empleados permanentes cuyas labores eran complementadas por miles de trabajadores temporales. Para cuando la familia de Jacob se estableció en Egipto, la construcción de pirámides ya había pasado de moda. Aun así, los israelitas fueron sometidos a trabajos forzados durante muchos años.

Al igual que todas las sociedades antiguas, los egipcios eran un pueblo profundamente religioso, adorando a más de dos mil dioses en el transcurso de su historia. Debe haberle parecido extraño al faraón y sus súbditos que los israelitas confiaran en un solo Dios, Jehová, para protegerlos y satisfacer sus necesidades.

Es notable que la tribu de Jacob no solo se multiplicó en Egipto, sino que el pueblo de Dios mantuvo su identidad única en medio del encanto seductor de la cultura dominante.

El éxodo muestra el amor y la fidelidad de Dios, así como su poder absoluto sobre el mal, ya que el faraón es un símbolo no solo del mal humano firmemente enraizado, sino también del poder satánico. La historia de Éxodo resalta la habilidad de Dios para usar la intransigencia de sus enemigos para glorificarse a sí mismo.

ALGO PARA PENSAR

1. El sabio escritor de Proverbios ofrece consejos que habrían beneficiado al faraón, si hubiera estado dispuesto a escuchar: «¡Dichoso el que siempre teme al SEÑOR! Pero el obstinado caerá en la desgracia» (Proverbios 28.14). Describe los momentos en tu vida en que tu corazón no estaba tan abierto como debería haber estado hacia Dios o hacia los demás. ¿Cómo ha trabajado Dios para suavizar tu corazón?

2. Imagina que eres un esclavo hebreo, una persona sin poder que vive en la sociedad más poderosa del mundo. ¿Cómo habrías respondido a las afirmaciones de Moisés? ¿Hubieras confiado y creído en él o tal vez te hubieras rebelado? ¿En qué punto durante el viaje de salida de Egipto hubieras estado más inclinado a dudar de la liberación prometida de Dios? ¿Por qué?

3. Cada uno de nosotros debe identificarse con la historia del éxodo a nivel personal. En algún momento de nuestras vidas, hemos sido esclavizados por el pecado y oprimidos por Satanás. ¿De qué manera, pequeña o grande, Dios te ha «librado de Egipto»? ¿Cómo describirías lo que significa ser llevado a la tierra prometida de su presencia?

4. La historia de Éxodo describe a Dios como quien libera a su pueblo del poder esclavizador del faraón. Describe lo que se requirió de Moisés y los israelitas cuando Dios actuó en su nombre. ¿Cómo se podrían aplicar estas respuestas a tu propia vida?

CAPÍTULO 11

LA HISTORIA DE RAJAB

Ella dijo una mentira... y salvó el día

> *Reconoce, por tanto, que el SEÑOR tu Dios es*
> *el Dios verdadero, el Dios fiel, que cumple su*
> *pacto generación tras generación.*

DEUTERONOMIO 7.9

Cada vez que Rajab va al mercado, siempre habrá mujeres que reunidas en pequeños corrillos cuchichean acerca de ella mientras lanzan risitas socarronas. Sin embargo, ella se limita a echar su frondosa cabellera hacia atrás y mover las caderas provocativamente, burlándose a su vez de ellas.

Están celosas, piensa, porque disfruta de una vida cinco veces mejor que la de ellas. Además, porque sus maridos no dejan de mirarla, lo que le dice que ellos se preguntan cómo sería acariciar su piel color oro miel y dejar correr sus dedos por su imponente cabellera de pelo rizado. Las mujeres se desquitan dándole aún más trabajo a sus lenguas. Las palabras que salen de sus bocas son como pequeños «dardos» llenos de insultos.

Sin embargo, eso a Rajab no le importa. Ella lo tiene todo. Un próspero negocio, buena salud y un ingenio vivaz. Además, le gusta romper los esquemas. Sorprender a la gente. Una mujer emprendedora, dueña de una casa, una posada ubicada en un punto estratégico de las murallas impenetrables que protegen la ciudad. Debido a su ubicación cerca de la puerta, no se le escapa nada y lo ve todo: los que entran y los que salen. Viajeros de toda la región llevan y traen noticias sobre lo que pasa en el mundo más allá de Jericó. Por eso no es extraño que el gobernante de la ciudad envíe a sus emisarios con cierta regularidad a la casa de Rajab para obtener información de inteligencia militar.

El término empleado para «prostituta» también pudo haber significado posadero. En esa época los posaderos eran a menudo asociados con las prostitutas. ■

Algunos de los huéspedes solo buscan una cama donde pasar la noche, mientras otros quieren compartir la de ella. Además de administrar la posada, Rajab trabaja el lino, macerando los largos tallos y luego poniéndolos a secar en la azotea para extraer posteriormente las finas hebras. Sin embargo, hoy no es el lino ni el hilado lo que capta su atención, sino las terribles visiones que se agolpan en su mente debido a los rumores que le han llegado. ¿Qué pasará con sus padres, sus hermanos y hermanas, y todos sus hijos si los rumores resultan verdad?

Los comerciantes que forman parte de las grandes caravanas que atraviesan la región no paran de hablar acerca de la presencia de una gran multitud acampada en Sitín, a dieciséis kilómetros al este de Jericó, en el otro lado del río Jordán. Rajab ha escuchado las historias sobre cómo los israelitas salieron triunfantes de Egipto y la forma en que su Dios intervino separando las aguas para que el pueblo pudiera cruzar el mar caminando hacia la libertad. Ella sabe que estos antiguos esclavos han soportado cuarenta años en el desierto y son alimentados con una comida misteriosa llamada maná. Quizás eso es lo que los ha hecho tan fuertes. Ya han aniquilado a Og y Sijón, reyes de los amorreos. Y todo el mundo dice que Jericó será la próxima ciudad en caer.

Sin embargo, Jericó ha sobrevivido a los ataques durante milenios. ¿Cómo podría la ciudad más antigua del mundo ser conquistada? Sus muros son sólidos y altos, imposibles de escalar. Aun así, sus habitantes tiemblan y grandes oleadas de miedo los atacan cuando cada nueva noticia se añade a la última, hablando de las milagrosas proezas que ha estado haciendo el Dios de Israel.

Como todos los demás, Rajab tiene miedo. No obstante, sus temores no pueden hacer disminuir su curiosidad. ¿Cómo es que un grupo de esclavos que vivió en Egipto por más de cuatrocientos años se ha librado de su cautiverio convirtiéndose en un poderoso ejército? ¿Y por qué adoran a un solo Dios, un Dios que habla desde una columna de nube de día y una columna de fuego por la noche?

¡Ah, si ella pudiera conocer el poder protector de ese Dios! Si él pudiera tenerla en sus brazos poderosos y mantenerla a salvo.

La noche se acerca. El tiempo más ajetreado del día. Dos desconocidos acaban de llegar, y algo en la forma de sus caras y el corte de la barba la ponen en estado de alerta. Ella está acostumbrada a tratar con extranjeros, pero no como estos. Su piel es oscura y curtida, sus ojos brillan y parecen llenos de un propósito singular.

«Ustedes son israelitas, ¿verdad?», les dice.

El Código de Hammurabi (un conjunto de leyes en Mesopotamia que data de alrededor de 1772 a. c.) afirma: «Si hubiera una mujer posadera en cuya casa se reúnen criminales, y ella no los detiene y entrega a las autoridades, tal mujer posadera será castigada con la muerte.[1] ∎

Los hombres tratan de hacer que guarde silencio, pero no lo niegan. Entonces, en un segundo, Rajab decide ponerse del lado de ellos.

«Vengan conmigo», les indica.

Los lleva a la azotea, donde grandes atados de lino se están secando, y les dice que se escondan debajo de ellos.

Momentos más tarde llegan otros visitantes. Rajab abre la puerta para encontrarse con los soldados del rey.

«Entréganos a los hombres que están en tu casa», le ordenan. «Son espías».

Ella se lleva las manos a la garganta en una actitud de sorpresa fingida, como para hacerles ver su extrañeza ante el hecho de haberles dado refugio en su casa a espías.

«Dos hombres estuvieron aquí» les responde, «pero yo no sabía quiénes eran. Salieron de la ciudad al anochecer, justo antes de que las puertas se cerraran. No tengo idea de hacia dónde se han ido. Si se van ahora mismo, es posible que los alcancen y los atrapen».

Los hombres asumen que el temblor de su voz es producido por el miedo al descubrir que había tenido tan cerca al enemigo. Una vez que se han ido, ella se asoma a la ventana y ve que los hombres se dirigen a toda prisa hacia los vados del río Jordán.

Luego sube a la azotea para alertar a los hombres que siguen escondidos entre los atados de lino, y les dice:

«Yo sé que el Señor les ha dado esta tierra, y por eso estamos aterrorizados; todos los habitantes del país están muertos de miedo ante ustedes. Tenemos noticias de cómo el Señor secó las aguas del Mar Rojo para que ustedes pasaran, después de haber salido de Egipto. También hemos oído cómo destruyeron completamente a los reyes amorreos, Sijón y Og, al este del Jordán. Por eso estamos todos tan amedrentados y descorazonados frente a ustedes. Yo sé que el Señor y Dios es Dios de dioses tanto en el cielo como en la tierra. Por lo tanto, les pido ahora mismo que juren en el nombre del Señor que serán bondadosos con mi familia, como yo lo he sido con ustedes. Quiero que me den como garantía una señal de que perdonarán la vida de mis padres, de mis hermanos y de todos los que viven con ellos. ¡Juren que nos salvarán de la muerte!».

«¡Juramos por nuestra vida que la de ustedes no correrá peligro!», prometen los hombres.

Luego le dicen que ate a la ventana un cordón escarlata para que reconozcan su casa cuando invadan la ciudad. No importa lo que suceda, ella va a tener que asegurarse de que todos los miembros de su familia, desde los más jóvenes hasta los más viejos, permanezcan dentro de la casa. Tan solo un momento afuera puede significar la muerte.

Rajab está de acuerdo y entonces baja a los espías por la ventana mediante una cuerda con la recomendación de que se escondan en las montañas durante tres días.

Cuando los dos hombres finalmente llegan a Sitín, le cuentan a Josué todo y ven cómo una sonrisa se dibuja en su rostro curtido.

«Sin duda», les dice, «el Señor mismo ha llenado de miedo a Jericó».

Como sucesor de Moisés, va a confiar en Dios con respecto a que la victoria será suya. Aunque no tiene la menor idea de cómo él y sus hombres van a escalar los muros de la ciudad, reúne al pueblo, e inician la marcha hasta que llegan a la orilla oriental del río Jordán.

En el verano, el río es solo un hilillo de agua, pero en la primavera su corriente es rápida y abundante. Un hombre fuerte podría cruzarlo, pero cualquier otra persona moriría en el intento. Aun así, Josué les dice a los sacerdotes que tomen el arca del pacto, que es la promesa de la presencia de Dios, y entren con ella en el río.

Los sacerdotes están seguros de que no podrán con la corriente, excepto por una cosa: Dios va con ellos. Aunque eran solo unos niños cuando salieron de Egipto, recuerdan cómo Dios les abrió un camino a través del Mar Rojo cuando se sintieron atrapados por el ejército del faraón. Ahora se han convertido en un poderoso ejército camino de la tierra que Dios les prometió.

Tan pronto como sus pies tocan el agua, el río deja de fluir y la tierra comienza a secarse. Lentamente avanzan hacia el medio del lecho del río con el arca. Permaneciendo allí de pie, esperan durante horas hasta que el último israelita ha cruzado. Luego caminan en procesión hasta el otro lado. Tan pronto como ellos y el arca están seguros en la orilla del río, el agua empieza a correr de nuevo y el río vuelve a su condición normal.

Ahora están a solo ocho kilómetros de Jericó.

Mientras tanto, dentro de las murallas de la ciudad, nadie entra ni nadie sale. Hay demasiado miedo. El pánico se ha apoderado de la ciudad, porque todo el mundo ha oído hablar de cómo los israelitas han cruzado milagrosamente el Jordán.

La casa de Rajab se ha llenado de parientes. Ella mira por la ventana y ve cómo el ejército israelita avanza hacia la ciudad. En lugar de acometer contra los muros, marchan alrededor de ellos llevando una caja dorada que centellea por efecto del sol. En la parte superior de la caja hay dos ángeles dorados mirándose entre sí, sus alas extendidas como para protegerla. Sostenida con dos varas largas, la caja sagrada es precedida por siete sacerdotes que hacen sonar siete cuernos de carnero. Ni una sola palabra se escucha mientras los israelitas marchan alrededor la ciudad. Rajab oye solo el ruido de los pies al marchar y el sonido de los cuernos. Después de que los soldados han rodeado la ciudad una vez, regresan al campamento.

Nadie sabe el motivo de estas marchas tan extrañas. Eso no es lo que esperaban los ciudadanos de Jericó.

Lo mismo ocurre al día siguiente y al otro. Durante seis días, los israelitas marchan alrededor de la ciudad llevando su hermosa caja dorada. Si la intención ha sido aterrorizar a los habitantes de Jericó, lo han logrado con creces. Muchos ya no pueden soportar el sonido de los cuernos.

Sin embargo, Rajab no es uno de estos. En lugar de terror, siente una extraña calma. Cada vez que ve pasar el arca dorada, siente una presencia que le da paz.

El séptimo día, en lugar de marchar alrededor de la ciudad una vez, los israelitas siguen marchando. Rodean la ciudad siete veces. Y a la séptima vuelta, cuando el terror ha llegado a su punto más alto, un gran grito sale de las gargantas de todos los israelitas. Se eleva como una ola de sonido que pareciera que va a hacer saltar el mundo en pedazos. Y de repente, los muros que rodean la ciudad colapsan. La pequeña casa de Rajab se inclina, se agrieta un poco, pero no cae. Rajab ora que los espías cumplan su palabra.

Desde la seguridad de su casa, ella escucha el choque de las armas y gritos de dolor que congelan el corazón. La ciudad es rápidamente dominada y reducida a cenizas. De todos los que vivían dentro de sus muros, solo ella y su familia se salvaron.

Al igual que Noé y su familia, Rajab y su gente escapan de la gran destrucción que viene como castigo por los pecados de aquellos que viven en la tierra. En lugar de un barco, es una casa la que los cobija. Debido a que Rajab creyó en el Dios de Israel y arriesgó su vida para ayudar a su pueblo, ella y su familia se salvaron.

Si alguien de Jericó hubiese podido contar la historia, el papel desempeñado por Rajab se habría descrito no con palabras como *valor* y *fe*, sino con términos como *traición* y *engaño*. No obstante, según ocurrió, nadie quedó vivo para decir lo contrario, y así la historia se traspasó de generación en generación dentro del pueblo de Dios.

Después de haber salido de la ciudad destruida, Rajab y su familia se instalan a vivir con los israelitas. Uno de sus descendientes será David, el más grande de los reyes de Israel. Más notable que eso, ella sería reconocida por las generaciones futuras como antecesora de Jesús, que es el Cristo.

LOS TIEMPOS

La historia de Rajab pudo haber tenido
lugar alrededor del año 1406 A. C.
El relato se encuentra en los capítulos 2, 3 y 6
del libro de Josué. También se la menciona en
Mateo 1.5; Hebreos 11.31 y Santiago 2.25.

Jericó era una ciudad fortificada con unos dos mil habitantes. Siendo también llamada la Ciudad de las Palmeras, estaba localizada junto a una importante ruta comercial a solo veinticuatro kilómetros de Jerusalén. Las evidencias arqueológicas establecen su existencia en el noveno milenio antes de Cristo, lo cual podría hacerla la ciudad más antigua del mundo.

Antes de atacar Jericó, los israelitas celebraron la Pascua comiendo algunos productos de la tierra. Al día siguiente, el maná que los había alimentado a lo largo de todo su peregrinar por el desierto cesó. Ya no lo necesitaban más (Josué 5.11–12).

Cuando los espías israelitas entraron a Jericó, se dieron cuenta de que Dios ya estaba trabajando dentro de la ciudad para debilitarla, esparciendo «un gran temor» hacia ellos, como les dijo Rajab.

Era primavera cuando Josué guió al pueblo a través del río Jordán, un tiempo en que el río está crecido. La Biblia dice que las aguas que venían de arriba se detuvieron como en un montón, bien lejos de la ciudad de Adán (Josué 3.16). Jericó está localizada en el Valle del Rift, una región poco segura con frecuente actividad sísmica. Es posible que un terremoto haya derribado las altas orillas del río más arriba del lugar por donde pasaron los israelitas. En 1997, un terremoto en las cercanías de Adán removió un terraplén de unos cincuenta metros de alto que detuvo el flujo del río por veintiuna horas. Quizás los muros de Jericó colapsaron debido a un segundo terremoto, lo que hizo que Josué y sus hombres traspasaran sin dificultad las defensas de la ciudad.

Sin embargo, ¿cómo pudo, la casa de Rajab, haber sobrevivido a un terremoto? Excavaciones efectuadas a principios del siglo veinte han demostrado que una porción de los muros de la parte baja de la ciudad no colapsó. Las casas que estaban construidas en esos muros permanecieron intactas.

ALGO PARA PENSAR

1. Hay sorprendentes similitudes y algunas diferencias en la forma en que los israelitas comenzaron y terminaron su peregrinar de cuarenta años por el desierto. En ambas instancias tiene lugar un cruce milagroso de aguas intransitables. Los dos sucesos ocurrieron cerca de la celebración de la Pascua. En el primero, a Israel lo estaban persiguiendo. En el segundo, ellos eran los perseguidores. ¿Cómo explicas las similitudes y las diferencias?

2. Los sacerdotes israelitas tenían que poner los pies en el agua antes de que la corriente se detuviera. ¿Alguna vez has actuado simplemente sobre la base de tu confianza en Dios, arriesgándote antes de experimentar la respuesta a una oración o el cumplimiento de una promesa? Si tu respuesta es sí, ¿cuáles fueron los resultados?

3. La orden de marchar siete veces alrededor de Jericó tiene que haberle sonado muy extraña a Josué. ¿Hasta qué punto habría cambiado la historia si hubiera desobedecido a Dios y aplicado su propia estrategia? ¿Cuáles son las implicaciones para nuestras vidas como hombres y mujeres de fe?

4. Rajab estuvo dispuesta a arriesgar su vida para proteger a los espías. ¿A qué clase de riesgos te has expuesto tú para expresar tu confianza en Dios?

5. En Éxodo, Moisés es el héroe que se agiganta justo frente a sus enemigos. En este episodio del libro de Josué, Dios usa a Rajab como un agente encubierto que ayudará a su pueblo a vencer a sus enemigos. ¿Qué te dice esto sobre la habilidad de Dios para actuar a favor de los suyos?

CAPÍTULO 12

LA HISTORIA DE DALILA

Una mujer mala traiciona a su amante

Desde la ventana de mi casa miré a través de la celosía. Me puse a ver a los inexpertos, y entre los jóvenes observé a uno de ellos falto de juicio. Cruzó la calle, llegó a la esquina, y se encaminó hacia la casa de esa mujer. Caía la tarde. Llegaba el día a su fin. Avanzaban las sombras de la noche [...] Se prendió de su cuello, lo besó, y con todo descaro le dijo [...] Ven, bebamos hasta el fondo la copa del amor; ¡disfrutemos del amor hasta el amanecer! [...] Y él en seguida fue tras ella, como el buey que va camino al matadero; como el ciervo que cae en la trampa [...] pues muchos han muerto por su causa; sus víctimas han sido innumerables.

PROVERBIOS 7.6–9, 13, 18, 22, 26

Acurrucada, Dalila duerme abrazada a él, con la cabeza descansando en su impresionante pecho. Él también duerme. A veces sus ronquidos son tan estruendosos que ella piensa que el techo de su casa va a salir volando. Luego gruñe, gime y vuelve la cabeza en un momento de agitación. A pesar de las pesadillas que experimenta de vez en cuando, nunca se despierta antes que el primer rayo de luz se cuele por debajo de la puerta. Su sueño es tan profundo que Dalila está segura de que podría seguir durmiendo hasta que el mundo se acabe.

Antes de irse a la cama, Sansón le cuenta sus historias. La mayoría de ellas sobre su tema favorito: él mismo cuando era un niño, luego mientras era adolescente, y después como un líder de Israel. Le dice que un ángel predijo su nacimiento y que él ha sido consagrado a Dios para siempre. Le cuenta cómo mató y descuartizó a un león sin más armas que sus manos, y que mató a mil de sus enemigos con solo una quijada de burro. ¡Ah, cómo odia a los filisteos!

Cuando se trata de conversar sobre la inutilidad de los filisteos, nada refrena su lengua. Habla de incendiarles los campos para destruir sus cultivos y sembrar el terror por donde pasa. Sería una forma de vengarse por el modo en que lo han tratado a él y su pueblo, los israelitas.

Siendo rápido para satisfacer sus ansias de poder y placer, cree que nadie se lo puede impedir, porque es el ungido del Señor, el héroe de la historia que Dios está contando. Como un ejército de un solo hombre, ha guiado a su pueblo por veinte años.

No mucho tiempo atrás, unos hombres se reunieron junto a las puertas de Gaza. Planeaban darle muerte en cuanto se asomara. (No le dijo a Dalila que había pasado la noche con una prostituta.). Sin embargo, en cuanto los vio, arrancó de cuajo las puertas de pesada madera de la ciudad junto con sus respectivos postes y barrotes, se las echó al hombro, y se fue con ellas a la cumbre del monte que está delante de Hebrón, dejando a la ciudad de Gaza indefensa.

Al recordar estos detalles, ríe con gran estruendo haciendo que Dalila salte asustada alejándose de él. Esto lo hace reír aún más.

No obstante, ella ya conoce sus hazañas. Su fuerza es lo que lo hace tan atractivo, al menos para Dalila. A ella le gusta la dureza de sus músculos y el grosor de sus brazos mientras la abraza. «Eres invencible», piensa de él, y a menudo se lo dice así.

Sansón disfruta con su admiración, pero eso no le impide mantenerse hablando. Ella se arrima más a él cuando le cuenta de Abraham y Sara, y cómo Dios prometió darle esta tierra a su pueblo. Conoce la historia de Moisés y cómo Miriam dirigió la danza de la victoria cuando cruzaron el Mar Rojo.

Su relato es tan vívido que casi puede ver a Rajab mirando por encima de las murallas de Jericó.

Con todo, si su Dios ha hecho tales maravillas, se pregunta por qué Israel parece tan débil. Sansón le ha dicho que dos de las doce tribus han venido peleando entre ellas y las otras son acosadas por los enemigos externos. Pero solo se encoge de hombros cuando ella le pregunta por qué son tan débiles. No se molesta en hablarle de la infidelidad de su pueblo o sobre cómo guardar los mandamientos de Dios está ligado a la prosperidad de Israel. Tampoco le dice que algunos de su propio pueblo lo traicionaron con los filisteos.

Sansón es el hombre más grande que Dalila haya visto jamás, pero ella sabe que no lo es porque haya realizado tantas maravillas por él mismo. Algunos dicen que cuando el Espíritu cae sobre Sansón, es lo bastante fuerte como para levantar dos montañas y sostenerlas en sus manos. Y casi les cree lo que dicen de él. Por el momento, ella está contenta con dejar que la fuente de su fuerza siga siendo un misterio. Es suficiente con disfrutar de su poder.

Un día, cuando Sansón no está, los gobernantes filisteos van a hablar con ella. Hombres violentos, gente de mar que se han asentado en la costa, acostumbrados a hostigar y oprimir. Si no fuera por este Sansón, podrían hacer lo que les plazca. Sin embargo, él es como una avalancha, un hombre que causa estragos dondequiera que va.

Aunque el poder siempre ha sido el afrodisíaco favorito de Dalila, ahora ellos la tientan con algo aún más seductor: dinero contante y sonante. Suficiente como para sentirse segura por el resto de su vida.

«Eres hermosa», le dicen, algo que ella ya sabe. «Tienes a Sansón en tus manos». Eso también lo sabe.

Luego le ofrecen un soborno.

«Si puedes hacer que te diga cuál es el secreto de su fuerza para que podamos dominarlo, cada uno de nosotros te dará mil cien siclos de plata».

Se trata de una cantidad asombrosa, una oferta que revela lo desesperado que están estos hombres.

¿Cómo decidirse ante una oferta tan tentadora? Su relación con Sansón le ha dado un sentido de estatus, haciéndola intocable para aquellos que de otra manera la juzgarían. Pero el dinero puede hacer eso y mucho más, permitiéndole vivir el tipo de vida que otros sueñan y con la que ella también sueña.

Mientras sus pensamientos van de un lado a otro entre dos alternativas, finalmente se decide. El dinero le comprará todo lo que busca. Así es que comienza a jugar con Sansón, pidiéndole que revele el secreto de su gran fuerza para que lo aten y sometan.

A Sansón le encantan estos intentos de ella, pues la encuentra a la vez hermosa y divertida, así que le sigue el juego, diciéndole:

«Si se me ata con siete cuerdas de arco que todavía no estén secas, me debilitaré y seré como cualquier otro hombre».

Entonces los filisteos le suministran a Dalila siete cuerdas frescas para atarlo. Así lo hace ella, y mientras los filisteos están ocultos en una habitación contigua, grita:

«¡Sansón, los filisteos se lanzan sobre ti!».

No obstante, él simplemente rompe las cuerdas como si fueran débiles hebras, y el secreto de su fuerza sigue siendo un misterio.

«Me has engañado, diciéndome mentiras», lo regaña ella. «Dime la verdad de cómo se te puede atar».

Y lo acaricia como si quisiera decirle que lo perdona.

Aun jugando con ella, Sansón le dice:

«Si se me ata firmemente con sogas nuevas, sin usar, me debilitaré y seré como cualquier otro hombre».

Dalila le cree y lo ata de nuevo, gritando:

«¡Sansón, los filisteos se lanzan sobre ti!».

Sin embargo, como antes, Sansón rompe las sogas nuevas como si fueran hilos, y sus enemigos huyen rápidamente.

Esta vez Dalila se pone de muy mal humor y le da una cachetada. Cuando

Posiblemente un telar horizontal fijado firmemente al suelo. ∎

Sansón la sujeta por las muñecas y la atrae hacia él, Dalila vuelve a exigirle que le diga la verdad.

Suspirando, como queriendo demostrar que ella finalmente ha ganado la partida, le dice:

«Si entretejes las siete trenzas de mi cabello con la tela del telar, y aseguras ésta con la clavija, me debilitaré y seré como cualquier otro hombre».

Un día, mientras Sansón se encuentra profundamente dormido y roncando, Dalila teje las siete trenzas en el telar tal como él le ha dicho.

En otro momento cómico, Dalila grita, diciéndole a Sansón que los filisteos lo tienen atrapado, pero él simplemente se incorpora, sacando su cabello del telar.

Ahora ella está en verdad furiosa. Lo enfrenta:

«¿Cómo puedes decir que me amas cuando no confías en mí? Esta es la tercera vez que me has hecho hacer el ridículo y no me has dicho dónde está el secreto de tu fuerza».

Las acusaciones de Dalila son un asedio interminable que por fin lo hace ceder.

Y un día le dice la verdad.

«Nunca ha pasado navaja sobre mi cabeza, porque soy nazareo, consagrado a Dios desde antes de nacer. Si se me afeitara la cabeza, perdería mi fuerza, y llegaría a ser tan débil como cualquier otro hombre».

Sintiendo que finalmente le ha dicho la verdad, Dalila se lo manda a decir a los filisteos. Esta vez vienen cargando bolsas con monedas de plata.

Mientras Sansón duerme plácidamente con su cabeza descansando en el regazo de Dalila, un hombre le

---

Números 6.1–8 indica que alguien bajo un voto nazareo debía abstenerse de tres cosas: (1) cualquier bebida embriagante, incluyendo comer uvas o pasas; (2) cortarse el cabello; y (3) entrar en contacto con cadáveres, humanos o de animales. ■

Aproximadamente sesenta y tres kilogramos de plata. ■

Cegar era una práctica común en el antiguo Oriente Medio, sobre todo cuando se trata de cautivos peligrosos. ■

corta las siete trenzas. Esta vez, cuando Dalila le grita: «¡Sansón, los filisteos se lanzan sobre ti!», se despierta y trata como otras veces de controlar la situación, pero bastan unos segundos para que se percate de que se ha convertido en alguien tan débil como los demás hombres. Dios lo ha abandonado.

Dalila cubre con sus manos sus oídos para ahogar sus gritos cuando los filisteos le sacan los ojos. Luego lo arrastran fuera de Gaza. Más tarde, ella se entera de cómo lo humillan en la prisión, forzándolo a moler grano como si fuera una mujer.

En pocos meses le llega la noticia de que los filisteos están llevando a cabo un gran festival. Los filisteos adoran a Dagón, el dios del grano. Ahora el hombre que trató de destruir su grano incendiando los campos se halla completamente bajo su poder. Miles se reúnen junto con sus gobernantes en el templo de Dagón, ávidos por ver al hombre fuerte al que expondrán públicamente para su diversión. Tan pronto como lo ven, alaban a Dagón, diciendo:

Nuestro dios ha entregado en nuestras manos a nuestro enemigo, al que asolaba nuestra tierra y multiplicaba nuestras víctimas.

Sin embargo, a los filisteos les espera una sorpresa muy desagradable, porque el Dios de Sansón ha aparecido en escena y a Dagón le ha llegado su hora. Ciego y con grilletes como está, el cabello de Sansón ha vuelto a crecer, y puede sentir que su fuerza regresa. Seguro de que Dios está con él, empieza a preparar su venganza.

Le pide a su guardia:

«Ponme donde pueda tocar las columnas que sostienen el templo, para que me pueda apoyar en ellas». A fin de que el guardia no tenga dudas, se desploma un poco, como si no fuera más que un pobre ciego ya sin fuerzas por el mucho trabajo que ha tenido que hacer. No obstante, una vez en posición, estira los brazos y pone cada mano contra una columna, al tiempo que ora:

«Oh soberano Señor, acuérdate de mí. Oh Dios, te ruego que me fortalezcas sólo una vez más, y déjame de una vez por todas vengarme de los filisteos por haberme sacado los ojos [...] ¡Muera yo junto con los filisteos!».

Luego empuja con toda su fuerza, y el templo de Dagón se viene abajo, aplastando a todos y matando a tres mil hombres y mujeres que están de pie en el techo.

A medida que la noticia se extiende por toda la región, Dalila puede oír los lamentos. Los filisteos están sufriendo debido a la vergüenza que ha caído sobre su dios y la pérdida de tantas vidas.

¿En cuanto a Dalila? Extraña a Sansón solo un poco, pero no demasiado. En lugar de llorarlo, su corazón está lleno de visiones de la buena vida que se ha asegurado. Ya no depende de un hombre para suplir sus necesidades, sino que ahora puede hacer exactamente lo que le plazca. Su futuro parece seguro. Alguien podría llamarla insensible, cándida o estúpida. Sin embargo, ella simplemente se llama a sí misma afortunada: es libre y rica más allá de sus sueños.

No obstante, difícilmente alguien se lamentará por Sansón. Habiendo sido elegido por Dios para tener un papel muy especial —iniciar la liberación de su pueblo— se las arregló para cumplirlo no siendo sabio y bueno, sino llevando a cabo un acto final de violencia autodestructiva. En su muerte, Sansón mató a más enemigos de Israel que los que había matado durante toda su vida. Fuerte por fuera, pero débil internamente, gobernó sobre Israel durante veinte años.

LOS TIEMPOS

La historia de Dalila probablemente tuvo
lugar alrededor del año 1055 A. C.
*El relato se puede leer completo en los
capítulos 13 al 16 del libro de Jueces.*

A diferencia del libro de Josué, que refleja un período glorioso
de conquista en la historia de Israel, el libro de Jueces se refiere a
un tiempo de terrible declinación, en el cual «cada uno hacía lo
que bien le parecía» (21.25). Sansón fue un ejemplo típico de esta
tendencia, un hombre cuya fuerza prodigiosa no pudo con su debilidad moral.

Después de haberse establecido en Canaán, muchos de los israelitas empezaron a practicar la idolatría, adorando a deidades paga-
nas como Baal (el dios de las tormentas y la fertilidad) y a Astarté
(la diosa de la fertilidad). Repitiendo el patrón de Éxodo en el cual
el viaje desde Egipto hasta Canaán pudo haberse hecho en días en
lugar de en años, la conquista y la consolidación del poder de Israel
en la Tierra Prometida tardó entre trescientos y cuatrocientos años,
exhibiendo las consecuencias del fracaso de los israelitas en cuanto
a confiar en Dios lo suficiente para obedecerle.

Durante el período aproximado de doscientos años descrito en
el libro de Jueces, no hay una evidencia clara de que alguno de los
jueces representara a todas las tribus de Israel. A veces, los jueces se
levantaron al mismo tiempo en oposición a la opresión localizada.

Sansón y Dalila vivieron en un período en el que los filisteos
gobernaron sobre el suroeste de Palestina. La gente marítima que
había emigrado desde el mar Egeo se estableció a lo largo de la

costa de Israel y luego comenzó a moverse hacia el este. La palabra *Palestina* se deriva de su nombre.

Aunque los israelitas no habían asimilado la tecnología de la Edad de Hierro, los filisteos probablemente sabían cómo fundir y forjar productos metálicos, incluso aquellos hechos de hierro. Este conocimiento les dio una fuerte ventaja militar, ayudándolos a avanzar contra los pueblos que ya estaban establecidos en Canaán. Aunque los filisteos tenían su propia cultura, incluyendo el lenguaje, la vestimenta, las armas y la cerámica, adoptaron rápidamente las prácticas religiosas cananeas, incluyendo la adoración del dios Dagón.

Aunque el texto no identifica el origen étnico de Dalila, bien pudo haber sido una filistea.

ALGO PARA PENSAR

1. Dalila es uno de los pocos personajes femeninos en la Biblia cuyo carácter parece totalmente negativo. Si tú fueras a pensar en ella como una persona multifacética, ¿qué temores e inseguridades te imaginas que pudo haber habido detrás de sus decisiones y comportamientos?

2. En la historia, Dalila parece funcionar básicamente como una trampa para un hombre que había sido elegido por Dios a fin de guiar a su pueblo. ¿Qué clase de trampas enfrentas tú en tus esfuerzos por vivir para Dios?

3. Por lo general, en el mundo antiguo en el que se desarrolla la historia de Dalila las mujeres tenían poco poder. Como a menudo sucede en tales circunstancias, Dalila hizo uso de la manipulación para salirse con la suya. ¿Cómo has experimentado tú la tentación de usar la manipulación cuando te has sentido impotente?

CAPÍTULO 13

LA HISTORIA DE NOEMÍ Y RUT

Cómo dos mujeres desesperadas buscan un hogar y un refugio

Den, y se les dará: se les echará en el regazo una medida llena, apretada, sacudida y desbordante. Porque con la medida que midan a otros, se les medirá a ustedes.

LUCAS 6.38

Por lo menos han pasado seiscientos años desde que Tamar se hizo pasar por prostituta y engañó a su suegro aceptando dormir con él. Aquella sola noche produjo unos hermanos gemelos, el mayor de los cuales fue Fares. Y fue a través de él que Dios preservó a la tribu de Judá.

Ahora, en Los tiempos de los jueces, cuando no hay rey y domina el caos, vive un hombre llamado Elimélec, que es descendiente de Fares. Vive en una ciudad llamada Belén, un nombre que significa «casa del pan», aunque por ese entonces era difícil encontrar pan en toda la tierra de Judá.

A fin de preservar a su familia, Elimélec toma a su esposa, Noemí, y a sus dos hijos, Majlón y Quilión, y emprende un viaje al este, hacia las ricas tierras altas de Moab, al otro lado del Mar Muerto. En Moab hay ríos y lluvia, y suficiente alimento para todos. Se va de mala gana, esperando que esta sea una estancia breve. Sin embargo, ni él ni sus hijos volverán a ver Belén otra vez.

Génesis 19.37 indica que los moabitas eran descendientes de Moab, que fue producto de una relación incestuosa entre el sobrino de Abraham, Lot, y la hija mayor de este. ■

Aunque Noemí tiene poco para comer, le está agradecida a Dios por haber llenado su casa con las ruidosas bromas de un esposo y dos hijos. Ella sabe estar contenta mientras su familia permanezca unida.

No obstante, mientras permanecen en Moab, la tragedia se cierne sobre ellos. Elimélec se enferma y muere. Su deceso es tan rápido y el dolor por su pérdida tan agudo que Noemí se pregunta cómo hará para sobrevivir.

En cuanto a sus hijos, ahora ya son hombres con esposas moabitas, llamadas Orfa y Rut. Noemí las ama a las dos. En medio de su dolor le da gracias a Dios, porque aun cuando es viuda, no es una indigente. Tiene a dos hijos amados y sus esposas para que velen por ella.

Sin embargo, no sabe que dentro de poco la tragedia volverá a golpearla.

En rápida sucesión, ambos hijos de Noemí también mueren. Ahora no hay solo una viuda, sino tres, y todas enfrentan la ruina. Perder al marido es una tragedia, pero quedarse sin hijos es una maldición. Con la pérdida de su marido y sus hijos, el dolor y el miedo hacen presa de Noemí. Siendo una extranjera en Moab, no tiene a nadie que vele por ella. Sin duda, Dios debe estar disgustado con ella para haberse llevado a su esposo y sus dos hijos.

No pasa mucho tiempo para que llegue a su conocimiento que la tierra de Judá ha sido bendecida con lluvia y abundantes cosechas. Finalmente, la sequía ha terminado. A pesar de que el camino que va de Moab a Belén está lleno de asaltantes, Noemí decide arriesgarse y regresar. Sus nueras, Orfa y Rut, insisten en viajar con ella. Con la ayuda de Dios, las tres mujeres llegarían a Belén a tiempo para la cosecha de abril.

A pesar de todo lo que las ama, Noemí está preocupada. De modo que antes de que las tres hubieran llegado muy lejos, se vuelve a sus nueras y les dice:

«¡Miren, vuelva cada una a la casa de su madre! Que el Señor las trate a ustedes con el mismo amor y lealtad que ustedes han mostrado con los que murieron y conmigo. Que el Señor les conceda hallar seguridad en un nuevo hogar, al lado de un nuevo esposo».

Al darles el beso de despedida, las dos jóvenes lloran y no se quieren separar de ella. No quieren dejarla que enfrente sola los peligros del camino.

Sin embargo, Noemí no cede.

«¡Vuelvan a su casa, hijas mías! [...] ¿Para qué se van a ir conmigo? ¿Acaso voy a tener más hijos que pudieran casarse con ustedes? ¡Vuelvan a su casa, hijas mías! ¡Váyanse! Yo soy demasiado vieja para volver a casarme. Aun si abrigara esa esperanza, y esta misma noche me casara y llegara a tener hijos, ¿los esperarían ustedes hasta que crecieran? ¿Y por ellos se quedarían sin casarse? ¡No, hijas mías! Mi amargura es mayor que la de ustedes; ¡la mano del Señor se ha levantado contra mí!»

La mayoría de los pueblos en el antiguo Oriente Medio adoraban dioses que solo creían que operaban entre su propia gente en una determinada región geográfica. Dejando Moab, Rut también debe dejar atrás los dioses de Moab. ∎

Noemí cree que Dios la odia.

Aunque Orfa la ama, entiende los argumentos expuestos por Noemí. ¿Querría alguien en la tierra de Judá casarse con una empobrecida viuda moabita? Entre lágrimas, deseando que el mundo fuera diferente de como es, besa a su suegra, se despide de ella y regresa a Moab.

Sin embargo, Rut se niega a imitarla. Noemí insiste.

«Rut», le dice, «tu cuñada se ha vuelto a su gente y a sus dioses. Anda. Vuelve con ella».

Pero la joven no la escucha.

«¡No insistas en que te abandone o en que me separe de ti! Porque iré adonde tú vayas, y viviré donde tú vivas. Tu pueblo será mi pueblo, y tu Dios será mi Dios. Moriré donde tú mueras, y allí seré sepultada. ¡Que me castigue el Señor con toda severidad si me separa de ti algo que no sea la muerte!»

¡Bella, maravillosa Rut! Noemí se siente aliviada porque finalmente su nuera ha ganado la controversia.

Después de varios días de viaje, las dos arriban a Belén, un acontecimiento que suscita un considerable entusiasmo.

«¿No es Noemí?» exclaman sus vecinos, sorprendidos de que hayan pasado diez años desde que ella y su familia se fueron a Moab.

Noemí significa «agradable».

«Ya no me llamen Noemí» dice ella.

Mara significa «amargo». ■

«Llámenme Mara, porque el Todopoderoso ha colmado mi vida de amargura. Me fui con las manos llenas, pero el Señor me ha hecho volver sin nada. ¿Por qué me llaman Noemí si me ha afligido el Señor, si me ha hecho desdichada el Todopoderoso?».

Luego les cuenta de su gran angustia, del vacío que siente después de haber perdido a su esposo y a sus dos hijos.

Noemí se ha convertido en lo que toda mujer más teme: una viuda sin medios de supervivencia a la vista.

Aunque Rut todavía llora la pérdida de su marido, su dolor se ve aliviado al pensar en el cuidado que tendrá que prodigarle a Noemí. A pesar de sus quejas, su suegra no es difícil de amar. Con la bendición de Noemí, se dirige a los campos a recoger lo que los cosechadores han dejado. Más que una mera costumbre, dicha práctica está consagrada en la ley. Todo terrateniente debe abstenerse de cosechar las orillas de su campo para dejar que los pobres recojan lo que ha quedado. Si tiene suerte, Rut recogerá suficiente grano como para que ella y Noemí se mantengan con vida. No obstante, el trabajo es duro y peligroso, sobre todo para una joven extranjera sin miembros de su familia que la defiendan ante la posibilidad de cualquier atropello.

Rut empieza a trabajar en un campo que pertenece a un hombre llamado Booz. A media mañana, lo ve hablar con su capataz y luego encaminarse hacia ella. Es un hombre alto, de cabello color gris que le llega hasta los hombros y una amplia sonrisa de bienvenida, el cual la saluda.

«Escucha, hija mía. No vayas a recoger espigas a otro campo, ni te alejes de aquí; quédate junto a mis criadas, fíjate bien en el campo donde se esté cosechando, y síguelas. Ya les ordené a los criados que no te molesten. Y cuando tengas sed, ve adonde están las vasijas y bebe del agua que los criados hayan sacado».

Sorprendida por su amabilidad, Rut se inclina y le dice:

«¿Cómo es que le he caído tan bien a usted, hasta el punto de fijarse en mí, siendo sólo una extranjera?».

«Ya me han contado», le respondió Booz, «todo lo que has hecho por tu suegra desde que murió tu esposo; cómo dejaste padre y madre, y la tierra donde naciste, y viniste a vivir con un pueblo que antes no conocías. ¡Que el Señor te recompense por lo que has hecho! Que el Señor, Dios de Israel, bajo cuyas alas has venido a refugiarte, te lo pague con creces».

Sus palabras se sienten como una bendición.

Más tarde ese día, Booz le ofrece una generosa porción de pan y grano tostado para comer. Luego les ordena a sus hombres:

«Aun cuando saque espigas de las gavillas mismas, no la hagan pasar vergüenza. Más bien, dejen caer algunas espigas de los manojos para que ella las recoja, ¡y no la reprendan!».

Rut trabaja duro hasta el anochecer. Después de la trilla de la cebada, mide lo recogido en el día: dos tercios de un almud. ¡Suficiente para que ella y Noemí se alimenten por varias semanas! Cuando va de regreso a casa, se fija en un ave que se posa en su nido. Pensando en los polluelos que cobija bajo sus alas, le agradece a Dios por haber hallado su propio lugar: el refugio de sus brazos poderosos.

Una vez que llega a casa, Noemí se asombra. No puede creer la cantidad de grano que Rut ha cosechado en un solo día.

«¿De quién es el campo donde espigaste? ¡Bendito sea el hombre que se fijó en ti!».

Cuando Noemí se entera de que el campo es de Booz, exclama:

«Ese hombre es nuestro pariente cercano; es uno de los parientes que nos pueden redimir».

Mientras el mes de abril transcurre y llega mayo, Rut sigue trabajando en el campo de Booz. Un día, su suegra urde un plan.

Una vez que el trabajo hubiera concluido, los cosechadores comerían juntos y luego se acostarían para proteger el grano. Como por las noches en la era había gran cantidad de hombres, las prostitutas acostumbraban a visitar esos lugares. ■

«Hija» le dice, «¿no debería tratar de encontrar una casa permanente para ti donde tengas todo lo que necesitas? Esta noche Booz estará aventando la cebada en la era. Esto es lo que debes hacer. Perfúmate, ponte tus mejores ropas y luego ve a la era. Pero no dejes que te vea hasta que haya terminado de comer y beber. Fíjate en el lugar en el que se acuesta. Después, te acercarás a él, descubrirás sus pies, y te acostarás allí. Él te dirá lo que tengas que hacer».

Rut hace exactamente como Noemí le dice. Se fija que Booz se acuesta en el otro extremo de la parva de granos. Él y sus hombres pasarán la noche en la era con el fin de proteger la cosecha. Una vez que todo está tranquilo, Rut se acuesta al lado de Booz después de destaparle los pies.

kānāp se traduce como «borde de su manto». También se puede traducir como «alas». Cubrir a alguien con el borde del manto simboliza el matrimonio y todavía es una costumbre que se sigue practicando en algunas partes del Oriente Medio. ■

Ella tiembla al hacer esto, preguntándose cómo irá a reaccionar Booz cuando despierte. Y se duerme. Sueña que una enorme águila vuela por encima de ella, y le oye cantar estas palabras: *Si pones al Altísimo por tu morada, él te cubrirá con sus plumas y bajo sus alas hallarás refugio.*

A medianoche, Booz se despierta, sorprendido de encontrar a una mujer acostada a sus pies.

«¿Quién está ahí?» pregunta.

«Soy Rut, su sierva. Extienda sobre mí el borde de su manto, ya que usted es un pariente que me puede redimir», contesta ella.

Al darse cuenta Booz de que ella le está proponiendo matrimonio, le responde:

«Que el Señor te bendiga, hija mía. Esta nueva muestra de lealtad de tu parte supera la anterior, ya que no has ido en busca de hombres jóvenes, sean ricos o pobres. Y ahora, hija mía, no tengas miedo. Haré por ti todo lo que me pidas. Todo mi pueblo sabe que eres una mujer ejemplar. Ahora bien, aunque es cierto que soy un pariente que puede redimirte, hay otro más cercano que yo. Quédate aquí esta noche. Mañana, si él quiere redimirte, está bien que lo haga. Pero si no está dispuesto a hacerlo, ¡tan cierto como que el Señor vive, te juro que yo te redimiré!»

Rut se acuesta a sus pies hasta la mañana, pero se va antes de la salida del sol, por lo que nadie se da cuenta de su presencia. Antes de irse ella, Booz vierte seis medidas de cebada en su chal.

Luego se dirige directamente a la ciudad y espera en la puerta hasta que pase el hombre que es pariente cercano de Noemí. Cuando se encuentran, Booz le dice:

«Noemí, que ha regresado de la tierra de Moab, está vendiendo el terreno que perteneció a nuestro hermano Elimélec. Consideré que debía informarte del asunto y sugerirte que lo compres en presencia de estos testigos y de los ancianos de mi pueblo. Si vas a redimir el terreno, hazlo. Pero si no vas a redimirlo, házmelo saber, para que yo lo sepa. Porque ningún otro tiene el derecho de redimirlo sino tú, y después de ti, yo tengo ese derecho».

«Yo lo redimo», dice el pariente, feliz ante la posibilidad de añadir tierra a lo que ya tiene.

No obstante, hay un detalle que Booz se apresura a revelar.

«El día que adquieras el terreno de Noemí, adquieres también a Rut la moabita, viuda del difunto, a fin de conservar su nombre junto con su heredad»

Esto es demasiado para el hombre, que rápidamente cambia de parecer y retira su oferta. No está dispuesto a adquirir una nueva esposa cuya descendencia futura tomará el nombre del primer marido de Rut y que será la que herede la tierra.

Después de que Booz ha despejado hábilmente el camino para sí mismo, proclama su amor por Rut en presencia de todo el pueblo.

De esta manera, Rut se convierte en su esposa y da a luz a un hijo. Su nombre es Obed, quien se convertirá en el padre de Isaí, quien se convertirá en el padre de David, quien se convertirá en el rey más grande de Israel.

Como todo el mundo sabe, es a partir de la línea de David que nacerá el Salvador.

Por causa de dos mujeres desesperadas y el Dios que se preocupó por ellas, el mundo llegaría un día a conocer a otro Redentor. Él sería el que liberaría a su pueblo, cancelando sus deudas y dándole un futuro lleno de esperanza.

LOS TIEMPOS

La historia de Noemí y Rut tiene lugar
entre los años 1400 y 1050 A. C.
El relato completo se encuentra en el libro de Rut, en la Biblia.

Una viuda sin hijos que velaran por ella después de la muerte de su esposo quedaba en tal desamparo que no era raro que para sobrevivir decidiera venderse como esclava o prostituirse. Aunque Dios le había dado el mandamiento a su pueblo de proteger a las viudas, muchos aspectos de la ley mosaica fueron ignorados durante el tiempo de los jueces. A pesar de que la ley (Levítico 19.9–10; 23.22; Deuteronomio 24.19–21) les ordenaba a los terratenientes dejar restos del producto cosechado en los campos para que los pobres los recogieran, muchos simplemente hacían caso omiso a esta ordenanza.

Además de la tarea de espigar y el matrimonio levirato, una viuda podía apelar a un pariente redentor, o *go'el,* para que actuara en su nombre. En tales casos, se esperaba que el pariente masculino más cercano la rescatara o liberara (o a otros miembros familiares empobrecidos) pagando las deudas o recuperando las propiedades que habían sido vendidas, ya que sin tierra la gente difícilmente podría sobrevivir.

El Nuevo Testamento presenta a Jesús como nuestro gran Redentor, quien a través de su propio sacrificio canceló todas las deudas que habíamos adquirido por nuestros pecados, liberándonos del mal y haciéndonos personas libres.

ALGO PARA PENSAR

1. Aunque Dios le cambia el nombre a algunas personas en la Biblia, en el caso de Noemí, no es Dios quien se lo cambia, sino que es ella misma que lo hace. «Ya no me llamen Noemí» dice, [sino que] «llámenme Mara porque el Todopoderoso ha colmado mi vida de amargura. Me fui con las manos llenas, pero el Señor me ha hecho volver sin nada. ¿Por qué me llaman Noemí?». ¿Qué revelan estas palabras sobre su estado mental? ¿Cómo podrías tú cambiarte el nombre basado en tu propia circunstancia?

2. Erróneamente, Noemí piensa que su sufrimiento es un castigo de Dios. ¿Has pensado alguna vez que las pruebas por las que has pasado han sido una evidencia del enojo que Dios sentía hacia ti? Al mirar al pasado, ¿ves ahora aquellas experiencias de forma diferente a como las viste cuando ocurrieron? ¿Por qué sí o por qué no? ¿Cómo eso ha afectado la forma en que has vivido Los tiempos de dificultad?

3. Cuando Booz vio por primera vez a Rut, expresó el deseo de que Dios la recompensara por su fe y su buen corazón, sin sospechar que él mismo sería la respuesta a esa oración. ¿Has llegado alguna vez a ser la respuesta a una oración que tú mismo u otros hayan hecho? ¿Cuáles fueron las circunstancias?

4. La historia de Noemí y Rut se caracteriza por una serie de bendiciones. Primero, Rut bendice a Noemí al permanecer con ella. Luego, Noemí bendice a Rut al ayudarla a encontrar un marido. Booz, a su vez, bendice a Rut con un hogar, y Dios bendice a ambos con un hijo. Más tarde, las mujeres

de Belén le dicen a Noemí que ella ha sido bendecida con una nuera que es mejor que siete hijos. Piensa en los últimos dos o tres días. ¿De qué maneras dirías que Dios te ha bendecido y te ha hecho ser una bendición para otros?

CAPÍTULO 14

LA HISTORIA DE ANA Y PENINA

El Señor juzga entre dos rivales

Mi corazón se alegra en el SEÑOR; en él radica mi poder. Puedo celebrar su salvación [...] El SEÑOR da la riqueza y la pobreza; humilla, pero también enaltece.

1 SAMUEL 2.1, 7

Unos pocos años después de que Sansón aplastara a los filisteos, un sacerdote gordo de nombre Elí presidía como juez en Silo. La última manzana podrida en el canasto. Es tan pesado que el cinturón alrededor de la túnica desaparece entre los pliegues y repliegues de su vientre, y los muchachos se preguntan si Dios sería capaz de crear a otro ser humano tan exageradamente gordo.

Cuando no está oficiando como sumo sacerdote, acostumbra a sentarse en su silla favorita que le han hecho a medida de su gordura. Le gusta observar cómo hombres y mujeres entran y salen por las puertas del tabernáculo.

Silo es la capital religiosa de la nueva nación, el lugar donde Josué dividió la tierra y luego la distribuyó entre las doce tribus de Israel. El centro sagrado del universo, el sitio donde el arca de oro ha venido a reposar, protegida dentro del tabernáculo de reunión. Cada año, miles de peregrinos suben a Silo para celebrar las fiestas.

Uno de estos peregrinos es una mujer de nombre Penina. Aunque no resulta muy destacada en la escala de la maldad, tiene el feo hábito de usar su lengua para lanzar incontables dardos a sus enemigos. Con una gran boca y siempre mirando a los demás como inferiores, es la menos favorita de las dos esposas que tiene Elcana. Y a diferencia de su rival, Ana, es la madre de varios hijos.

Cada año ocurre lo mismo. Elcana y sus dos esposas junto con sus hijos suben hasta Silo a adorar al Señor y presentar sus sacrificios. A lo largo del camino, Penina sigue insistiendo en lo mismo.

¡Qué pena que Ana no pueda tener hijos! ¡Qué afortunado es Elcana al haber tomado una segunda esposa para que esta le diera lo que la otra no podía! Le agradece a Dios por todos los hijos con que la ha bendecido por medio de los cuales puede suplir la falta de los de Ana. De veras que solo Dios conoce cada corazón: a quien bendecir y a quien maldecir. Bendito sea el Dios de Israel.

Como siempre, la crueldad de Penina ha dejado sus huellas en el corazón de Ana, provocándole continuos llantos. Cada año se vuelven a abrir sus viejas heridas mientras los dardos de Penina penetran hasta lo más profundo.

Elcana hace lo que puede para controlar a Penina. Una vez que él y Ana están solos, la acaricia mientras ella se inclina sobre su pecho, tratando de calmarla con la pregunta: «¿Por qué lloras? ¿Por qué no comes? ¿Por qué estás resentida? ¿Acaso no soy para ti mejor que diez hijos?».

¿Cómo podría Ana decirle la verdad a su marido que, aunque él es el mejor de los hombres, no puede sanar la angustia que tiene por no ser capaz de tener un hijo?

Al día siguiente, Elcana presenta sus ofrendas a Dios, y él y su familia celebran juntos como es la costumbre, participando de su porción de los sacrificios. Después, sola, Ana se dirige al santuario. Allí entra en la presencia del Santo, que es el único ante quien ella puede derramar el descontento de su corazón. Con las lágrimas corriéndole por las mejillas y sus labios moviéndose en una oración inaudible, hace una promesa:

Por lo general, las oraciones se hacían en voz alta. ∎

Los discípulos de Jesús también fueron acusados de estar ebrios cuando fueron llenos del Espíritu Santo en Pentecostés. Véase Hechos 2.1–13. ∎

«Señor Todopoderoso, si te dignas mirar la desdicha de esta sierva tuya y, si en vez de olvidarme, te acuerdas de mí y me concedes un hijo varón, yo te lo entregaré para toda su vida, y nunca se le cortará el cabello».

Mientras Ana derrama su corazón ante Dios, el viejo Elí la observa desde las sombras. Al ver cómo mueve sus labios sin sonido alguno, la reprende:

«¿Hasta cuándo te va a durar la borrachera? ¡Deja ya el vino!»

«No, mi señor; no he bebido ni vino ni cerveza. Soy sólo una mujer angustiada que ha venido a desahogarse delante del Señor. No me tome usted por una mala mujer. He pasado este tiempo orando debido a mi angustia y aflicción», le responde ella.

«Vete en paz» le dice Elí. «Que el Dios de Israel te conceda lo que le has pedido».

Más tarde, Elcana se da cuenta de que Ana ya no estaba angustiada. Una vez que llegaron de vuelta a casa, hicieron el amor y esta vez Dios los bendijo con un varoncito. Ana le puso el nombre de Samuel, que suena como la palabra en hebreo para «escuchado por Dios». Habiéndoselo prometido al Señor para siempre, hace planes a fin de llevar al niño a Silo una vez que lo haya destetado. Eso ocurriría aproximadamente dentro de unos tres años.

Los animales a menudo usaban sus cuerno o astas como armas. Aquí, Ana invoca una imagen de fortaleza y majestad, quizás evocando además prosperidad y progenie. ∎

Cuando el día llega, ella y Elcana toman al pequeño y lo llevan a la casa del Señor mientras Penina y sus hijos la observan. Ana le dice al sumo sacerdote:

«Mi señor, tan cierto como que usted vive, le juro que yo soy la mujer que estuvo aquí a su lado orando al Señor. Este es el niño que yo le pedí al Señor, y él me lo concedió. Ahora yo, por mi parte, se lo entrego al Señor. Mientras el niño viva, estará dedicado a él».

Aunque había pasado mucho tiempo desde que Elí había estado muy cerca de un milagro, sencillamente asintió con la cabeza y tomó al niño de la mano. Mientras le daba un beso de despedida, una lágrima solitaria rodó por las mejillas de Ana. Antes de irse, cantó esta oración:

> Mi corazón se alegra en el Señor;
> en él radica mi poder.
> Puedo celebrar su salvación
> y burlarme de mis enemigos.
> Nadie es santo como el Señor;
> no hay roca como nuestro Dios.
> ¡No hay nadie como él!
> Dejen de hablar con tanto orgullo y altivez;
> ¡no profieran palabras soberbias!
> El Señor es un Dios que todo lo sabe,
> y él es quien juzga las acciones.
> El arco de los poderosos se quiebra,
> pero los débiles recobran las fuerzas.
> Los que antes tenían comida de sobra
> se venden por un pedazo de pan;
> los que antes sufrían hambre
> ahora viven saciados.
> La estéril ha dado a luz siete veces,
> pero la que tenía muchos hijos languidece.
> Del Señor vienen la muerte y la vida;
> él nos hace bajar al sepulcro,
> pero también nos levanta.
> El Señor da la riqueza y la pobreza;
> humilla, pero también enaltece.
> Levanta del polvo al desvalido
> y saca del basurero al pobre

para sentarlos en medio de príncipes
y darles un trono esplendoroso.
Del Señor son los fundamentos de la tierra;
¡sobre ellos afianzó el mundo!
Él guiará los pasos de sus fieles,
pero los malvados se perderán entre las sombras.
¡Nadie triunfa por sus propias fuerzas!
El Señor destrozará a sus enemigos;
desde el cielo lanzará truenos contra ellos.
El Señor juzgará los confines de la tierra,
fortalecerá a su rey
y enaltecerá el poder de su ungido.

Aunque Penina finge indiferencia, no puede sino notar las palabras en el canto de Ana, especialmente aquellas que podrían aplicarse a ella. Son como flechas que atraviesan su corazón.

En cuanto a Ana, se transforma en una madre feliz de dos hijas y tres hijos varones. Cada año, ella y su familia viajan al norte, a Silo, para participar en las celebraciones. Y cada vez se sorprende al ver lo mucho que su hijo ha crecido.

Aun cuando Ana dará a luz a seis hijos, el número «siete» simboliza perfección. De esta manera, ella expresa su satisfacción por todas las formas en que Dios la ha bendecido. ∎

Diferente es la situación de Elí, quien junto con sus dos hijos perversos tendrá un fin muy lamentable. Samuel llegará a ser un gran hombre de Dios. Será el último de los jueces, un profeta que ungirá a Saúl, el primer rey de Israel, y a David, el más grande rey de Israel.

Mientras que Penina y sus hijos caerían pronto en el olvido, la historia de Ana resonaría a través de los siglos hasta que otra madre joven alzara su voz para proclamar la grandeza de Dios[1]

Como Samuel, el niño que crece dentro de María nacería en respuesta a una oración, pero no solo la oración de una mujer solitaria. Ciertamente, su hijo será la respuesta a las oraciones del pueblo de Dios mientras claman por un Libertador. Como Samuel, el pequeño hijo de María estará destinado a provocar la caída y el ascenso de muchos en Israel.

176 LEJOS DE SER PERFECTOS

LOS TIEMPOS

La historia de Ana tiene lugar alrededor del año 1105 A. C.
El relato se puede encontrar en 1 Samuel 1.1—2.11.
Los ecos de su oración se pueden oír en Lucas 1.46–55.

Después de que Josué guió a los israelitas en su conquista inicial
de Israel, erigió un tabernáculo en Silo, a unos diez kilómetros al
norte de Jerusalén. Por más de trescientos años, Silo sirvió como
centro religioso de la nueva nación, hasta que los filisteos la destruyeron por el año 1050 a. c. Habría de pasar más de un siglo hasta
que Israel tuviera otra vez un sitio religioso central. En esta ocasión
estaba localizado en Jerusalén, en el templo de Salomón, construido
alrededor de los años 966–959 a. c.

En la historia temprana de Israel, la práctica de la poligamia
estaba generalmente reservada para las familias ricas. Se practicaba
con mayor frecuencia no tanto debido a los deseos sexuales incon-
trolados, sino con dos fines específicos: darle continuidad a la línea
familiar y producir una familia lo suficientemente grande como
para hacerles frente a las demandas de mano de obra que planteaba
la agricultura y la cría de ganado. Los pueblos antiguos creían que
la fertilidad estaba bajo el control divino y que la infertilidad era
una maldición

Al igual que los pueblos alrededor de ellos, los israelitas tenían
un sistema sacrificial de adoración. Cuando pensamos en un sacrificio, a menudo pensamos en desprendernos de algo. Los pueblos
antiguos más bien parecían pensar en términos de dar algo *más*.
Para los antiguos israelitas, el sacrificio siempre involucraba transformación. Cada vez que una cosa se sacrificaba, se transfería desde
el ámbito común a la esfera de lo sagrado. Cuando Ana y Elcana

trajeron sus sacrificios a Dios en Silo, le estaban dando algo que ya el Señor les había dado a ellos: animales, grano, vino. A través de tales sacrificios, se buscaba profundizar la relación con Dios.[2]

ALGO PARA PENSAR

1. Es difícil sobrestimar el dolor de Ana por no poder tener hijos, particularmente dada la cultura en la cual vivió. ¿De qué manera su oración (1 Samuel 1.10–16) revela su desesperación?

2. Dedica unos momentos a meditar en el canto de Ana (1 Samuel 2.1–10). ¿Qué palabras o frases te impactan más? ¿Por qué?

3. El canto de Ana enfatiza una serie de restituciones: el hambre es saciada, la mujer estéril da a luz, los pobres son levantados. ¿Qué quiere decir ella cuando dice: «Nadie triunfa por sus propias fuerzas»? ¿De qué maneras podría tu vida o tu perspectiva cambiar si consideraras esta declaración seriamente?

4. Ana oró pidiendo un hijo, pero Dios le dio mucho más que uno. El hijo por el cual oró llegó a ser el último juez de Israel. Como la persona designada para ungir a los reyes, Samuel ayudó a Israel a hacer la transición desde el período caótico de los jueces al período más ordenado de la monarquía, un tiempo durante el cual los israelitas fueron finalmente capaces de someter a sus enemigos. ¿Qué podría implicar esto sobre las ramificaciones potenciales de nuestras propias oraciones?

CAPÍTULO 15

LA HISTORIA DE SAÚL

Un rey cae en la desesperación

Sin fe es imposible agradar a Dios.

HEBREOS 11.6

Frotándose la mejilla, el profeta Samuel siente el aguijón de las demandas. Le preocupa que el pueblo siga pidiendo un rey para que los gobierne. Quieren ser como todas las demás naciones, pero ellos no son otra de las tantas otras naciones. Ellos son el pueblo elegido de Dios.

Como el último de los jueces de Israel, considera su pedido no solo un insulto a Dios, sino una afrenta a él mismo.

«No te han rechazado a ti, sino a mí, pues no quieren que yo reine sobre ellos. Te están tratando del mismo modo que me han tratado a mí desde el día en que los saqué de Egipto hasta hoy. Me han abandonado para servir a otros dioses».

Entonces el Señor instruye a Samuel para que les dé el rey que desean. Durante los últimos tres días, Saúl ha andado recorriendo el campo en busca de unas burras que se han perdido. Pero en lugar de las burras, se encuentra con un hombre de barba blanca de mediana estatura, vestido con una túnica muy especial. ¿Podría ser este el hombre del que la gente habla, el vidente que le dirá dónde encontrar las burras de su padre?

Sin que Saúl lo supiera, el Señor ya le había hablado al vidente, el profeta Samuel, acerca de él. «Lo verás a esta hora mañana. Él es el elegido para liberar a mi gente de los filisteos».

«¿Podrías decirme dónde está la casa del vidente?». Le pregunta Saúl a Samuel.

Fijándose en el potencial que hay detrás de los ojos oscuros de largas pestañas del hombre, Samuel le responde:

«Yo soy el vidente. Acompáñame al santuario del cerro, que hoy comerán ustedes conmigo. Ya mañana, cuando te deje partir, responderé a todas tus inquietudes. En cuanto a las burras que se te perdieron hace tres días, ni te preocupes, que ya las encontraron».

Y agregó:

«Lo que Israel más desea, ¿no tiene que ver contigo y con toda la familia de tu padre?».

Saúl se sonroja, confundido por las palabras del profeta. Él no ha andado buscando su destino sino solo las burras de su padre.

«¿No soy yo de la tribu de Benjamín, que es la más pequeña de Israel, y no es mi familia la más insignificante de la tribu de Benjamín? ¿Por qué me dices tal cosa?».

Pero Samuel insiste en llevarlo con él a cenar. Sentado a la cabeza de sus invitados, le sirve la porción más escogida de carne.

A la mañana siguiente, cuando están solos, el joven se queda quieto mientras el profeta levanta una jarra de aceite y la derrama sobre su cabeza. A medida que el aceite fino y aromático penetra en su cuero cabelludo y fluye por su barba, su rostro se dirige al cielo, hacia el sol naciente.

Luego escucha con atención lo que Samuel le dice:

«Debes viajar a Guibeá de Dios, donde hay una guarnición filistea. Al entrar en la ciudad te encontrarás con un grupo de profetas que bajan del santuario en el cerro. Vendrán profetizando, precedidos por músicos que tocan liras, panderetas, flautas y arpas. Entonces el Espíritu del Señor vendrá sobre ti con poder, y tú profetizarás con ellos y serás una nueva persona. Cuando se cumplan estas señales que has recibido, podrás hacer todo lo que esté a tu alcance, pues Dios estará contigo. Baja

Los siguientes encuentros de Saúl con el Espíritu de Dios lo transforman, pero solo por un tiempo. Al igual que Sansón, el Espíritu le da poder para realizar tareas particulares. ■

luego a Gilgal antes que yo. Allí me reuniré contigo para ofrecer holocaustos y sacrificios de comunión, y cuando llegue, te diré lo que tienes que hacer. Pero tú debes esperarme siete días».

Mientras Saúl viaja hacia Guibeá, reflexiona sobre las palabras del anciano. A pesar del costoso aceite de la unción y las sorprendentes afirmaciones del profeta, se siente como el hombre que siempre ha sido, nada más.

Más tarde ese día, el Espíritu de Dios desciende sobre él, y comienza a profetizar junto con un grupo de profetas que se encuentra en el camino. Cuando los vecinos y familiares escuchan lo que le ha sucedido, lo presionan para obtener más detalles. Pero él no revela nada de lo que el profeta le ha dicho.

Algún tiempo después, Saúl se entera de que las tribus se están reuniendo en Mizpa. Viaja, entonces, al norte con su clan, pero no lo hace con alegría. Teme que Samuel use la ocasión para nombrarlo rey.

Cuando las tribus se reúnen, Samuel les dice:

«Así dice el Señor, Dios de Israel: "Yo saqué a Israel de Egipto. Yo los libré a ustedes del poder de los egipcios y de todos los reinos que los oprimían". Ahora, sin embargo, ustedes han rechazado a su Dios, quien los libra de todas las calamidades y aflicciones. Han dicho: "¡No! ¡Danos un rey que nos gobierne!" Por tanto, preséntense ahora ante el Señor por tribus y por familias».

Echando suertes, la tribu de Benjamín avanza y luego el clan de Saúl y luego la familia de Saúl. Cuando la suerte finalmente cae sobre Saúl, el hijo de Quis, no lo encuentran por ninguna parte.

El nuevo rey, el hombre que Dios ha escogido entre todas las tribus de Israel, está escondido en el equipaje, temeroso de lo que se espera de él. A pesar de su estatura física, pues es una cabeza más alta que los demás hombres, sabe que es un hombre de habilidades ordinarias. ¿Cómo podría cumplir las expectativas de un pueblo que está desesperado porque un rey los libre de los filisteos?

Pero Dios, que lo ve todo, sabe exactamente quién es Saúl y dónde se ha escondido. Cuando Samuel lo encuentra, lo pone en el centro del pueblo, y dice:

«¡Miren al hombre que el Señor ha escogido! ¡No hay nadie como él en todo el pueblo».

«¡Viva el rey!» gritan todos.

En lugar de reunir a un ejército allí mismo, Saúl regresa a la casa de su padre. Un día, mientras se encuentra arando los campos, un mensajero lo alcanza desde Jabes de Galaad. La ciudad está bajo asedio y enfrenta terribles términos de rendición. Si sus ciudadanos capitulan, los amonitas perdonarán sus vidas; sin embargo, le sacarán el ojo derecho a cada hombre para hacerlo incapaz de pelear. Porque, ¿cómo podría un hombre pelear cuando su ojo izquierdo está cubierto por un escudo y su ojo derecho ya no existe?

Durante este período, los israelitas se enfrentaron a numerosos enemigos, especialmente a los amonitas en el este y a los filisteos en el oeste. Los amonitas descendían del sobrino de Abraham, Lot, y adoraban al dios Moloc. Su ciudad capital era Rabá (moderna Amman, Jordania). ∎

Cuando Saúl se entera de la difícil situación de sus compatriotas, el Espíritu de Dios desciende sobre él en un arrebato de poder, y hace un llamamiento a todas las tribus de Israel para que acudan al rescate de la ciudad. Luego él y sus hombres irrumpen en el campamento enemigo y los matan.

Con la ayuda de Dios, Saúl ha hecho exactamente lo que un rey tenía que hacer: librar a su pueblo de sus enemigos.

Poco después, el hijo de Saúl, Jonatán, ataca una guarnición filistea estacionada en Geba. Pero esta victoria es como un palo clavado en el ojo de un león. Enfurecidos, los filisteos reúnen una enorme fuerza para aplastar a los israelitas.

Saúl también ha reunido un ejército, pero cada vez es más pequeño. El profeta Samuel le había ordenado que bajara a Gilgal y lo esperara durante siete días. Ahora Saúl y sus hombres están esperando en Gilgal, orando para que Samuel llegue pronto. Aunque este es el séptimo día, todavía no hay señales de él. Mientras tanto, los soldados de Saúl se dispersan, corriendo hacia cuevas y matorrales e incluso atravesando el río Jordán para huir de los filisteos.

El rey se esfuerza por controlar sus dudas. ¿Qué debería hacer? ¿Confiar en el viejo profeta que dice hablar por Dios o tomar una acción decisiva por su cuenta? ¿Por qué no ha venido Samuel como lo prometió?

No dispuesto a esperar un momento más, realiza el sacrificio previo a la batalla y luego le ruega a Dios por la victoria.

Tan pronto como completa la ofrenda, llega Samuel.

«¿Qué has hecho?» le pregunta.

«Pues, como vi que la gente se desbandaba, que tú no llegabas en el plazo indicado, y que los filisteos se habían juntado en Micmas, pensé: "Los filisteos ya están por atacarme en Gilgal, y ni siquiera he implorado la ayuda del Señor". Por eso me atreví a ofrecer el holocausto».

«¡Te has portado como un necio!» le replicó Samuel. «No has cumplido el mandato que te dio el Señor tu Dios. El Señor habría establecido tu reino sobre Israel para siempre, pero ahora te digo que tu reino no permanecerá».

Una y otra vez en los años siguientes, Saúl es puesto a prueba. Cada vez confía en Dios o en sí mismo, hace lo que Dios le dice o hace lo que él considera mejor. Le resulta difícil reprimir su miedo y la tendencia a actuar según sus instintos. Pero Dios demanda una obediencia total. Obedece e Israel florecerá. Desobedece y todo el mundo, comenzando por el propio rey, sufrirá.

Saúl sigue equivocándose y guiándose por sus instintos; trata de racionalizar su desobediencia y minimiza sus fallas. En lugar de convertirse en un rey según el corazón de Dios, se convierte en el rey de las buenas excusas.

Fallando prueba tras prueba, comienza a alejarse de Dios. El hombre que había pensado tan poco de sí mismo cuando Samuel lo ungió, ahora hará cualquier cosa para aferrarse al poder.

Aunque ocasionalmente admite sus fallas, no está interesado en un cambio verdadero. Como consecuencia, Samuel deja de apoyarlo. Un día tienen una seria confrontación. Cuando Samuel intenta irse, Saúl le agarra el borde del manto y se lo arranca.

Reaccionando, Samuel le dice:

«Hoy mismo el Señor ha arrancado de tus manos el reino de Israel, y se lo ha entregado a otro más digno que tú».

Entonces el Señor guía a Samuel a un pastorcillo en Belén, un joven llamado David que se convertirá en un rey según el corazón de Dios.

Después de ese incidente con Samuel, Saúl comienza a sufrir ataques de nervios. En un momento está tranquilo y al siguiente está fuera de sí. Con el correr de los días, se pone más y más celoso de su poder.

En medio de sus luchas encuentra consuelo cada vez que este pastorcillo toca su lira y lo tranquiliza con sus canciones. No tiene idea de que Samuel ya ha ungido a este pastorcillo como el próximo rey de Israel: él solo sabe que cada vez que el muchacho toca, se siente en paz.

Pero su reino no está en paz.

La batalla se proyecta en el valle de Ela, cerca de la llanura filistea. El ejército filisteo por un lado y los israelitas por el otro. Los filisteos han desafiado a Israel a un combate uno a uno. Su campeón Goliat enfrentará al mejor de los guerreros de Israel. El problema es que Goliat es un gigante imponente con sus casi tres metros de estatura. Su coraza, de bronce escamado que le cubre su enorme torso, pesa más de 55 kilos y esto sin su casco de bronce ni las cubiertas protectoras que usa en sus piernas. La punta de hierro de su enorme lanza pesa casi 7 kilos.

No es de extrañar que ningún soldado de las filas de Israel haya dado un paso al frente para enfrentarlo.

Un día que llega al campamento de los israelitas llevando alimento a sus hermanos que forman en el ejército de Saúl, el niño pastor oye a Goliat desafiando dos veces al día a los israelitas. Esto lo ha venido haciendo por los últimos cuarenta días:

«¿Por qué no escogen a alguien que se me enfrente? Si es capaz de hacerme frente y matarme, nosotros les serviremos a ustedes; pero, si yo lo venzo y lo mato, ustedes serán nuestros esclavos y nos servirán».

David se siente consternado al ver que nadie se atreve a enfrentar al gigante; en lugar de eso, los soldados israelitas huyen desesperados cuando el gigante les lanza el desafío. Cuando Saúl escucha que David está dispuesto a luchar contra Goliat, ordena que lo lleven a su tienda.

«No eres más que un muchacho» le dice el rey «en cambio Goliat ha sido un guerrero durante toda su vida».

Pero David le asegura que él ya ha matado un oso y un león en defensa de sus ovejas; que tiene un ojo tan certero que con una piedra lanzada a distancia puede golpear un pelo. Y agrega, como preguntándole si no cree que el Dios que lo libró de las garras del león y de las garras del oso puede también librarlo de la mano de ese filisteo.

Saúl se deja convencer y entonces intenta vestir al joven David con su uniforme de campaña; pero el muchacho no puede ni caminar con esa vestimenta; así es que se la saca, coge su cayado, se va al arrojo que corre por allí, recoge cinco piedrecillas lisas, las mete a su morral y con su honda de pastor, se adelanta para luchar contra el gigante.

Cuando Goliat ve que el adversario que lo va a enfrentar no es más que un niño, se enfurece y empieza a burlarse de David:

«¿Soy acaso un perro para que vengas a atacarme con palos? ¡Ven aquí y entregaré tu carne a las aves del cielo y a las bestias del campo!» le grita.

«Tú vienes contra mí con espada, lanza y jabalina» le responde David, «pero yo vengo a ti en el nombre del Señor Todopoderoso, el Dios de los ejércitos de Israel, a quien has desafiado. Hoy mismo el Señor te entregará en mis manos; y yo te mataré y te cortaré la cabeza. Hoy mismo echaré los cadáveres del ejército filisteo a las aves del cielo y a las fieras del campo, y todo el mundo sabrá que hay un Dios en Israel».

Ignorando completamente el peligro en que está, Goliat se abalanza para aplastar al muchacho. Lo último que ve es una honda girando a gran velocidad por sobre la cabeza de David. Después de eso, cae a tierra, boca abajo, con una piedrecilla incrustada en la frente. Antes de que pueda echar mano a sus fuerzas para levantarse, David corre, le saca la espada de su funda y le corta la cabeza.

Los israelitas no pueden contener su alegría al ver cómo los filisteos huyen. A partir de ese momento, Saúl mantiene a David muy cerca suyo. Pero no pasa mucho tiempo antes de que surjan problemas. Por un lado, el muchacho se revela como un gran

En la poesía hebrea, diez mil bien puede ser solo mil. En sus cantos, es probable que las mujeres no estuvieran afirmando que David había matado diez veces más filisteos que Saúl, sino que juntos, los dos, habían matado a miles. Si tal hubiese sido el caso, de todos modos, que lo pusieran al mismo nivel que David fue lo que provocó la ira del rey.[1] ■

guerrero por lo que los israelitas lo adoran. Cuando Saúl y David regresan de alguna batalla, las mujeres corren por las calles gritando: «Saúl mató a sus miles, pero David a sus diez miles».

Irrita a Saúl ver cómo todo Israel va detrás de David. Incluso su hija Mical se enamora de él. Entonces trata de sacarle beneficio a esa circunstancia proponiéndole que, si es capaz de traerle cien prepucios de filisteos, podrá casarse con su hija. Saúl le hace esa oferta porque está seguro de que David morirá en el intento. David acepta el reto, se va y regresa no con cien sino con doscientos prepucios de filisteos.

El dobladillo de una prenda se consideraba un símbolo de la autoridad de un hombre. ∎

Un día en que David se encuentra tocando la lira y cantando para él, Saúl es asaltado por uno de sus habituales ataques, toma una jabalina y la lanza contra el joven, intentando matarlo. La jabalina se clava en la pared y David escapa dejando atrás a Mical.

A partir de ese momento, se inicia el juego del gato y el ratón: Saúl persiguiendo a David y David huyendo al desierto para preservar la vida. De esta manera, los años pasan con Israel teniendo dos reyes: uno en el trono y el otro en el desierto.

Un día, a Saúl le informan que David y sus hombres se han escondido en Engedi, un oasis al oeste del Mar Muerto. Tomando a tres mil hombres, se dirige hacia el sur para atrapar a David. En el camino, siente urgencia de hacer sus necesidades así es que entra en una cueva sin saber que, en esa misma cueva, solo que más adentro, se encuentra David con sus hombres. Mientras el rey está ocupado en sus menesteres, David se acerca sigilosamente y le corta una esquina de su túnica.

Saúl sigue su camino, pero detrás de él sale David gritándole:

«¡Majestad, Majestad! ¿Por qué hace caso Su Majestad a los que dicen que yo quiero hacerle daño? Usted podrá ver con sus propios ojos que hoy mismo, en esta cueva, el Señor lo había entregado en mis manos, Mis hombres me incitaban a que lo matara, pero yo respeté su vida y dije: "No puedo alzar la mano contra el rey, porque es el ungido del Señor". Padre mío, mire usted el borde de su manto que tengo en la mano. Yo corté este pedazo, pero a usted no lo maté. ¿Contra quién ha salido el rey de Israel? ¿A quién persigue? ¿A un perro muerto? ¿A una pulga? ¡Que sea el Señor quien juzgue y dicte la sentencia entre nosotros dos!»

Mientras Saúl escucha las súplicas de David, lágrimas corren por su rostro.

«Has actuado mejor que yo» le dijo. «Me has devuelto bien por mal. Ahora caigo en cuenta de que tú serás el rey, y de que consolidarás el reino de Israel».

Después de eso, Saúl dejó de perseguir a David, al menos por un tiempo. Cuando Samuel muere, Saúl llora, no por afecto hacia el anciano, sino porque el profeta era su única conexión con Dios. Aunque David puede consultar a Abiatar, su sumo sacerdote, Saúl no tiene a nadie para recibir la dirección divina. ¿A quién podría tener, si ya había asesinado a la mayoría de los sacerdotes, por temor a que se pusieran del lado de David?

Abandonado a su propia suerte, Saúl es incapaz de controlar su odio hacia David mientras los celos y la paranoia vuelven a tomar control de sus actos. Algún tiempo después, los filisteos se reúnen con gran fuerza, con la esperanza de vencer a Israel de una vez por todas. Ahora, el hombre que parecía el rey ideal cuando Samuel lo conoció parece demacrado y encorvado. Por la noche le resulta difícil dormir, e incluso cuando lo hace, se despierta sobresaltado a causa de las pesadillas. Mañana luchará contra los filisteos. ¿Le dará el Señor la victoria? No tiene palabras de Dios para guiarlo, ni forma de discernir quién prevalecerá.

LOS TIEMPOS

Saúl reinó desde el año 1050 al año 1010 A. C.
Su historia ha sido tomada de los capítulos 8 al 31 de 1 Samuel

Cuando se habla de jueces, tendemos a pensar en personas vestidas con túnicas negras y presidiendo los tribunales. Los jueces de Israel, en cambio, solían ser individuos heroicos o carismáticos a quienes Dios escogía para que condujeran al pueblo antes de que se instalara la monarquía.

A diferencia de Israel, muchos de los pueblos vecinos tenían reyes que acostumbraban ir a la guerra. Cuando los israelitas pidieron un rey, Samuel los reprendió por rechazar el liderazgo de Dios, advirtiéndoles que un rey tomaría a sus hijos para hacerlos sus soldados y a sus hijas para que sirvieran en su palacio. Exigiéndoles lo mejor de sus campos, viñedos y ganado, terminaría por hacerlos sus esclavos.

Cuando Saúl fue ungido rey, no había mucho para el rey: nada de ciudades fortificadas, nada de palacios, nada de oficiales, ni ejército, ni harenes con hermosas doncellas. En lugar de las habituales trampas del poder, existía el desafío poco envidiable de luchar contra un enemigo que era más poderoso y tecnológicamente más avanzado que cualquier otro grupo en la región.

Con el advenimiento de la monarquía, la distinción entre profeta y rey quedó claramente demarcada. A diferencia de los profetas paganos, de quienes se esperaba que se sometieran y cumplieran con las políticas del monarca reinante, los profetas israelitas debían operar independientemente, hablando la palabra del Señor sin hacer referencia al gusto o la aprobación del rey. Cuando un rey era infiel, a menudo tomaban partido en el lado contrario. El ideal bíblico de la realeza difería radicalmente del ideal adoptado por los pueblos vecinos. En lugar de ser la ley en sí mismo, el rey de Israel debía gobernar humildemente bajo la dirección de Dios. Debía escribir la ley y «la leerá todos los días de su vida. Así aprenderá a temer al Señor su Dios, cumplirá fielmente todas las palabras de esta ley y sus preceptos, no se creerá superior a sus hermanos ni se apartará de la ley en el más mínimo detalle» (Deuteronomio 17. 19-20). Tampoco debía tomar muchas esposas ni acumular grandes sumas de dinero. Desafortunadamente, muchos de los reyes de Israel, incluido Saúl, fallaron estrepitosamente a la hora de cumplir con el ideal bíblico.

ALGO PARA PENSAR

1. Aunque Samuel advierte al pueblo que cambiar el liderazgo de Dios por el de un rey humano les costaría caro, persisten en exigir un rey. Y a pesar de que Dios desea lo mejor para ellos, cede a sus demandas. ¿De qué manera, si es que hay alguna, te sorprende la decisión de Dios? ¿Crees que es posible que Dios a veces nos responda de manera similar, diciendo que sí a nuestras demandas incluso cuando quiere algo mejor para nosotros? Comparte los motivos de tu respuesta.

2. Antes de que Samuel ungiera a David como rey, Dios le dice, «La gente se fija en las apariencias, pero yo me fijo en el corazón» (1 Samuel 16.7). Basándote en tus propias experiencias, ¿cómo describirías lo que es ser evaluado (positiva y negativamente) de estas dos maneras: en función de tu apariencia externa o en función del estado de tu corazón? ¿Cuándo es más probable que hagas evaluaciones similares de otros, por su apariencia externa o por mirar más allá, al corazón de la persona?

3. En lugar de arrepentirse, Saúl se habituó a excusarse y a racionalizar sus fracasos. ¿Cómo opera esta tendencia en tu propia relación con Dios? ¿Qué hábitos de pensamiento o conducta es más probable que intentes y justifiques?

4. Debido a su fracaso en confiar en Dios, Saúl se perdió las bendiciones que Dios tenía para él. Con cada acto de desobediencia, su carácter se corrompió aún más y su corazón se endureció hasta que ya no pudo escuchar a Dios. ¿De qué manera, si es que hay alguna, reconoces este patrón entre el pueblo de Dios hoy?

CAPÍTULO 16

LA HISTORIA DE LA PITONISA DE ENDOR

Una adivinadora evoca a la muerte

«Cuando entres en la tierra que te da el Señor tu Dios, no imites las costumbres abominables de esas naciones. Nadie entre los tuyos deberá sacrificar a su hijo o hija en el fuego; ni practicar adivinación, brujería o hechicería; ni hacer conjuros, servir de médium espiritista o consultar a los muertos. Cualquiera que practique estas costumbres se hará abominable al Señor, y por causa de ellas el Señor tu Dios expulsará de tu presencia a esas naciones»

DEUTERONOMIO 18.9-12.

Amargo destino. Gruñendo y erizado de malicia, siente que se dirige hacia él aunque no puede verlo. No importa qué tan rápido se mueva, se vuelve para protegerse las espaldas, pero no hay forma que pueda apartarse de su camino. Puede sentir sobre el cuello el pelo erizado como el pelo de un perro.

Así ha sido desde hace un tiempo. Aunque el rey cuenta con hombres que lo protejan, por las noches tiene miedo de cerrar los ojos para que no lo alcancen. Algunos días son peores que otros. El de hoy es el peor.

¡Cómo anhela una palabra de Dios que rompa esa oscuridad! ¡Escuchar que le dicen que ha sido perdonado y que su reino perdurará! Pero solo hay silencio. Debería pedirle al sumo sacerdote que consulte el Urim y el Tumim para saber si va a prevalecer contra los filisteos que cuentan con un numeroso ejército. Pero entonces recuerda que ya mandó a matar al sumo sacerdote y a muchos sacerdotes por temor de que se hubieran aliado con David, que se ha pasado a los filisteos.

Tal vez debería convocar a un intérprete que le analice sus sueños, pero en estos días casi no sueña debido a que duerme muy poco. Si tan solo pudiera pedirle una palabra a Samuel, pero el anciano ya ha ido a reunirse con sus antepasados habiendo sido sepultado en Ramá. Ahora solo hay silencio. Ni una palabra de Dios.

Creyendo que los sacerdotes estaban aliados con David, Saúl los acusó de traición y los ejecutó. Solo Abiatar escapó, llevándose el efod o vestimenta del sumo sacerdote. Con el efod iba el Urim y el Tumim, que trajo a David para que él, y no Saúl, pudiera consultar al Señor. ∎

Incluso cuando Dios le había hablado en el pasado, las palabras rara vez habían sido de su agrado. Antes de que Saúl hubiera completado el primer año de su reinado, Samuel ya lo había acusado de ser un fracaso rotundo. Por solo un pequeño error de cálculo, Dios lo había rechazado como rey. Al menos es lo que piensa Saúl. Simplemente había actuado cuando Dios le dijo que esperara. Pero esperar era cosa de mujeres, no de soldados que estaban bajo amenaza de muerte.

Por una ofensa y luego otra y otra, Samuel, en nombre de Dios, lo declaró inepto, diciendo: Porque la rebelión es como el pecado de la adivinación, y la arrogancia como el mal de la idolatría. Porque has rechazado la palabra del Señor, él te ha rechazado como rey. Aunque Saúl ha tenido sus victorias, lo que más quiere y no puede tener es estar en paz. Descansar seguro. Después de más de cuarenta años de sentarse en el trono de Israel, todavía está intranquilo. Los filisteos lo atormentan. David lo elude. Dios lo abandona. Está solo.

⚬⚬⚬

La mujer también está sola. Es viuda. Hace lo posible por sobrevivir. Vive en Endor, no lejos de donde Saúl y sus hombres están acampados. Hoy se siente nerviosa e inquieta aunque no puede decir por qué. Quizás se deba a la fase de la luna o a las almas de los muertos que se han reunido para observar la batalla. Ella solo sabe que la atmósfera está electrizante. Pero como siempre, quiere saber más, entonces llena un pequeño recipiente con agua. Luego recita un conjuro, pidiendo sabiduría del mundo más allá para saber cómo se

Aunque esta escena no está en la Biblia, algunos que practicaban la adivinación usaban este procedimiento para determinar si un ejército prevalecería o si una persona se recuperaría de una enfermedad.[1] ∎

desarrollará la batalla. Con todo cuidado, vierte una pequeña gota de aceite sobre la superficie del agua y observa cómo se divide en dos, una señal de que los grandes hombres están a punto de caer.[2]

Al final del día, cuando ha caído la noche, se sorprende al encontrar extraños en su puerta. Uno de ellos es más alto por una cabeza que cualquier hombre que haya visto. Entrando a la casa, éste expone de una vez la razón de su visita:

«Quiero que evoques a un espíritu» le pidió. «Haz que se me aparezca el que yo te diga».

Pero ella no es tonta. Sabe que el rey Saúl ha prohibido estrictamente la práctica de la nigromancia, citando la Escritura que dice: «También me pondré en contra de quien acuda a la nigromancia y a los espiritistas, y por seguirlos se prostituya. Lo eliminaré de su pueblo».

Tal vez estos son los hombres de Saúl, tratando de tenderle una trampa.

«¿Acaso no sabe usted lo que ha hecho Saúl?» respondió la mujer. «¡Ha expulsado del país a los adivinos y a los hechiceros! ¿Por qué viene usted a tenderme una trampa y exponerme a la muerte?».

Pero el hombre alto, el que tuvo que doblarse por la mitad para pasar por su puerta, invoca un juramento, prometiéndole:

«Tan cierto como que el Señor vive, te juro que nadie te va a castigar por esto».

Él le habla con una mezcla de seriedad y poder que la convence.

«¿A quién decía usted que yo haga aparecer?» pregunta.

«Evócame a Samuel» le dice.

La adivina es experta en el arte del engaño. Dado que es la única que puede ver las visiones y escuchar las voces que convoca desde el más allá, solo necesita interpretar su parte de manera convincente. Entonces habla con sonidos guturales, revuelve los ojos y hace que su cuerpo tiemble. ¿Qué tiene de malo asegurarle a una madre que su hijo muerto está bien, unir a los amantes a través de límites imposibles de cruzar, transmitiendo presagios positivos para aquellos que los buscan? Ella simplemente quiere hacer el bien, traer esperanza y, sí, encontrar la manera de ganarse la vida.

Así que ahora lleva a cabo un show pidiendo a los poderes reinantes que levanten a Samuel de la tumba. Pero antes de que pueda participar en esa simulación que le es habitual, ocurre algo que la aterroriza. Mira con los ojos muy abiertos, lanza un grito y se dirige a Saúl, con una actitud acusadora.

«¡Pero si usted es Saúl! ¿Por qué me ha engañado?».

«No tienes nada que temer» le dice el rey. «Dime lo que has visto».

«Veo un espíritu que sube de la tierra».

«¿Y qué aspecto tiene?».

«El de un anciano que sube envuelto en un manto».

Al darse cuenta Saúl de que era Samuel, se postró rostro en tierra.

«¿Por qué me molestas, haciéndome subir?».

«Estoy muy angustiado» respondió Saúl. «Los filisteos me están atacando, y Dios me ha abandonado. Ya no me responde, ni en sueños ni por medio de profetas. Por eso decidí llamarte, para que me digas lo que debo hacer».

«Pero, si el Señor se ha alejado de ti y se ha vuelto tu enemigo, ¿por qué me consultas a mí? El Señor ha cumplido lo que había anunciado por medio de mí: él te ha arrebatado de las manos el reino, y se lo ha dado a tu compañero David. Tú no obedeciste al Señor, pues no llevaste a cabo la furia de su castigo contra los amalecitas; por eso él te condena hoy. El Señor te entregará a ti y a Israel en manos de los filisteos. Mañana tú y tus hijos se unirán a mí, y el campamento israelita caerá en poder de los filisteos» le responde Samuel.

Las palabras del profeta se precipitan sobre Saúl con fuerza de pesadilla y el rey se derrumba. Está demasiado débil para levantarse, vencido por el miedo y el hambre, porque no ha comido nada por un día y una noche. Al ver lo conmocionado que está, y ella también lo está, la mujer le ruega, diciendo: «Yo, su servidora, le hice caso a usted y, por obedecer sus órdenes, me jugué la vida. Ahora yo le pido que me haga caso a mí. Déjeme traerle algún alimento para que coma; así podrá recuperarse y seguir su camino».

Al principio él se niega. Pero sus hombres lo instan a comer y él cede. Matando a un ternero engordado, la mujer lo prepara rápidamente junto con un poco de pan.

Después de haber comido, ella ve al rey y sus hombres partir. De pronto, advierte una sombra que es más oscura que la noche iluminada por la luna. Hambriento y erizado de malicia, se encuentra a poca distancia detrás del rey. Ella sabe que no pasará mucho tiempo hasta que le dé alcance. Con un estremecimiento y una oración, cierra su puerta.

LOS TIEMPOS

The medium of Endor's story probably
took place about 1010 BC.
Her story is told in 1 Samuel 28.

Los espiritistas usaban diversos medios de adivinación, como observar las formas que adoptaban las gotas de aceite que caían en el agua, interpretar los sueños, leer las estrellas y extraer significados de las entrañas de los animales.

Aunque condenada en la Biblia (Levítico 19.31; 20.6), la práctica de la nigromancia —el intento de comunicarse con los muertos— se practicó en todo el antiguo Oriente Medio, donde la gente empleaba la magia en un intento de controlar sus vidas a través de controlar a sus dioses. Tales prácticas generalmente estaban motivadas por el miedo y el deseo de poder.

Por el contrario, el todopoderoso Dios de Israel nunca podría ser controlado, aunque se podía confiar en él para vigilar a aquellos que permanecían fieles a él. A diferencia de los dioses paganos, él se comunicaba, no a través de patrones secretos revelados en las entrañas de los animales, sino a través de los profetas y, ocasionalmente, a través de los sueños.

En tiempos de emergencia nacional, los israelitas también consultaban al Urim y Tumim en procura de revelación. Estos objetos sagrados pueden haber sido pequeños trozos de madera en los cuales se habían grabado símbolos, o pueden haber sido objetos de metal o piedras llevadas en el peto usado por el sumo sacerdote. Podrían ser medios para conocer la voluntad de Dios en determinados asuntos mediante preguntas de sí o no.

Deuteronomio 18.9-12 expone en forma terminante que Dios consideraba a la magia como una abominación, algo que su pueblo debía rechazar para no contaminarse con las supersticiones de quienes los rodeaban, lo cual podría hacerlos proclives a la influencia de dioses falsos y poderes demoníacos.

ALGO PARA PENSAR

1. ¿Qué tres o cinco palabras usarías para describir a la pitonisa de Endor?
2. ¿Alguna vez tú, o alguien a quien conoces, se ha dedicado a la práctica de la magia, por ejemplo, a través de la astrología, las cartas del tarot, la ouija o visitas a un adivino? ¿Cuál fue la motivación? ¿Se tenía conocimiento en ese momento que tales prácticas están fuera de los límites para aquellos que creen en Dios?
3. La historia muestra cuán profundo había caído Saúl. A pesar de ser un hombre valiente y con talento natural, tuvo un final trágico y patético. ¿Qué te revela esta historia sobre las consecuencias de confiar en ti mismo más que en Dios?
4. Los pueblos antiguos creían que el mundo sobrenatural era real. ¿Cómo se afirma o se niega tal cosmovisión en nuestra cultura actual? ¿De qué manera tu comprensión de la existencia de un mundo sobrenatural le da forma a tu vida diaria?

CAPÍTULO 17

LA HISTORIA DE MICAL

Cómo una princesa disputada como si fuera un trofeo se desenamora

Tienden sus trampas los que quieren matarme; maquinan mi ruina los que buscan mi mal y todo el día urden engaños.

SALMOS 38.12

El padre de Mical es más alto que la mayoría; fuerte, guapo, decidido. Pertenece a la tribu de guerreros de Benjamín. La joven no puede recordar un momento en el que su padre no haya sido rey y ella una princesa. Ha escuchado acerca de cómo Dios instruyó al profeta Samuel para que ungiera a Saúl como el primer rey de Israel.

También sabe que el viejo profeta no está del todo feliz con su elección. Ha oído rumores de que han discutido y Samuel le ha dicho a su padre a quemarropa lo que Dios hará con él. Saúl es demasiado parecido a los reyes de otras naciones para esperar que reúna las virtudes requeridas a fin de obtener la aprobación divina.

A pesar de la desaprobación de Samuel, Saúl se mantiene como rey. Aunque es más vigoroso que la mayoría de los hombres, Mical siente que hay algo frágil dentro de él. Su comportamiento errático, como nubes movidas de aquí para allá y de allá para acá por el viento, parece arrojar sombras siniestras sobre su alma. En un momento parece estar seguro de la durabilidad de su reino y al siguiente se le ve abatido y amargado.

Aunque Mical es sensible a los vaivenes del humor de su padre, no le interesa la política. En cambio, un joven guerrero le ha hecho perder la cabeza. Siendo guapo y ágil, se comenta que derrotó a los filisteos al derribar a su campeón, un hombre horrible de nombre Goliat. Mientras el ejército de Saúl se acobardó ante este gigante, solo el pastorcillo David estuvo dispuesto a enfrentarlo en un combate cara a cara. A Mical le ha llegado la noticia de cómo, rehusándose a usar la protección que le ofrecería la armadura de su padre, lo derrotó con solo una honda y una piedra.

Todo lo que David hace tiene éxito. Solo unos días atrás, ella vio cómo las mujeres salían a las puertas de la ciudad para saludarlo cuando él y Saúl regresaban de la batalla. Aclamándolos, cantaban:

Saúl destruyó a un ejército,
¡pero David aniquiló a diez!.

Ese canto pone furioso a su padre. «A David le dan crédito por diez ejércitos, pero a mí por uno solo. ¡Lo único que falta es que le den el reino!», exclama quejoso.

Ella se fija en la forma en que su padre mira a David, como si ya no fuera un favorito, sino un rival peligroso.

Su hermano Jonatán está ajeno a los celos de Saúl. Por eso, en lugar de distanciarse de David, lo hace parte de su círculo íntimo. Los dos hombres han llegado a ser tan cercanos que parecen uno solo. Jonatán le regala a David su túnica, su espada y su cinturón. Eso es como decir que un día David se convertiría en rey, y él, el hijo de un rey, le serviría.

Cada vez que Mical se percata de la presencia de David en la corte de su padre, trata de atraer su atención. No le preocupa su desaprobación porque no ha logrado darse cuenta aún de cuán asesinos han llegado a ser los celos de su padre. Dos veces ha intentado, y fracasado, dejar a David clavado en la pared con una lanza. No piensa en otra cosa que no sea cómo deshacerse de él.

Mutilar a los enemigos de esta forma no era raro. A diferencia de muchos de los pueblos de los alrededores, los filisteos no practicaban la circuncisión. Al solicitar cien prepucios, Saúl podía estar seguro de que David había matado a los filisteos. ∎

Un día, Saúl se entera de que Mical está ciegamente enamorada de David. Saber eso lo alegra, porque será la trampa que andaba buscando. Así que les da instrucciones a sus siervos para que vayan a ver a David con una oferta:

«El rey está complacido contigo», le dicen. «Él quiere que seas su yerno. Todo lo que te pide a cambio es que te vengues de sus enemigos y le traigas cien prepucios de filisteos».

Saúl sabe que intentarlo será probablemente la muerte de David, porque los filisteos son unos guerreros feroces.

Aunque Mical sabe que su padre está simplemente utilizándola como cebo, se alegra al saber que David ha aceptado el reto. En poco tiempo, David regresa de su misión no con cien, sino con doscientos prepucios de filisteos.

Mical y David se casan, y a pesar de que están viviendo bajo la sombra de los celos de Saúl, durante un tiempo son felices. Por la noche, cuando están solos, David le canta:

¡Cuán hermosa eres, amada mía!
¡Oh, cuán hermosa!
Tus ojos detrás de ese velo son palomas.
Tus labios son como una cinta escarlata;
tu boca es preciosa.
Tus pechos son como dos cervatillos,
como cervatillos gemelos de gacela
que pace entre los lirios.
Hasta que apunte el día
y las sombras huyan,
Iré a la montaña de la mirra
Y al collado del incienso.

> Tú eres toda hermosa, amada mía;
> no hay defecto en ti.[1]

A Mical le encanta la poesía que fluye del alma de David. No es de extrañar que Saúl haya sabido apreciar sus canciones, las cuales tenían ese extraño poder de alejar sus demonios y tranquilizar su mente.

Su nuevo esposo es todo lo que una princesa podría desear: apasionado, fuerte, valiente, atento y guapo. Las demás mujeres la envidian, y eso complace a Mical aún más.

Un día, recibe la noticia de que su padre quiere tomar prisionero a David. Corriendo a su lado, le dice a su esposo:

«Si no te pones a salvo esta noche, mañana serás hombre muerto».

En la oscuridad, ayuda a David a huir por una ventana y lo observa hasta que se pierde en las tinieblas de la noche.

Luego toma una gran estatua,[2] la coloca en la cama cubriéndola con la ropa, y le pone en la cabeza pelo de cabra. Con esa artimaña, logra engañar a los soldados torpes que vienen en busca de David.

«Él está enfermo», les dice, «y no puede levantarse de la cama».

No obstante, Saúl se pone furioso cuando regresan sin él.

«¡Tráiganlo con cama y todo si tienen que hacerlo!», les ordena.

Cuando descubre lo de la estatua, su ira explota y acusa a Mical de traicionarlo.

«¿Por qué me has engañado así? ¿Por qué dejaste escapar a mi enemigo?», le reclama.

Una mentira brota rápidamente de los labios de su hija:

«Él me amenazó con matarme si no lo dejaba escapar».

En los meses siguientes, Mical sufre la ausencia de su marido. Se pregunta cuánto tiempo pasará hasta que entre a su habitación y se la lleve. De vez en cuando le llegan rumores de sus hazañas en las regiones desérticas del sur. Noche tras noche se encuentra sola en su cama, sintiéndose como la mujer que cantaba:

> Por las noches, sobre mi lecho,
> busco al amor de mi vida;
> lo busco y no lo hallo.
> Me levanto, y voy por la ciudad,
> por sus calles y mercados,
> buscando al amor de mi vida.
> ¡Lo busco y no lo hallo!.

Muchos años transcurren antes de que Mical y David se vuelvan a encontrar. Ha dejado de buscarlo, porque está casada con Paltiel, el hombre con quien se casó después de que David huyera. Ella sabe que, al darla a otro hombre, su padre no estaba haciendo otra cosa que mortificar a David. Sin embargo, todo sucede tal como lo había dicho Samuel cuando le advirtió al pueblo lo que pasaría cuando un rey los gobernara.

«Ustedes se convertirán en sus esclavos», les había dicho.

Ahora Mical siente la verdad de tal declaración. A pesar de ser una princesa, sabe que no es más que un pájaro enjaulado, un peón de las alianzas de poder de su padre. Al menos, Paltiel la ama, y ella ha aprendido a amarlo también a él.

Aunque aún no lo sabe, los últimos días del reinado de su padre se acercan. Dentro de poco, él y tres de sus hermanos, entre ellos Jonatán, morirán a manos de los filisteos, quienes también los mutilarán. Sus flechas los alcanzarán durante intensos combates en el monte Gilboa.

Después de la muerte de Saúl, las doce tribus de Israel se separan en dos grupos. Algunos reafirman su lealtad a Isboset, hijo de Saúl, mientras que otros siguen a David. Ahora que el rey ha muerto, David exige el regreso de Mical, a lo que Isboset accede. Una vez más y sin ser consultada, es separada del marido que ama.

Cuando Mical vuelve a ver a David, le sorprende su fuerza. En lugar del joven con quien se había casado, se encuentra con un hombre que se ha endurecido en la batalla y está decidido a gobernar. El pueblo acude a él tal como su padre había temido que lo haría. Sin embargo, a pesar de su poder, Mical no puede volver a amarlo. Ha pasado mucho tiempo. Demasiadas preguntas han quedado sin responder. ¿Por qué David nunca volvió a buscarla? Ella pudo haber huido de la ira de su padre con él al desierto. No obstante, él nunca regresó.

David la quiere de vuelta, piensa ella, pero solo para afirmarse en el poder.

En cuanto a la joven con quien David se casó, se ha ido para siempre. En su lugar hay una mujer que ha sido empujada por el destino a una vida que ella no quiere vivir. A pesar de ser reina, Mical se siente amargada y abandonada.

No mucho tiempo después de que ella volviera con David, su hermano, Isboset, es asesinado por dos de sus propios secuaces. Ahora todas las tribus de Israel comprometen su lealtad a David. Por fin su reino es seguro.

Un día, Mical se asoma a la ventana del palacio de David y ve a una gran multitud que se dirige a Jerusalén con gritos y toques de trompetas. A la cabeza de esa gran procesión va el propio rey. En lugar de sus vestiduras reales, David lleva la simple vestimenta de un sacerdote. Va danzando con todo entusiasmo al son de las canciones y la música de arpas, liras, panderetas y címbalos. Lentamente, el arca de oro de la alianza, el lugar sagrado donde Dios ha decidido habitar, avanza hacia la ciudad. ¡Una vez más, Yahvé ha venido a vivir entre su pueblo!

David lidera a la multitud en la alabanza, cantando:

> ¡Refúgiense en el Señor y en su fuerza,
> busquen siempre su presencia!
> ¡Recuerden las maravillas que ha realizado,
> los prodigios y los juicios que ha emitido!...
> ¡Que toda la tierra cante al Señor!
> ¡Proclamen su salvación cada día!
> Anuncien su gloria entre las naciones,
> y sus maravillas a todos los pueblos.

La Biblia no aclara si Mical no tuvo hijos debido a la esterilidad o porque David no quiso procrear descendencia con ella. Al negarse a tener relaciones sexuales con Mical, posiblemente él estaba procurando evitar tener rivales que reclamaran su trono a favor de la casa de Saúl. Los que escucharon su historia posiblemente vieron en esta circunstancia una maldición. ∎

Sin embargo, Mical no está de humor para cantar, ni considera que tiene motivo para regocijarse. Solo piensa en su padre y en sus hermanos muertos. Este momento les debería pertenecer a ellos y no a David. Este es su reino, no el suyo, piensa. Mira a David saltando y retorciendo el cuerpo en una danza salvaje de alabanza a Dios. Cuando la danza termina, él les reparte pan y tortas a los presentes, y luego regresa a casa para bendecir a su familia.

Mical sale a recibirlo, no con regocijo como podría esperarse de la reina, sino con palabras de vergüenza e ira:

«¡Qué distinguido se ha visto hoy el rey de Israel, desnudándose como un cualquiera en presencia de las esclavas de sus oficiales!»

David simplemente responde:

«Lo hice en presencia del Señor, quien en vez de escoger a tu padre o a cualquier otro de su familia, me escogió a mí y me hizo gobernante de Israel, que es el pueblo del Señor. De modo que seguiré bailando en presencia del Señor, y me rebajaré más todavía, hasta humillarme completamente. Sin embargo, esas mismas esclavas de quienes hablas me rendirán honores».

Y de este modo, aún hoy en día la memoria de David es venerada por todo el pueblo de Dios.

En cuanto a Mical, su historia termina de forma lastimosa. Siguió viviendo en el palacio de David y conservó la triste condición de una pequeña avecilla atrapada en una jaula grande, algo bonito para complacer a un hombre. Sin hijos hasta el día de su muerte, no tuvo a nadie que pudiera levantarse y llamarla bienaventurada.

LOS TIEMPOS

Mical vivió en algún tiempo entre los años 1040 y 970 A. C.
Su historia se puede encontrar en 1 Samuel 18.20–29;
19.11–17; 25.44; 2 Samuel 3.13–16; 6.16–23.

Mical vivió durante un tiempo de gran transición, cuando Israel salía del período caótico de los jueces y entraba en el período de la monarquía. Durante el gobierno de los jueces, Israel tuvo gran dificultad para completar la conquista de Canaán y convertirse en una nación unificada. Sin embargo, una vez que se estableció la monarquía, Saúl y David ayudaron a los israelitas a derrotar a muchos de los enemigos que los circundaban.

Durante este período muchas de las grandes potencias de la región estaban declinando. Los hititas, asirios, babilonios y egipcios tenían demasiados problemas propios como para tratar de extender su influencia hasta Canaán. Su debilidad le permitió a David extender las fronteras de su reino con gran éxito. Solo los filisteos que vivían a lo largo de la costa resultaron difíciles de desalojar.

Aunque Samuel había ungido a Saúl como el primer rey de Israel, no pasó mucho tiempo para que Saúl demostrara mediante sus desobediencias reiteradas a la palabra de Dios que era indigno de ser el rey de Israel, tal como lo había señalado el profeta. Aunque había rechazado a Dios, reinó por espacio de cuarenta y dos años hasta que cometió suicidio para evitar ser capturado por los filisteos. David gobernó por otros cuarenta años, y su hijo Salomón lo hizo por cuarenta años más. Después de eso, la nación se dividió en el reino de Judá en el sur y el reino de Israel en el norte.

A diferencia de los gobernantes de otras naciones, el rey de Israel debía ser humilde en lugar de orgulloso. Tenía que leer la palabra de Dios y vivir de acuerdo con ella. En lugar de dominar al pueblo, debía considerarse a sí mismo uno de ellos (Deuteronomio 17.19–20). El rey tenía que ser devoto a Dios, lo que Saúl no hizo. Desafortunadamente, Mical sufrió las consecuencias de las continuas desobediencias e infidelidades de su padre.

ALGO PARA PENSAR

1. La historia de Mical es una historia triste. Nacida con los privilegios reales, llegó a ser un rehén de poderes que no pudo controlar. Es difícil no simpatizar con ella aun cuando sus palabras a David le inyectan una nota amarga a la historia. ¿Qué parte de la historia de Mical te impactó más? ¿De qué manera podrías identificarte con ella?

2. Una y otra vez Mical se halla a merced de fuerzas que no puede controlar. ¿Qué circunstancias en tu propia vida te han hecho sentir que has tenido muy poco control de las situaciones? ¿Cuál ha sido tu reacción? ¿De qué maneras has experimentado o dejado de experimentar a Dios en tales circunstancias?

3. Mical experimentó la pérdida de dos maridos, un padre y cuatro hermanos. Su dolor y amargura debido a esas pérdidas hicieron muy difícil para ella buscar una relación nueva con David. ¿Cómo te han afectado a ti tus pruebas y pérdidas con respecto a tus relaciones más importantes?

CAPÍTULO 18

LA HISTORIA DE DAVID

Un hombre piadoso con un lado oscuro

La gente se fija en las apariencias, pero yo me fijo en el corazón.

1 SAMUEL 16.7.

No hay nadie que haga lo bueno; ¡no hay uno solo!

SALMOS 14.3, ATRIBUIDO A DAVID.

Temprano en el reinado de Saúl, Dios ya había estado trabajando en un sucesor del decepcionante rey Saúl.

David, el más joven de los ocho hijos de Isaí, se sorprende cuando lo llaman a casa. Todavía un muchacho, ha estado ocupado cuidando las ovejas de su padre, un trabajo que requiere valor y una vigilancia constante.

Cada vez que las lluvias escasean, como ocurre frecuentemente, David debe buscar para sus ovejas pastos a veces lejos de la seguridad del hogar. Como todos los pastores, él sabe lo rápido que su rebaño puede meterse en problemas. Fáciles para distraerse, las ovejas son propensas a extraviarse. Asustadizas como son, una oveja puede conducir a un rebaño entero a la ruina. Por eso, David las vigila constantemente para que ni siquiera una se le pierda. Al llegar la noche, las cuenta una por una, las encierra en un corral previamente preparado y se acuesta en la entrada para protegerlas con su propio cuerpo.

Sin nunca desprenderse de su vara y su cayado, sabe que puede defenderlas aun de sus peores enemigos, como son los leones y los osos. El joven pastor aprovecha su tiempo a solas, tocando la lira y entonando canciones que él mismo compone.

Por las noches, las ovejas a menudo se encerraban en cuevas o en recintos sencillos hechos de arbustos. Con su vara, el pastor se aseguraba que no hubiera serpientes o escorpiones en el lugar donde las haría pasar la noche. ■

El Señor es mi pastor, nada me falta;
en verdes pastos me hace descansar.

Junto a tranquilas aguas me conduce; me
infunde nuevas fuerzas.

Hoy, David está cuidando a su rebaño cerca de casa. Mientras
las ovejas se alimentan del pasto que crece en las rocosas colinas de
Belén, llega uno de sus hermanos para decirle que el profeta Samuel
está preguntando por él. David se sorprende al oír tal noticia.

El anciano ha venido a Belén en una misión específica: ungir
rey a uno de los hijos de Isaí. Cuando Samuel se encuentra con Eliab
el mayor de los hijos, supone que es el elegido por Dios por lo alto,
musculoso y cuyas manos lucen fuertes y capaces de cualquier tarea.
Se parece en su estampa a Saúl. Pero no. No es él.

Antes de que Samuel pueda proceder a ungirlo, oye una voz
inconfundible:

«No consideres su apariencia ni su altura, porque yo lo he
rechazado. El Señor no mira las cosas que la gente mira. La gente
mira la apariencia exterior, pero el Señor mira el corazón».

Entonces, si Eliab no es la elección de Dios, ¿quién es? El hijo
de Isaí, Abinadab, se presenta ante Samuel. Pero él no es el elegido.
Luego viene Sammah. Pero Dios también lo rechaza. Cuatro más de
los hijos de Isaí se presentan ante Samuel, pero cada vez la respuesta
es no. Ninguno de ellos es el elegido del Señor.

Molesto, Samuel le pregunta a Isaí si no tiene más hijos. Cuando
se entera de que el menor está en el campo cuidando las ovejas de su
padre, le pide que lo mande a traer.

Mientras espera que lleguen con David, dos fuertes sensaciones
empiezan a preocuparlo: su determinación de hacer la voluntad de
Dios y el terror de ungir a un nuevo rey mientras Saúl todavía reina.

Cuando finalmente llega el más joven de Isaí, el profeta siente
que un sí divino le brota desde dentro, un sí que disuelve todo temor.

«Este es; levántate y úngelo» le dice el Señor.

Cuando Samuel vierte el aceite aromático sobre la cabeza del muchacho, el Espíritu del Señor desciende sobre David y se queda con él. No pasará mucho tiempo antes de que se enfrente a Goliat y sea una presencia frecuente en la corte del rey quien intentará darle muerte no una sino varias veces. La presencia del Espíritu es tan evidente en David que ni siquiera Saúl puede resistirlo. Cuando el joven pastor toca su lira, Saúl encuentra la paz. Al ganar David batalla tras batalla, se gana la simpatía de todo Israel, los celos de Saúl se disparan y David huye. Gracias a su ingenio se las arregla para vivir en el desierto y aprovecha para reunir a un pequeño ejército de hombres amargados. Todos en la casa de su padre, incluidos sus hermanos, acuden a él como lo hacen muchos otros cuando están preocupados por la deuda o la angustia. Con una banda de cuatrocientos hombres que lo acompañan, David se contrata como mercenario. Temeroso de que su rival intente tomar el trono, Saúl lo persigue. Pero David es una sombra que se mueve rápidamente y es imposible de capturar. Años más tarde, cuando David se entera de la muerte de Saúl, lo llora, no como un rey fracasado sino como un poderoso guerrero, un héroe caído. Y en cuanto a Jonatán, David le expresa su tristeza por la pérdida.

> ¡Cómo han caído los poderosos!
> Saúl y Jonatán,
> en la vida fueron amados y admirados,
> y en la muerte no se separaron.
> Eran más rápidos que las águilas,
> más fuertes que los leones.
> Hijas de Israel,
> lloren por Saúl,

que las vestía de púrpura y lino fino,
que las adornaba con brocados de oro!
¡Cómo han caído los valientes en el campo de batalla!
Jonatán ha sido muerto en lo alto de tus montes!
¡Angustiado estoy por ti,
Jonatán, hermano mío!
¡Con cuánta dulzura me trataste!
Para mí tu cariño superó al amor de las mujeres.
¡Cómo han caído los poderosos!
¡Las armas de guerra han perecido!

Aunque los hombres de Judá se unen rápidamente a David, proclamándolo su rey, el resto de Israel promete lealtad al hijo que queda de Saúl, Isboset. Pero este hijo de Saúl no se ve bien ni lo interpreta bien. Cuando dos de sus propios hombres lo apuñalan y luego le cortan la cabeza y la llevan como un trofeo a David, David los manda a matar por haber asesinado a un rey. Poco después, todas las tribus de Israel aclaman a David como su rey. En los años que siguen, David expande las fronteras de su reino, ganando todas las peleas que emprende. Filisteos, moabitas, edomitas y amonitas, todos ellos caen bajo su poderosa espada. El Señor le da la victoria donde sea que va. Pero

Lectores modernos quizás sientan la tentación de pensar que David y Jonatán, el hijo de Saúl, eran amantes. Pero eso sería aplicar nuestras propias suposiciones culturales al texto. Como V. Philips Long ha señalado, «Algunos lectores modernos, inconscientemente o ignorando el trasfondo bíblico en el antiguo Oriente Medio, han intentado leer en las expresiones de amor de David un matiz homosexual. Pero eso sería no solo una lectura injustificada e inadmisible en términos del contexto bíblico más amplio y las actitudes antiguas del Oriente Medio hacia la práctica homosexual en general, en la medida en que la evidencia mínima nos permite determinar, sino que también se opone al hecho de que el «lenguaje del amor» se solía usar para expresar lealtad en contextos legales».[1] ∎

un día, simplemente no va. Aunque la primavera es el momento para que los reyes marchen a la guerra, David se queda en casa. Después de años al frente de su ejército, manda a su comandante, Joab, a que sitie la ciudad amonita de Rabá, a sesenta kilómetros al noreste de Jerusalén.

En lugar de acampar en el duro suelo junto a sus hombres, David duerme en su propia cama. Pero no bien. Esta noche se siente inquieto. Paseando por el jardín de la azotea de su palacio, dirige su mirada a la ciudad que se extiende a sus pies. Cierra los ojos y aspira la fragancia de los almendros, cuyas flores color rosa embellecen el paisaje circundante. Cuando abre los ojos, se fija en algo aún más hermoso e inusual. Una mujer joven se está bañando en el patio de su casa. Él la observa mientras ella, lenta y rítmicamente, frota con una tela su delicada piel color trigo. Trenzas oscuras caen en lánguidos rizos sobre su espalda. La suya es la cara más bella y exótica que cualquiera haya visto jamás.

La primavera era un buen momento para llevar a cabo las batallas, ya que las lluvias invernales habían cesado y todavía no era el tiempo de las cosechas.[2] ■

Aunque ya ha pasado la medianía de edad, el rey se siente listo para esta nueva aventura que se le presenta espontáneamente. Manda traer a esta mujer cuyo nombre es Betsabé. Cuando descubre que ella es la esposa de uno de sus mejores soldados y la nieta de un consejero de confianza,[3] siente una punzada de culpa. Pero ¿por qué él, como rey conquistador de Israel, debería negarse el placer de su compañía?

Cuando ella entra a sus aposentos privados, la toma en sus brazos y la seduce. Unas semanas después de haber regresado a su casa, Betsabé descubre que está embarazada. Como acababa de completar un baño ritual que marcaba el final de su período menstrual cuando David la sedujo, el resultado es dolorosamente obvio. Ambos saben que el castigo por el adulterio es la muerte.[4] Como rey, David está acostumbrado a resolver problemas, así es que manda a traer a Urías el hitita, su marido, que se encuentra en Ramá, como parte del ejército de David peleando contra los amonitas.

Cuando llega el guerrero, el rey lo saluda con afecto y lo envía a su casa para que pase la noche con su esposa. Pero en vez de hacer lo que el rey quiere, se queda a dormir a la entrada del palacio junto con algunos sirvientes.[5] Al día siguiente, David le pregunta por qué ha rechazado la comodidad de su propia cama.

«En este momento» respondió Urías, «tanto el arca como los hombres de Israel y de Judá se guarecen en simples enramadas, y mi señor Joab y sus oficiales acampan al aire libre, ¿y yo voy a entrar en mi casa para darme un banquete y acostarme con mi esposa? ¡Tan cierto como que Su Majestad vive, que yo no puedo hacer tal cosa!».

Alarmado, David convence a Urías a quedarse. Esta vez lo invita a cenar y lo emborracha. Seguramente Urías irá en busca de Betsabé. Pero una vez más, Urías pasa la noche a la entrada del palacio. Al sentirse arrinconado, David envía a Urías de vuelta al campo de batalla con un mensaje dirigido a Joab. Cuando le entrega la carta a su comandante, no tiene idea de que está entregando su propia sentencia de muerte.

Como una forma de mantener la pureza ritual, David y sus soldados se abstenían de tener relaciones sexuales con sus esposas cada vez que iban al campo de batalla. ■

«Pongan a Urías al frente de la batalla, donde la lucha sea más dura. Luego déjenlo solo, para que lo hieran y lo maten».

Al día siguiente, Joab hace lo que ningún buen comandante haría, ordenando a uno de sus mejores hombres que ocupe un puesto a corta distancia de las murallas de la ciudad donde los arqueros están más concentrados. Cuando el esposo de Betsabé y los soldados que están con él son abatidos, Joab envía un mensaje al rey, diciendo:

«Urías el hitita ha muerto».

Aunque David ha matado a muchos hombres en las batallas que ha llevado a cabo, nunca había cometido un asesinato. Trata de justificar su crimen, pero su conciencia lo inquieta. Por la noche, cuando las sombras se multiplican, ve en la oscuridad el rostro triste y acusador de Urías. En poco tiempo, la visión se desvanece al igual que los dolores de culpa que asaltan su corazón.

Tan pronto como termina el período de duelo habitual, David se casa con Betsabé, y ella le da un hijo. Celebrando el nacimiento del niño, David comienza a pensar que ha superado la crisis. Pero sus problemas recién están comenzando.

Porque el Señor, cuyos ojos siempre recorren la tierra buscando a alguien para bendecir, se consterna cuando ve a su siervo David. Sabiendo que la oscuridad engendra oscuridad, decide sacar el secreto de David a la luz.

No pasa mucho para que Dios mande al profeta Natán a verlo. Armándose de valor, Natán visita al rey y le cuenta una historia que tiene que ver con ovejas. Seguramente hizo que David recordara el tiempo cuando cuidaba el rebaño de ovejas de su padre. La historia tiene que ver con dos hombres, uno rico y el otro pobre. Aunque el hombre rico posee un gran número de ovejas y ganado, el pobre tiene solo una. En lugar de criarla en un corral, la lleva a su casa y la trata como uno de sus hijos. Tanto la quiere que es como su hija. Comparte su copa e incluso duerme en sus brazos.

Un día, el hombre rico recibe a un visitante. Para atenderlo como se merece, mata una oveja, pero no una de las suyas sino que le roba su oveja al pobre. La cocina y se la ofrece al visitante. David está tan indignado por lo que ha escuchado que casi no puede esperar a que Natán deje de hablar.

«¡Tan cierto como que el Señor vive» exclama, «que quien hizo esto merece la muerte! ¿Cómo pudo hacer algo tan ruin? ¡Ahora pagará cuatro veces el valor de la oveja!».

«¡Tú eres ese hombre!» replica Natán. «Así dice el Señor, Dios de Israel: "Yo te ungí como rey sobre Israel, y te libré del poder de Saúl. Te di el palacio de tu amo, y puse sus mujeres en tus brazos. También te permití gobernar a Israel y a Judá. Y por si esto hubiera sido poco, te habría dado mucho más. ¿Por qué, entonces, despreciaste la palabra del Señor haciendo lo que le desagrada? ¡Asesinaste a Urías el hitita para apoderarte de su esposa! ¡Lo mataste con la espada de los amonitas! Por eso la espada jamás se apartará de tu familia, pues me despreciaste al tomar la esposa de Urías el hitita para hacerla tu mujer".

»Pues bien, así dice el Señor: "Yo haré que el desastre que mereces surja de tu propia familia, y ante tus propios ojos tomaré a tus mujeres y se las daré a otro, el cual se acostará con ellas en pleno día. Lo que tú hiciste a escondidas, yo lo haré a plena luz, a la vista de todo Israel"».

En el silencio que sigue, lágrimas ruedan por las mejillas de Natán y David las reconoce por lo que son: las lágrimas de Dios.

Con voz ahogada, David admite la verdad:

«He pecado contra el Señor".

No trata de justificarse ni de echarle la culpa a otro, sino que abre su corazón y expone la oscuridad que hay en su interior. Dolor, culpa, disgusto por lo que ha hecho y por lo que se siente abrumado.

«El Señor ha perdonado ya tu pecado, y no morirás» contestó Natán.

David llora en voz alta, sin hacer el menor esfuerzo por acallar sus sollozos. Pero Natán no ha terminado:

«Sin embargo, tu hijo sí morirá, pues con tus acciones has ofendido al Señor».

Con un fuerte grito, David se rasga la túnica y cae al suelo. Lo que Dios ha dado, Dios lo ha quitado.

Unos días más tarde, cuando el niño se enferma, David pide misericordia. Mientras ayuna y se acuesta en el suelo durante siete días, le suplica al Todopoderoso que le perdone la vida a su bebé. Está tan angustiado que los sirvientes no se atreven a decirle que el niño ha muerto, por temor a que haga algo desesperado.

Pero David los sorprende. En lugar de caer en una espiral de depresión, que es lo que ellos esperan, se levanta del suelo, se baña y se viste. Luego va a la casa del Señor a adorar. Inclinando su cabeza en la presencia del Todopoderoso, ora:

> Ten compasión de mí, oh Dios,
>> conforme a tu gran amor;
> conforme a tu inmensa bondad,
>> borra mis transgresiones.
> Lávame de toda mi maldad
>> y límpiame de mi pecado.
> Yo reconozco mis transgresiones;
>> siempre tengo presente mi pecado.
> Contra ti he pecado, solo contra ti,
>> y he hecho lo que es malo ante tus ojos;
> por eso, tu sentencia es justa,
>> y tu juicio, irreprochable.
> Yo sé que soy malo de nacimiento;
>> pecador me concibió mi madre.
> Yo sé que tú amas la verdad en lo íntimo;
>> en lo secreto me has enseñado sabiduría.
> Purifícame con hisopo, y quedaré limpio;
>> lávame, y quedaré más blanco que la nieve.

Anúnciame gozo y alegría;
　　infunde gozo en estos huesos que has
　　　quebrantado.
Aparta tu rostro de mis pecados
　　y borra toda mi maldad.
Crea en mí, oh Dios, un corazón limpio,
　　y renueva la firmeza de mi espíritu.
No me alejes de tu presencia
　　ni me quites tu santo Espíritu.
Devuélveme la alegría de tu salvación;
　　que un espíritu obediente me sostenga.
Así enseñaré a los transgresores tus caminos,
　　y los pecadores se volverán a ti.
Dios mío, Dios de mi salvación,
　　líbrame de derramar sangre,
　　y mi lengua alabará tu justicia.
Abre, Señor, mis labios,
　　y mi boca proclamará tu alabanza.
Tú no te deleitas en los sacrificios
　　ni te complacen los holocaustos;
　　de lo contrario, te los ofrecería.
El sacrificio que te agrada
　　es un espíritu quebrantado;
tú, oh Dios, no desprecias
　　al corazón quebrantado y arrepentido.
En tu buena voluntad, haz que prospere Sión;
　　levanta los muros de Jerusalén.
Entonces te agradarán los sacrificios de justicia,
　　los holocaustos del todo quemados,
　　y sobre tu altar se ofrecerán becerros.[6]

Al regresar al palacio, David les pide a sus sirvientes que le preparen de comer. Perplejos, le dicen: «¿Qué forma de actuar es esta? Cuando el niño estaba vivo, usted ayunaba y lloraba; pero, ahora que se ha muerto, ¡usted se levanta y se pone a comer!»

David respondió:

«Es verdad que cuando el niño estaba vivo yo ayunaba
y lloraba, pues pensaba: "¿Quién sabe? Tal vez el Señor
tenga compasión de mí y permita que el niño viva". Pero,
ahora que ha muerto, ¿qué razón tengo para ayunar?
¿Acaso puedo devolverle la vida? Yo iré adonde él está,
aunque él ya no volverá a mí».

Después de eso, David consuela a su esposa Betsabé y le hace el amor y ella da a luz a un hijo llamado Salomón.

Salomón suena como la palabra hebrea para «paz» y la palabra para «reemplazar».[7] ■

Tan pronto como David escuchó la historia de la oveja del hombre pobre, pronunció su juicio contra el hombre rico, decretando que se le exigiría pagar el cordero cuatro veces. Sería él mismo quien tendría que pagar cuatro veces más.

Después de perder un hijo, en los próximos años David perderá tres más. En cuatro ocasiones se le recordará que incluso un rey —y más que nadie un rey— no puede colocarse por encima de la ley de Dios. Aprenderá la verdad dolorosa: que quebrantar los mandamientos de Dios no solo afectará la vida de un hombre, sino también las vidas de aquellos a quienes ama.

LOS TIEMPOS

David reinó desde los años 1010 a 970 A. C., primero
sobre la tribu de Judá y luego sobre un Israel unido.
Su historia está tomada de los capítulos
16 de 1 Samuel y 1 al 12 de 2 Samuel.

Tanto Saúl como David llegaron al poder durante un tiempo
en el que las superpotencias de la región se estaban debilitando. El
reino anatolio de los hititas ya había sido destruido, los egipcios se
habían retirado de Canaán, Babilonia estaba enfrentando la presión
de Asiria, y Asiria estaba lidiando con sus propios y persistentes
problemas.

El eclipse de estos grandes poderes hizo posible que David
estableciera un mini-imperio cuando, uno por uno, derrotó a los
enemigos de Israel, incluyendo a los odiados filisteos que durante
tanto tiempo los habían oprimido y hostigado.

Algunos de estos poderes regionales —moabitas, aramitas, edomitas y amonitas— fueron finalmente forzados a pagar tributo a
David. Al reducir a sus enemigos al estado tributario, David no solo
aumentó la riqueza de Israel, sino que se hizo de recursos que de
otro modo podrían haber fortalecido a los pueblos vecinos, permi-
tiéndoles levantarse contra él.

Tanto el Antiguo como el Nuevo Testamento usan las imágenes
del pastor para caracterizar el cuidado de Dios para con su pueblo.
También era una imagen común para los reyes, incluso entre las
culturas de los alrededores, incluyendo el de Egipto.

El Salmos 23, que se atribuye a David, habla de una vara y un
cayado como elementos que consuelan al salmista. Mientras que la
vara se utilizaba como arma para atacar a los depredadores, el cayado

tenía varios usos. Podía alejar a las ovejas del borde de un acantilado o liberarlas cuando su lana se enredaba en matorrales y zarzas.

A veces en la época de la parición, cuando varias ovejas estaban dando a luz a la vez, corderos y ovejas se separaban. Cuando eso sucedía, un pastor vigilante usaba el extremo curvo de su cayado para acercar la cría a su madre y así pudieran estar juntos. Usar el cayado en lugar de sus manos evitaba que el pastor transfiriera su aroma al cordero, y que, como consecuencia, la oveja lo rechazara.[8]

David era el rey-pastor ideal; un hombre según el corazón de Dios. Dada su historia personal, la parábola de Natán fue diseñada para obtener el máximo valor de impacto. En lugar de proteger a sus ovejas, el rey pastor se había convertido en un depredador, durmiendo con Betsabé y luego asesinando a su marido.

Para su crédito, David no criticó a Dios ni lo culpó por sus problemas posteriores. En cambio, se arrepintió de sus pecados y aceptó las consecuencias.

ALGO PARA PENSAR

1. Aunque David mostró un gran corazón para Dios durante la mayor parte de su vida, en algún momento su corazón cambió y se endureció, lo que finalmente lo llevó a cometer pecados graves. ¿Cómo puede su historia actuar como un llamado de advertencia en el día de hoy?

2. Ya sea que alguien te confronte directamente o no, ¿cómo respondes cuando te das cuenta que estás equivocado? Por ejemplo, ¿tiendes a racionalizar, evitar, negar o defender, o es más probable que asumas la responsabilidad de tu comportamiento de inmediato?

3. Tómate un momento para considerar un caso en que alguien se arrepintió sinceramente de su maldad disculpándose contigo o con alguien que conoces. ¿En qué forma te impactó la disculpa y tu relación con esa persona?

4. Aunque Dios mostró misericordia a David al perdonar su vida y perdonar sus pecados, no agitó una varita mágica y borró las consecuencias de esos pecados. ¿Qué nos dice la historia de David sobre la naturaleza del perdón de Dios y el daño que el pecado puede hacer?

CAPÍTULO 19

LA HISTORIA
DE BETSABÉ

Cómo bañarse en público
provocó un sinfín de problemas

*¿Puede alguien echarse brasas en el pecho sin
quemarse la ropa? ¿Puede alguien caminar
sobre las brasas sin quemarse los pies? Pues
tampoco quien se acuesta con la mujer ajena
puede tocarla y quedar impune.*

PROVERBIOS 6.27–29

Betsabé siente un dolor dentro de ella, un vacío tan profundo que no puede llenarlo por mucho que lo intenta. A su marido, Urías, un buen hombre, le preocupan solo las batallas y el deber, y habla solamente de eso. Sin embargo, a Betsabé el tema la aburre. ¡Cómo desearía que él no fuera tan fuerte, sino más sensible, capaz de disfrutar de las cosas que ella ama, como la música y la poesía! Si tan solo estuviera en casa con más frecuencia. Si tan solo estuviera en casa ahora mismo.

No obstante, todos los hombres se han ido. Están fuera peleando contra los amonitas, asediando su capital, Rabá, ubicada a sesenta y cuatro kilómetros al noreste de Jerusalén. Curiosamente, aunque es primavera, tiempo en el cual los reyes marchan a la batalla, David es el único hombre físicamente capacitado que permanece en la ciudad. Aunque está casi en sus cincuenta años, todavía es bien parecido y notablemente fuerte. Todos lo dicen, y Betsabé está de acuerdo.

La primavera en el Oriente Medio marca el final de la temporada de lluvias, haciendo que los caminos se vuelvan transitables y haya un montón de forraje para los animales. ■

Debido a que Jerusalén es una ciudad muy poblada y compacta, construida sobre apenas seis hectáreas de terreno, todo el mundo sabe cuándo el rey está en casa. Es más, la casa de ella, de un solo piso, se encuentra cerca del palacio.

Una tarde, Betsabé anhela una brisa fresca que le seque el sudor de la frente. Tal vez un baño calme su ansiedad. Como todas las mujeres, se baña adentro, en la intimidad de su casa. Cuando Urías está, él la ayuda con una esponja con la que le frota la espalda. No obstante, como su período acaba de terminar, se dará el baño ritual por sí misma, como siempre lo ha hecho.

Piensa en lo refrescante que sería bañarse afuera, en el patio. Nunca ha sabido de una mujer que haga tal cosa, ¿pero por qué no? Como solo los ricos pueden permitirse tener casas de varias plantas, hay pocas posibilidades de que algunos vecinos curiosos la observen. Solo el palacio podría preocuparla.

En su palacio, el rey está tratando de descansar. Duerme a ratos, tal vez porque no puede dejar de pensar en la batalla que se libra en el norte. A pesar de que está seguro de la victoria, recuerda el precio que tienen que pagar sus hombres. Dios sabe cuántas veces él ha tenido que acostarse con hambre y agotado, esperando la caída de una ciudad. Por lo menos, sus soldados están bien provistos y también bien dirigidos por Joab, su comandante.

No, no es la ansiedad la que perturba su descanso, sino la sensación persistente de que no debería estar durmiendo en una cama mullida, sino acampando fuera de Rabá junto a sus hombres. Sin embargo, aquí está, disfrutando de una vida fácil, mientras que ellos arriesgan sus vidas por él. Con un suspiro, se levanta y comienza a pasearse por el jardín de la azotea de su palacio.

A pesar de que Jerusalén está construida sobre una montaña, el aire es opresivo. David lo siente como una manta húmeda que lo envuelve desde la cabeza hasta los pies. Si tan solo un rayo pudiera abrirse paso en el cielo y una tormenta repentina disminuyera el calor, tal vez su inquietud se aliviaría. Desde su posición ventajosa, disfruta de una vista imponente del valle del Cedrón. Al caer la tarde, ve desde lo alto los fuegos que los habitantes de la ciudad han encendido para cocinar brillando intensamente en sus patios.

De pronto, se le corta la respiración. Su mirada está fija en una mujer, bien proporcionada y joven. Admira su cabello largo y oscuro, que le cae en cascadas como una maraña salvaje por su espalda. Se está bañando en el patio de su casa. Ve cómo se frota el cuerpo con una esponja. Acaricia su rostro, el cuello, y a continuación sus pechos. David sabe que debe apartar la mirada de allí, pero hacía mucho tiempo que no experimentaba lo que siente ahora. Así que sigue observando.

Cuando ha terminado de bañarse, Betsabé levanta la vista. ¿Es solo su imaginación o ella lo mira de la misma forma en que él la ha estado observando? Rápidamente, antes de que el deseo se desvanezca, envía a un sirviente para saber quién es ella. Este no tarda en regresar con el informe:

Urías era un mercenario extranjero que también adoraba al Señor. Se le menciona como uno de los treinta hombres valientes de David (2 Samuel 23.39; 1 Crónicas 11.41). ∎

———

Si Elián es el mismo hombre mencionado en 2 Samuel 23.34, estaba entre los hombres valientes de David y su padre habría sido Ahitofel. ∎

«Se trata de Betsabé, que es hija de Elián y esposa de Urías el hitita».

La noticia resulta decepcionante, porque la mujer que desea está emparentada con hombres que él conoce, hombres que pertenecen a su tropa élite. El esposo de la mujer es uno de sus mejores soldados. Aún más, su abuelo, Ahitofel, es consejero personal de David.

¿Cómo podría ignorar lazos tan estrechos como estos? Por un momento duda, pero luego evoca su belleza, y se recuerda a sí mismo que es el rey.

Poco después, a Betsabé la sorprenden unos golpes en la puerta de su casa. Son hombres enviados por el rey. Por la forma en que la miran, ella se da cuenta de que no puede negarse a acompañarlos y va con ellos.

Cuando entra en los aposentos privados del rey, hacen el amor mientras David le dice y repite que es más hermosa que todas las mujeres. Antes del amanecer, ella sale del palacio y regresa a su casa. Nada ha cambiado. Sin embargo, no pasa mucho tiempo antes de que ella perciba señales y síntomas: unos cuantos cólicos, dolor en los senos, fatiga. Betsabé espera hasta que está segura y luego le envía un mensaje a David:

«Estoy embarazada».

Estas dos palabras cambiarán no solo sus propias vidas, sino la historia de Israel, aunque ni Betsabé ni David lo saben en ese momento. Con todo, ambos conocen la ley, que el adulterio se castiga con la muerte. ¿Qué hará el rey?

Pasan unos días antes de que Betsabé se entere de que su marido. Urías, ha sido llamado del frente de batalla. El alivio la inunda, porque se percata de que David no ha dejado que el asunto se le vaya de las manos. Hace planes para darle la bienvenida a Urías en casa como una esposa amorosa, de manera que nadie sospeche que el niño no es suyo. Espera toda la noche, pero no se sabe nada de él. Y llega la noche siguiente y su marido no aparece.

Ella no sabe que tan pronto como regresó a Jerusalén, Urías fue llevado a la presencia de David.

Cuando los dos hombres se abrazan, el rey le pide que le diga cómo va la batalla. Quiere saber cómo están Joab y sus hombres. Luego despide a Urías con un regalo, animándolo a que pase la noche con su esposa antes de regresar al frente. Es lo menos que el rey puede hacer para honrar a un soldado fiel.

Sin embargo, Urías, que es mejor que la mayoría de los hombres, decide pasar la noche en el palacio en vez de regresar a casa. Al escuchar la noticia al día siguiente, David no lo puede creer.

Esta profecía se cumplió cuando el hijo de David, Absalón, se acostó con las concubinas de su padre en una carpa erigida en el techo del palacio a la vista de todos. Curiosamente, fue Ahitofel, el hombre que fuera consejero de David y posiblemente también el abuelo de Betsabé, quien aconsejó a Absalón a emprender esta acción con el fin de reclamar el trono (véase 2 Samuel 16.21–22). ∎

«Has hecho un viaje largo; ¿por qué no fuiste a tu casa?».

«En este momento», responde Urías, «tanto el arca como los hombres de Israel y de Judá se guarecen en simples enramadas, y mi señor Joab y sus oficiales acampan al aire libre, ¿y yo voy a entrar en mi casa para darme un banquete y acostarme con mi esposa? ¡Tan cierto como que Su Majestad vive, que yo no puedo hacer tal cosa!».

Las palabras de Urías penetran en David hasta el hueso. Tratando de sobreponerse a sus pensamientos de culpa, le suplica al soldado que se quede un día más.

Esa noche Urías el hitita cena con el rey y David lo emborracha. Seguramente no será capaz de resistirse a pasar la noche con su bella esposa. No obstante, una vez más el marido de Betsabé pasa la noche junto con los siervos del rey y no va a su casa.

Cuando Betsabé oye cómo ha muerto su marido, llora. Sin embargo, mientras lo hace, trata de ocultarse la verdad a sí misma. La mitad de sus lágrimas brotan de la culpa, no del dolor.

Así David, el gran rey héroe de Israel, cae presa de la lujuria y luego del asesinato. Aunque Betsabé sospecha la verdad, pasará un tiempo antes de que conozca los detalles de labios del propio David. Mientras tanto, ella y David se casan, y la gente comenta que esto demuestra la bondad de su rey. ¡Qué generoso es al honrar la memoria de uno de sus soldados caídos proveyéndole a su viuda un hogar! Al saber que Betsabé lleva en su seno al hijo de David, dicen que esto demuestra que Dios le sonríe al rey y honra la memoria de Urías.

No obstante, si usted pudiera estar en el cielo y contemplara el rostro santo de Dios, no podría detectar el más mínimo atisbo de una sonrisa. En efecto, mientras que la sórdida historia de David y Betsabé se desarrolla, él permanece sentado en su gran trono, mirando cómo David daba un paseo por la azotea de su palacio. Observa la primera chispa de deseo y luego ve cómo se transforma en un voraz incendio que devora las vidas de varios hombres. Enfadado con David, Dios le habla al profeta Natán sobre este asunto. Y esto es lo que el profeta le dice a David:

«Dos hombres vivían en un pueblo. El uno era rico, y el otro pobre.

»Pues bien, así dice el Señor: "Yo haré que el desastre que mereces surja de tu propia familia, y ante tus propios ojos tomaré a tus mujeres y se las daré a otro, el cual se acostará con ellas en pleno día. Lo que tú hiciste a escondidas, yo lo haré a plena luz, a la vista de todo Israel"».

David está devastado. Se ha convertido en el tipo de hombre que siempre ha despreciado.

En cuanto a Betsabé, nadie puede decir con certeza lo que había en su corazón la noche en que se acostó con David. ¿Fue impotente ante el abuso de un rey que la violó, la dejó viuda y sin descendencia por su pecado escandaloso? ¿O era una seductora, empeñada en obtener un lugar en el palacio de David sin importarle el costo? A través de los largos años que han transcurrido desde su muerte, los narradores han contado la historia en ambos sentidos.[1]

LOS TIEMPOS

Betsabé probablemente vivió en alguna
época entre los años 1050 y 950 A. C.
*Su historia aparece en 2 Samuel 11-12 y 1 Reyes
1-2. También se la menciona en Mateo 1.6.*

En un grado mayor que cualquiera de los pueblos vecinos, los israelitas poseían leyes detalladas acerca de la pureza ritual y los métodos para restablecerla cuando alguien llegaba a ser ritualmente impuro. Estas leyes acentuaban la santidad de Dios y ordenaban estipulaciones claras para vivir en su presencia. Ya que la contaminación podía ocurrir al entrar en contacto con ciertas enfermedades, tener relaciones sexuales, menstruar, dar a luz, ingerir comida inmunda, tocar un cadáver, tener o entrar en contacto con descargas corporales o tocar alguna cosa muerta, era imposible mantener la pureza ritual todo el tiempo.

En el caso de Betsabé, el texto es claro al señalar que se estaba dando un baño ritual porque recién había terminado su período menstrual. Al incluir este detalle, el autor está aclarándoles a sus lectores que David y no Urías es el padre de su hijo.

Aunque algunos comentaristas presentan a Betsabé como cómplice en la historia, otros afirman que el relato que hace Natán de la cordera inocente la describe como la víctima en el crimen de David. Y señalan que tiene que haber sido imposible para ella rechazar al rey dado el grado de poder que este tenía. Si este es el caso, su historia es aún más trágica, porque además de haber sido violada y su marido llevado a la muerte, sufrió la pérdida de un hijo por el pecado de David.

Mateo, en la genealogía que ofrece de Jesús, en lugar de mencionar a Betsabé por su nombre se refiere a ella como la «que había sido esposa de Urías». ¿Fue esta una manera en que Mateo ignorara a la mujer a quien responsabiliza por la caída de David? ¿O es un ejemplo más por medio del cual la Escritura está subrayando el pecado humano —en este caso el pecado de David— y la generosa provisión de Dios de un Salvador?

Kenneth Bailey, experto en estudios del Oriente Medio del Nuevo Testamento, que ha pasado más de cuarenta años viviendo y enseñando en esa parte del mundo, dice que ninguna mujer que se respetara en ese entonces o ahora se daría un baño a la vista del palacio, señalando que Betsabé sabía exactamente lo que estaba haciendo.

Por lo tanto, ¿qué es ella, villana o víctima? Puede que nunca lo sepamos. Lo que sí sabemos es que aún los más grandes héroes de la Biblia son personas frágiles cuyos corazones, como los nuestros, tienen necesidad de redención.

Aunque nuestra cultura puede ver los devaneos sexuales como algo natural, Dios los ve bajo otra luz, porque él sabe las consecuencias que causan en las familias y comunidades en las que ocurren.

ALGO PARA PENSAR

1. El castigo por el adulterio era la muerte. Dedica unos minutos a imaginar que tú eres Betsabé y acabas de enviarle un mensaje al rey David diciéndole que estás embarazada. Describe cómo se sentiría él y qué estaría pensando.

2. A diferencia de la antigua cultura bíblica, nuestra sociedad a menudo considera atractivo el adulterio y la inmoralidad

sexual. ¿Cuáles son los beneficios de resistir las tendencias culturales?

3. Betsabé tuvo que enfrentar múltiples tragedias; sin embargo, Dios la bendijo con un hijo que llegaría a ser el rey de Israel y el hombre más sabio del mundo. Si tú tuvieras que resumir la vida de Betsabé en una frase, ¿cuál emplearías? Y si tuvieras que resumir tu vida hasta ahora en una frase, ¿cómo la resumirías?

4. Describe la progresión del pecado de David. ¿Qué revelan sus actos sobre las consecuencias de la tentación del entretenimiento? ¿Cómo has visto este proceso actuando en ti y en otros?

5. ¿Dónde en la historia ves evidencias de la bondad y la misericordia de Dios? ¿Cómo has experimentado su misericordia con respecto a tus propias flaquezas?

CAPÍTULO 20

LA HISTORIA DE AMNÓN, ABSALÓN Y ADONÍAS, HIJOS DE DAVID

Tres hombres que serían el rey

Pasando delante de él, proclamó: «El Señor, el Señor, Dios clemente y compasivo, lento para la ira y grande en amor y fidelidad, que mantiene su amor hasta mil generaciones después, y que perdona la iniquidad, la rebelión y el pecado; pero que no deja sin castigo al culpable, sino que castiga la maldad de los padres en los hijos y en los nietos, hasta la tercera y la cuarta generación».

ÉXODO 34.6-7

EL ENGAÑO DE AMNÓN

Amnón está aburrido. Sin aptitudes para el aprendizaje y poco interés en la música, el canto o la milicia, busca el placer y solo el placer. Y hoy no está contento.

En lugar de levantarse temprano, se queda acostado pensando en lo que no puede tener. Aunque es el hijo mayor de David, lo que más desea no es el trono de su padre. Eso vendrá algún día, piensa. No, la cosa que no puede tener y que desea desesperadamente no es nada menos que su hermosa media hermana, Tamar. No puede sacársela de la cabeza.

Se dice que no será feliz ni estará en paz mientras no la tenga. Pero eso no puede ocurrir pues se trata de su hermana, una princesa cuya pureza está cuidadosamente protegida.

Inflamado por un deseo incontrolable que no puede nombrarse ni fácilmente y sin riesgo, aunque terminará hablando de ello, se siente mal.

Jonadab, su amigo y primo, es un hombre astuto que siempre tiene una solución para todo.

«¿Cómo es que tú, todo un príncipe, te ves cada día peor?» le pregunta. «¿Por qué no me cuentas lo que te pasa?».

Amnón ya no quiere seguir ocultando lo que siente. ¿Por qué él, que un día será el rey no podría satisfacer los profundos deseos que lo invaden?

«Es que estoy muy enamorado de Tamar, la hermana de mi hermano Absalón» le confiesa.

¡Eso es lo que lo tiene así! ¡Lujuria de su propia carne!

El astuto Jonadab, que conoce todos los secretos y que no se cansa de recordarle a Amnón que es el hijo del rey, le aconseja:

«Acuéstate y finge estar enfermo. Cuando tu padre venga a verte, le dirás: "Quisiera que mi hermana Tamar viniera y me diera algo de comer. Que prepare la comida ante mí para que yo pueda verla y luego comerla de su propia mano"».

Amnón hace exactamente lo que le dice Jonadab. Y David le cree. Un peón inocente en el juego engañoso de su hijo. Le envía un mensaje a su hija, diciéndole que su hermano está enfermo y requiere su presencia.

Cuando Tamar llega, Amnón parece languidecer en la cama. Tamar le prepara la comida. Amnón ordena a todos los que están en el cuarto que salgan y cuando quedan solos, la toma bruscamente por el brazo y le dice:

Ven. Acuéstate conmigo, hermana mía».

«¡No lo hagas, hermano! No me fuerces» le dice ella, llorando. «¡No, hermano mío! No me humilles, que esto no se hace en Israel. ¡No cometas esta infamia! ¿A dónde iría yo con mi vergüenza? ¿Y qué sería de ti? ¡Serías visto en Israel como un depravado! Yo te ruego que hables con el rey; con toda seguridad, no se opondrá a que yo sea tu esposa».

Pero Tamar es un gorrión solitario, incapaz de defenderse del halcón que cae sobre ella en picada. En ese momento, Amnón no piensa en que algún día el rey pudiera bendecir su matrimonio.

Atrayéndola hacia él, la viola. Después de satisfacer su lujuria, no queda nada más que vergüenza. No dispuesto a asumir su responsabilidad por el disgusto que siente, le echa la culpa a ella.

«¡Levántate y vete!» le grita.

Temblando incontrolablemente, las lágrimas corriéndole por las mejillas, su hermana se mantiene firme.

«¡No me eches de aquí!» replica ella. «Después de lo que has hecho conmigo, ¡echarme de aquí sería una maldad aún más terrible!».

Desoyendo su clamor, Amnón llama a su criado, le ordena que eche fuera a su hermana y cierre la puerta.

Rasgando la túnica ornamental que la distingue como una princesa virgen, Tamar se inclina y recoge las cenizas del fuego de la tarde.

Echándoselas sobre la cabeza, se aleja llorando desconsoladamente. Cuando su hermano Absalón descubre lo que ha sucedido, trata de consolarla.

«Cálmate y no digas nada. Toma en cuenta que es tu hermano», le dice.

Pero Absalón se lo toma en serio. Aunque no dice nada, está furioso por lo que ha sucedido.

En cuanto a Tamar, para ella no hay consuelo. Su corazón destrozado está lleno de dolor. Debido al pecado de Amnón, nunca podrá casarse. Ningún niño se levantará para llamarla bienaventurada. A pesar de ser solo una joven, vivirá el resto de su vida como viuda en la casa de Absalón. Perder su virginidad ha significado que también ha perdido su futuro. Nadie pregunta si tales consecuencias son justas o si Tamar debería soportar la vergüenza que siente. Nadie desafía el statu quo. Todos saben que así es como siempre han sido las cosas.

Lectores modernos podrían sorprenderse de que Tamar le haya pedido a su violador que se casara con ella, pero el Antiguo Testamento prescribe esta ley para un hombre que ha violado a una virgen: «Si un hombre se encuentra casualmente con una joven virgen que no esté comprometida para casarse, y la obliga a acostarse con él, y son sorprendidos, el hombre le pagará al padre de la joven cincuenta monedas de plata, y además se casará con la joven por haberla deshonrado. En toda su vida no podrá divorciarse de ella» (Deuteronomio 22.28-29). ■

Cuando David escucha las noticias, se enfurece pero no dice nada. No hay denuncia, ni castigo, ni consecuencia. En apariencia, Amnón sigue siendo el heredero del trono. ¿Por qué esta pasividad, este desinterés en castigar a su hijo y consolar a su hija con justicia? ¿Será que el corazón del rey está gobernado por recuerdos de su propio problemático pasado?[1]

Dado que en gran parte la economía estaba basada en la lana, la primavera era el tiempo de la esquila y se consideraba una época de abundancia y celebración.[2] ∎

La incapacidad de David para castigar a su hijo mayor crea un vacío que Absalón se apresura a llenar. Pero en lugar de justicia, busca venganza. Dos años después de que Amnón agrediera a su hermana, Absalón invita a toda la familia a una fiesta para celebrar la recolección de la lana. Pero David se disculpa, diciéndole que si van todos sería una carga para él.

«Entonces deja que venga mi hermano Amnón» insiste Absalón.

Así es como David, que ahora es un peón en el juego de Absalón, envía a Amnón y sus otros hijos a la fiesta de la esquila.

Cuando la celebración está en pleno apogeo y Amnón está demasiado borracho como para poder defenderse, Absalón ordena a sus sirvientes que lo maten. Tan pronto como sus otros hermanos se enteran de lo que ha sucedido, montan en sus asnos y huyen. Cuando le llega la noticia, David se derrumba, llorando amargamente. Día tras día se lamenta por su hijo. Pero nadie sabe por qué hijo se lamenta el rey. ¿Por el que violó a su hermana o por el que asesinó a su hermano violador?

¿Y Tamar? ¿No es digna de al menos unas pocas lágrimas? Aunque es la hija de David y, por lo tanto, una princesa real, ha sido como un cordero conducido al matadero: su vida arruinada, no por sus fracasos sino por el hecho de que su padre no la protegió de la lujuria desenfrenada de su hermano.

LA REBELIÓN DE ABSALÓN

Después de matar a su hermano, Absalón huye al norte para refugiarse con su abuelo Talmay, rey de Gesur. Ahora que el heredero mayor está fuera del camino, Absalón tiene el camino libre hacia el trono,[3] excepto por un pequeño detalle. Regresar a Jerusalén significaría arriesgarse a recibir toda la fuerza de la ira de su padre. Él no sabe que el corazón de su padre está vacío de ira, pero lleno de anhelo. Lo único que David quiere es volver a ver a su hijo. Después de un tiempo, Joab, el comandante del ejército de David, decide tratar de unir a los dos.

David tenía varias esposas, entre ellas Maca, la madre de Absalón y Tamar y la hija del rey de un pequeño reino arameo de Guesur. ∎

Contrata a una mujer astuta, conocida por sus dones persuasivos[4] y le dice que busque una audiencia con el rey. Y que va a desempeñar el papel de una viuda que lamenta la muerte de su hijo. Aunque lo que propone es un mero engaño, Joab la relaciona con la historia de Natán y David.

Cuando la mujer se presenta ante el rey, le pide ayuda, diciendo:

«Soy viuda, madre de dos hijos. Uno de ellos mató al otro durante una discusión cuando estaban solos en el campo, y ahora toda la familia exige la vida de mi hijo restante. Cuando muera, su herencia pasará a otro pariente masculino, extinguiendo el único carbón ardiente que me queda y dejando a mi esposo sin nombre ni descendiente en la faz de la tierra».

Conmovido por la historia, el rey le dice:

«Vete a casa y emitiré una orden en tu nombre. Si alguien te dice algo, tráemelo y no volverán a molestarte. Tan seguro como vive el Señor, ni un solo cabello de la cabeza de tu hijo caerá al suelo».

Aunque su voz le tiembla un poco porque nunca se sabe cómo va a reaccionar un rey, la mujer se atreve a decirle:

«Ya que el rey ha acordado proteger a mi hijo, ¿no se condena a sí mismo? Porque ¿por qué no ha traído a su hijo desterrado? Como el agua derramada en el suelo, sin esperanza de recuperación, así también todos tenemos que morir. Pero Dios no nos arrebata la vida, sino que provee los medios para que el desterrado no siga separado de él para siempre».

Sospechando que hay otra mente detrás de sus palabras, le pregunta a la mujer:

«¿No está la mano de Joab contigo en todo esto?».

«Tan seguro como vives» le responde ella, «nadie puede irse a la derecha o a la izquierda desde cualquier cosa que mi señor el rey diga. Sí, fue tu sirviente Joab quien me ordenó hacer esto y quien puso todas estas palabras en boca de tu sierva. Tu siervo Joab hizo esto para cambiar la situación actual. Mi señor tiene sabiduría como la de un ángel de Dios: él sabe todo lo que sucede en la tierra».

Aunque David se ha dado cuenta de la farsa, las palabras de la mujer lo han conmovido. Después de que ella se va, le ordena a Joab que traiga a Absalón de vuelta a Jerusalén. Pero hay una condición. Absalón debe vivir en su propia casa y no podrá presentarse nunca ante David.

De esta forma Absalón regresa a Jerusalén, pero pronto se empieza a sentir inquieto.

Cansado de mantenerse en esa situación, quiere un perdón completo. Pero Joab se muestra reacio a intervenir nuevamente e ignora las repetidas solicitudes de ayuda que le hace Absalón.

Como Joab posee un campo al lado de la propiedad de Absalón, el joven manda a sus siervos a que incendien las siembras de cebada de Joab. Cuando Joab viene a reclamarle por lo que ha hecho, éste le dice:

246 LEJOS DE SER PERFECTOS

«Te envié muchos mensajes. ¿Por qué los ignoraste? Quiero ver al rey, y si soy culpable de algo, que me dé muerte».

Cuando Absalón finalmente es conducido a la presencia de David, se postra rostro en tierra. Estando en esa posición, siente las manos de su padre que lo levantan y luego lo abraza. Mientras besa a su hijo pródigo, las lágrimas ruedan por el rostro de David, pero los ojos de Absalón están secos.

Después de eso, la popularidad del joven príncipe se dispara. El hombre más guapo del reino es el vivo retrato de la fuerza real. Inteligente y altanero, sus ojos están siempre fijos en el trono. Usa el pelo largo, que se lo corta solo una vez al año y sus mechones esquilados pesan cinco libras según el estándar real.

Proveyéndose un carro y caballos, contrata a cincuenta hombres para que corran delante de él. Al llegar a las puertas de la ciudad[5] temprano cada día, comienza su campaña preguntando a todos los que entran de qué ciudad son. Luego les dice:

David reinó en Hebrón durante siete años y medio antes de trasladar la capital a Jerusalén. ∎

«Tus demandas son muy justas, pero no habrá quien te escuche de parte del rey».

Luego agregaba:

«¡Ojalá me pusieran por juez en el país! Todo el que tuviera un pleito o una demanda vendría a mí, y yo le haría justicia».

Cada vez que alguien se inclina ante él, Absalón lo levanta y lo besa. De esta manera, roba los corazones de todos en Israel.

Un día, le pide permiso al rey para ir a la ciudad de Hebrón a cumplir un voto. En esta ciudad histórica, ubicada en la región montañosa de Judá, a solo treinta y dos kilómetros de Jerusalén, se encuentran las tumbas de Abraham y Sara, Isaac y Rebeca, y Jacob y Lea. Como la primera ciudad capital de David, es excelente para lanzar desde allí un golpe de estado.

Doscientos hombres prominentes, ignorando la planeada revuelta de Absalón, lo acompañan en su viaje. Con su ingenio, él los ha hecho parecer coconspiradores, obligándolos así a apoyarlo.

Una vez que llega a la antigua ciudad, envía mensajes secretos a sus partidarios de todo Israel, llamándolos a que se le unan.

«Tan pronto como oigan el toque de trompetas, exclamen: "Absalón reina en Hebrón"».

Es la orden. Después de eso, llama a Ahitofel, que es el consejero más sabio de su padre. Esta es la oportunidad que Ahitofel ha estado esperando. Resentido por el trato que David le dio a su nieta, Betsabé, y a su esposo, Urías, el anciano busca venganza.[6] Tan pronto como Ahitofel ofrece su apoyo a Absalón, la conspiración gana fuerza.

Cuando David se entera de esto y de que Absalón ha conseguido el apoyo de muchos

> Dormir con las esposas o las concubinas de un rey equivalía a proclamarse rey. ■

en Israel, huye de Jerusalén y se lleva consigo a su familia. Solo deja diez concubinas para que cuiden el palacio real.

Cuando David se va, todo el pueblo se junta para observar la partida. El rey va llorando y camina descalzo, con la cabeza cubierta como señal de tristeza. Los que miran, también lloran. En el camino, se encuentra con su buen amigo Husay quien se le ofrece como espía; pero David le dice que vaya a Jerusalén y le jure lealtad a su hijo rebelde.

Después de ganarse la confianza de Absalón, Husay escucha a Ahitofel aconsejando al posible rey. Su primera sugerencia es sobrecogedora:

«Acuéstese usted con las concubinas que su padre dejó al cuidado del palacio. De ese modo, todos los israelitas se darán cuenta de que Su Majestad ha roto con su padre, y quienes lo apoyan a usted se fortalecerán en el poder».

Complacido con el consejo, Absalón instala una tienda de campaña en la azotea del palacio, cerca de donde David había visto a Betsabé. Y una por una, se acuesta con las concubinas de su padre a la vista de todo Israel.

En seguida, Ahitofel le aconseja que elija doce mil hombres y se ponga en marcha de inmediato para perseguir al rey.

«Si actúa rápidamente» le dice, «aniquilará al rey y a todos sus hombres».

Reconociendo lo acertado del plan, Husay aconseja a Absalón hacer todo lo contrario.

«Ahora mismo» le dice, «su padre debe de estar escondido en una cueva o en otro lugar. Si él atacara primero a sus tropas, el que lo escuche dirá: "Ha habido una masacre entre las tropas que siguen a Absalón". Entonces, incluso el soldado más valiente, cuyo corazón es como el corazón de un león, se derretirá de miedo, porque todo Israel sabe que su padre es un luchador y que los que están con él son valientes. Tómese un tiempo para reunir a las tribus de Israel, y luego con una fuerza abrumadora derrotará al rey».

Aunque el consejo de Ahitofel es un camino seguro hacia la victoria, Dios se encarga de que Absalón escuche a Husay. Cuando Ahitofel se da cuenta de que su consejo ha sido ignorado, se desespera. Como no está dispuesto a recibir una recompensa de traidor cuando David recupere el trono, se va a su casa, pone todo en orden y se quita la vida, ahorcándose. Cuando Absalón finalmente se aventura a perseguir a su padre, David ya ha recuperado el control de sí mismo. Aunque está listo para llevar a sus hombres a la batalla, ellos le suplican, diciendo:

«No, Su Majestad no debe acompañarnos. Si tenemos que huir, el enemigo no se va a ocupar de nosotros. Y aun si la mitad de nosotros muere, a ellos no les va a importar. ¡Pero Su Majestad vale por diez mil de nosotros! Así que es mejor que se quede y nos apoye desde la ciudad».

Antes de que se fueran, David emite una orden terminante: «No me traten duro al joven Absalón».

La batalla se libra en un bosque cercano. Mueren muchos soldados. Valiéndose de la confusión reinante, Absalón se separa de su ejército. Cabalgando solo a través de una maraña de árboles, su exuberante cabellera queda atrapada en las ramas de un gran roble. Cómicamente, su mula sigue corriendo, pero él queda colgando, su cuerpo balanceándose en el aire.

Respondiendo a un soldado que le ha informado que Absalón está colgando de un roble, Joab le dice: «¡Qué! ¿Tú lo viste? ¿Por qué no lo mataste ahí mismo? De haberlo hecho, te habría dado diez monedas de plata y un cinturón de guerrero».

«Aun si recibiera mil monedas» replicó el guerrero, «yo no alzaría la mano contra el hijo del rey. Todos oímos cuando el rey les ordenó que no le hicieran daño al joven Absalón».

Pero Joab no tiene escrúpulos en ignorar el deseo de David. Dejar vivo a Absalón significaría arriesgarse a una segunda rebelión cuando pudiera reorganizar sus fuerzas. Mejor será acabar con él de una vez por todas. Así es que agarra tres lanzas y se las clava en el pecho a Absalón y luego ordena a diez de sus hombres que lo rematen.

La de Absalón era un tipo de sepultura a menudo utilizada para los enemigos o criminales.[8] ▪

Cuando el rey escucha lo que le ha sucedido a su hijo, grita:

«¡Ay, Absalón, hijo mío! ¡Hijo mío, Absalón, hijo mío! ¡Ojalá hubiera muerto yo en tu lugar! ¡Ay, Absalón, hijo mío, hijo mío!»

Pero el lamento de David no puede sacar a su hijo de la tumba. Colgado en un árbol, Dios lo ha maldecido. Más tarde, a medida que la historia va pasando de generación en generación, hombres sabios reflexionan, señalando que al igual que Absalón perdió su asiento en su monte real, perdió su asiento en el trono de Israel. Suspendido en el aire, lo dejaron colgado entre el cielo y la tierra, sin tierra firme sobre la cual apoyarse.[7]

En vida, Absalón había levantado una columna de piedra para marcar su memoria. Cuando murió, se erigió otro monumento: un montón de piedras para marcar el lugar en el que yacía su cuerpo.

LA LOCURA DE ADONÍAS

David tirita bajo las sábanas de su cama real a pesar del calor del verano. Para calentar su helado cuerpo, le traen a Abisag, una bella joven virgen que se acuesta a su lado. No es ni esposa ni concubina sino solo un suave cobertor para combatir el frío que lo domina.

A los setenta años, el anciano monarca ha vivido veinte años más que la mayoría de los hombres.[9] Mientras David languidece, su hijo Adonías se pone más y más inquieto. Ahora que Amnón y Absalón ya no están, él es el siguiente en la línea para ser rey, aunque algunos insisten en que el trono ya se había prometido a Salomón, el hijo de Betsabé.

Debido a que su padre siempre ha estado ocupado en los asuntos de estado, Adonías se ha acostumbrado a hacer lo que le da la gana. Y ahora le da la gana de ascender al trono de su padre.

Echa a andar su estrategia buscando la ayuda de funcionarios poderosos, hombres como Joab que están dispuestos a abandonar sus viejas lealtades. Juntos, traman un plan que permita a Adonías hacerse del trono.

Adonías era hijo de David y Jaguit y él habría sido el siguiente en la línea para ascender al trono. En 1 Crónicas 3.1–9, vemos que David tuvo diecinueve hijos de varias esposas y muchos otros hijos de concubinas. Incluso sin sus responsabilidades de gobierno, le habría sido imposible supervisar adecuadamente a tantos hijos. ∎

Al enterarse de que Adonías ha invitado a todos los hermanos, excepto a Salomón, a ofrecer un sacrificio en Enrogel, un manantial en las afueras de Jerusalén, el profeta Natán da la alarma. Pero no a David, sino que va directamente a Betsabé. Y le dice:

«¿Ya sabes que Adonías se ha proclamado rey a espaldas de nuestro señor David? Pues, si quieres salvar tu vida y la de tu hijo Salomón, déjame darte un consejo: Ve a presentarte ante el rey David, y dile: "¿Acaso no le había jurado Su Majestad a esta servidora suya que mi hijo Salomón lo sucedería en el trono? ¿Cómo es que ahora el rey es Adonías?"».

Aunque han pasado años desde que Betsabé y David fueron amantes, ella todavía es apreciada. Arrodillada al lado de su cama, Betsabé entra en acción.

«Mi señor juró por el Señor su Dios a esta servidora suya, que mi hijo Salomón sucedería en el trono a Su Majestad. Pero ahora resulta que Adonías se ha proclamado rey a espaldas de Su Majestad. Ha sacrificado una gran cantidad de toros, terneros engordados y ovejas, y ha invitado a todos los hijos del rey, al sacerdote Abiatar y a Joab, general del ejército; sin embargo, no invitó a Salomón, que es un fiel servidor de Su Majestad. Mi señor y rey, todo Israel está a la expectativa y quiere que usted le diga quién lo sucederá en el trono. De lo contrario, tan pronto como Su Majestad muera, mi hijo Salomón y yo seremos acusados de alta traición».

De hecho, ella sabe que serán asesinados.

Mientras Betsabé está hablando, llega Natán. Inclinándose ante el rey, confirma todo lo que ella ha dicho. Después, David le jura a Betsabé:

«Tan cierto como que vive el Señor, que me ha librado de toda angustia, te aseguro

Guijón fue la principal fuente de agua para la ciudad de Jerusalén. Habría eclipsado a Enrogel, la primavera que Adonías había elegido para su coronación. ∎

que hoy cumpliré lo que te juré por el Señor, el Dios de Israel. Yo te prometí que tu hijo Salomón me sucederá en el trono y reinará en mi lugar».

Aunque su cuerpo es frágil, la mente del rey permanece clara. Convoca a sus hombres clave y les da órdenes para que actúen de inmediato.

«Tomen con ustedes a los funcionarios de la corte, monten a mi hijo Salomón en mi propia mula, y llévenlo a Guijón para que el sacerdote Sadoc y el profeta Natán lo unjan como rey de Israel. Toquen luego la trompeta, y griten: "¡Viva el rey Salomón!" Después de eso, regresen con él para que ocupe el trono en mi lugar y me suceda como rey, pues he dispuesto que sea él quien gobierne a Israel y a Judá».

Las señales de la elección de David son inconfundibles. A Salomón se le da el raro privilegio de montar en la mula del rey. Lo acompañan los guardaespaldas reales. Es ungido tanto por el profeta como por el sacerdote. Por último, la ceremonia de coronación se lleva a cabo en Guijón, uno de los principales sitios de Jerusalén. David ha dejado claras sus intenciones.

Tan pronto como suena la trompeta, un estallido de alegría resuena a través del valle.

«¡Viva el rey Salomón!» gritan todos.

Mientras el nuevo rey regresa a la ciudad, la gente toca las flautas y se regocija en alta voz a medida que avanzan. Hay tanto ruido que la tierra tiembla con el sonido de su alegría. A poco más de un kilómetro, Adonías sigue celebrando con sus invitados, en una fiesta que sirve como promesa de amistad, lealtad y protección. ¿Pero cómo podría un rey ilegal proteger a sus huéspedes cuando el suelo comienza a moverse debajo de él?

«Salomón ha tomado posesión del trono real», informa un mensajero a la gente. «El rey se inclinó en su cama y dijo: "¡Alabado sea el Señor, Dios de Israel, que hoy me ha concedido ver a mi sucesor sentarse en mi trono!"».

Entretanto, el campamento de Adonías es un caos: todos, incluyendo al traidor--en--jefe se aferran al altar suplicando misericordia.

A pesar del intento de golpe de Estado, Salomón comienza su reinado perdonando a su hermano con la condición de que se porte bien; si no lo hace, se expone a la pena de muerte.

Pero Adonías no ha dejado de codiciar el trono. Así es como, después de la muerte de David se acerca a la reina madre. Quizás por la edad que tiene o por su condición de mujer, Absalón piensa que la puede embaucar fácilmente.

«Por favor» le dice, «pídele al rey —él no te rechazará a ti— que me dé a Abisag la sunamita para que sea mi esposa».

Por un momento, Betsabé se queda sin aliento. ¿Qué está pidiendo? Casarse con una mujer que una vez compartió la cama del rey, incluso una que todavía es virgen, sería reclamar el derecho al trono por anticipado.[10]

En lugar de rechazar la petición, Betsabé lo piensa mejor. ¿Por qué no pasarle esta solicitud a su hijo y dejar que él resuelva de una vez por todas?

En la próxima oportunidad en que Betsabé se sienta a la mano derecha del trono de su hijo, le dice: «Tengo una pequeña petición que hacerte. No me rechaces»

«Dime, madre, que no te la rehusaré».

«Concédele a tu hermano Adonías casarse con Abisag la sunamita».

Cuando se produce la explosión que esperaba, se siente aliviada.

«Pero ¿cómo puedes pedirme semejante cosa?» respondió el rey a su madre. «¡Realmente me estás pidiendo que le ceda el trono!»

Ese mismo día, el nuevo rey ordena que su rival y hermano Adonías sea ejecutado. En los próximos años, cuando la gente mencione los nombres de los despreciables hijos del rey, asentirán con la cabeza a sabiendas, recordando la parábola de Natán sobre el hombre rico que le robó la ovejita al pobre. ¿No ha sucedido justo como David lo decretó? El culpable ha pagado cuatro veces por sus pecados, primero con la vida de su hijo pequeño y luego con las vidas de otros tres hijos: Amnón, Absalón y Adonías.

LOS TIEMPOS

La historia de los hijos de David se ubica en el siglo diez A. C. *La historia de Amnón se encuentra en 2 Samuel 13; la de Absalón, en 2 Samuel 13 al 18 y la de Adonías, en 1 Reyes 1-2.35.*

Es imposible para los lectores de hoy leer las historias de David y sus hijos sin considerar la difícil situación de las mujeres que fueron utilizadas y abusadas por ellos. Betsabé, Tamar, las diez concubinas del rey, Abisag. Todas estaban a merced de los hombres.

A pesar de que las mujeres en Israel tenían menos derechos que los hombres, su posición era generalmente mejor que la de las mujeres en las culturas circundantes. Por ejemplo, de acuerdo con las leyes asirias medias (desde alrededor de 1114-1076 a. c.), un hombre casado que violaba a una mujer soltera tendría que casarse con ella. Si bien ese modo de «castigo» sería impensable en las sociedades modernas, también se practicaba en el antiguo Israel (ver Deuteronomio 22.28-29).

Pero las leyes en Asiria Media iban aún más lejos. El violador tendría que entregar a su propia esposa para que ella también pudiera ser violada. Además, las leyes asirias medias permitían a los esposos castigar a sus esposas arrancándoles el pelo, azotándolas o golpeándolas, o incluso mutilándoles sus orejas.

Ya que los mandamientos del Antiguo Testamento eran diferentes de las leyes de las culturas circundantes, tendían a moverse en la dirección de un mayor respeto por la vida humana y una mayor igualdad entre los sexos.[11]

Como rey, David tenía una familia enorme: diecinueve hijos de esposas múltiples y un número desconocido de hijos por concubinas. También debe haber tenido muchas hijas.

Si bien la gran cantidad de esposas podía dar origen a hogares disfuncionales, para los hombres ricos y poderosos eran un símbolo de estatus. En la sociedad común, la mayoría de los hombres no se casaban más de una vez. Cuando podían hacerlo, a menudo era por razones prácticas ya que las esposas múltiples significaban más mano de obra familiar.

En el caso de los matrimonios reales, a menudo las esposas se usaban como una forma de forjar alianzas. Aunque las concubinas eran aceptadas en la familia, tenían un estatus inferior al de las esposas y a menudo eran adquiridas como trofeos de guerra o como esclavas.

No es de extrañar que con tantas guerras, un reino que gobernar y una familia enorme por la que velar, David no siempre estuviera cerca de sus hijos.

ALGO PARA PENSAR

1. El escritor de Proverbios dice: «Con el orgullo viene el oprobio; con la humildad, la sabiduría» (Proverbios 11.2). ¿Dónde encuentras evidencia de orgullo y humildad en estas historias?

2. Cada uno de los tres hijos de David se involucraron en el engaño. ¿Qué similitudes y diferencias reconoces en los motivos que tuvieron para engañar? ¿Cómo se manifiesta el deseo de poder en la historia de cada hijo?

3. Se ha dicho que «las personas heridas hieren a las personas". En otras palabras, lo que comienza como una herida

relacional puede convertirse en una plataforma de lanzamiento para el pecado. ¿Cómo reconoces esta dinámica en la familia de David? ¿Cómo las fallas morales de David llevaron a disfunciones y fracasos dentro de su familia? ¿De qué maneras, si las hay, podrían tus heridas relacionales herir a otros?

4. Tómate tiempo para pensar en las mujeres de estas historias: Tamar, la mujer astuta contratada por Joab, las concubinas de David, Abisag, Betsabé. ¿De qué manera estas mujeres se sintieron impotentes ante sus circunstancias? ¿De qué manera ejercieron el poder?

5. En *Carta desde la cárcel de Birmingham*, Martin Luther King escribió: «La injusticia en cualquier parte es una amenaza para la justicia en todas partes». ¿Cómo se manifiesta la verdad de esta observación en estas historias?

CAPÍTULO 21

LA HISTORIA DE JONÁS

Cómo un profeta que no quiso tragarse su orgullo terminó siendo tragado por un pez

¿A dónde podría alejarme de tu Espíritu? ¿A dónde podría huir de tu presencia? Si subiera al cielo, allí estás tú; si tendiera mi lecho en el fondo del abismo, también estás allí. Si me elevara sobre las alas del alba, o me estableciera en los extremos del mar, aun allí tu mano me guiaría, ¡me sostendría tu mano derecha!

SALMOS 139.7-10

Ve a Nínive. Ve a Nínive. La voz es tranquila pero persistente, tanto, que Jonás ben Amittai no puede dormir. Acurrucado en un rincón de su casa, se cubre la cabeza con la cobija, con la esperanza de no seguir oyendo. Pero no hay nada que detenga esa voz. La verdad es que no tiene ningún interés en seguir escuchándola.

Ve a la gran ciudad de Nínive y predica contra ella, porque su maldad ha llegado ante mí.

Las palabras vienen en un susurro, pero golpean como un martillo. Mientras trata de ignorarlas, un dolor cada vez más fuerte empieza a sentir entre sus sienes.

Lo que escucha es algo que no puede entender. ¿Que Dios le esté ordenando que viaje quinientos kilómetros al noreste a una ciudad llena de belicistas y tramposos, gente malvada que odia a la gente de Dios y no respeta ni obedece sus leyes? Como la mayoría de los israelitas, Jonás teme y odia a los asirios, que siempre han sido sus opresores. ¿Cómo, en nombre de Dios, podría predicar a degenerados como ellos?

Jonás está entre los profetas más patriotas de Israel. ¿No había predicho él el próspero gobierno de Jeroboam II? A pesar de las fallas obvias del rey, Jonás está contento de que Dios esté trabajando a través de este poderoso monarca para expandir las fronteras de Israel en un momento en que el poder asirio está menguando visiblemente. Por fin, Israel se ha convertido en lo que siempre ha deseado ser —la cabeza y no la cola— una de las naciones más poderosas de la región.

Pero ahora Dios le está pidiendo que él, un profeta leal de Israel, viaje a la gran ciudad asiria para proclamar la palabra del Señor. Como Jonás preferiría predicar a los cerdos antes que a los ninivitas, toma una decisión audaz. En lugar de dirigirse rumbo noreste, decide ir al suroeste. Espera llegar al puerto de Jope, en el Mar Mediterránco. A medida que se acerca al puerto, ve varias naves fenicias. Se decide por una de un solo mástil con una gran vela rectangular, compra su tiquete, sube a bordo y busca un lugar tranquilo para descansar. Esta nave con forma de bañadera lo llevará, junto con algunos otros, hasta Tarsis. muy lejos de Nínive.

La nave zarpa bajo un sol brillante y un cielo azul claro. Todo hace suponer un viaje placentero; sin embargo, cuando nadie lo espera, el cielo se oscurece, se carga de nubes amenazantes, truenos y relámpagos anuncian una feroz tormenta y el cielo parece romperse a pedazos. La nave se torna ingobernable y los marineros temen que se rompa. Para aligerarla, lanzan la carga al mar.

Pero la tormenta sigue haciendo estragos.

Jonás era de Gat Hefer, una ciudad a unos cinco kilómetros al norte de Nazaret. Es el único profeta del Antiguo Testamento que proviene de la región de Galilea. ■

Aterrorizados, claman a sus dioses:

«¡Baal Hadad, sálvanos!». «¡Baal Chamán, ven a nuestro rescate!». «Baal Malage, escucha nuestras oraciones, ¡nos vamos a morir!».

Esperan que por lo menos una de estas deidades los escuche y acuda a socorrerlos apaciguando al dios del mar embravecido.

Mientras tanto, Jonás permanece bajo cubierta, acurrucado cómodamente en una cama improvisada donde se ha dormido, sin duda cansado por el esfuerzo de huir de Dios.

Desesperado por descubrir quién ha ofendido a la deidad, el capitán lo despierta, gritando para hacer oír su voz por sobre el aullido del viento.

«¿Cómo puedes dormir con esta tormenta? ¡Levántate y clama a tu dios! Quizás él se fije en nosotros y no perezcamos».

Jonás se levanta y sube a cubierta. Los marineros, entonces, ponen en acción un plan para descubrir la fuente del problema.

«Vamos, echemos suertes para averiguar quién tiene la culpa de que nos haya venido este desastre» dicen.

Entonces, todos ponen un pequeño objeto en un recipiente. Creen que el dios ofendido sacudirá el recipiente y el objeto que salte fuera, indicará al culpable. De alguna manera, el culpable de todo resulta ser Jonás.

Enfrentándolo, los marineros lo llenan de preguntas.

«¿De dónde eres?». «¿A qué te dedicas?». «¿Cuál es tu país?». «¿Quiénes son tu pueblo?».

«Soy hebreo» responde Jonás. «Y adoro a Jehová, el Dios del cielo, que hizo el mar y la tierra».

Los hombres están asombrados por lo que acaban de oír, pues ninguna deidad en su panteón tiene tanto poder: un dios que no solo haya creado el mar sino que también lo gobierna.

Cuando Jonás confiesa que está huyendo de este Dios todopoderoso, no le pueden creer.

«¡Qué has hecho! ¿Dinos qué debemos hacer para que el mar se calme?».

«¡Arrójenme por la borda y el mar se calmará!» les dice. «Es mi culpa que esta tormenta se haya desatado sobre ustedes».

Pero los marineros son hombres de principios que temen a los dioses. No tienen ningún deseo de derramar sangre inocente, ni quieren arriesgarse a enojar a una deidad poderosa matando a su siervo. Así es que en lugar de arrojar al mar al profeta desobediente, deciden intentar tocar tierra. Pero mientras más se esfuerzan para conseguir su propósito, más furiosa es la tormenta.

Ya sin saber qué hacer, los marineros claman al Dios de Jonás: «Oh, Señor, tú haces lo que quieres. No nos hagas perecer por quitarle la vida a este hombre, ni nos hagas responsables de la muerte de un inocente».

Después de eso toman a Jonás y lo lanzan al mar embravecido.

Apenas toca Jonás su tumba acuosa, la tormenta se detiene. Al ver esto, se apodera de los marineros un profundo temor al Señor y le ofrecen sacrificios.

Están agradecidos por la misericordia que les ha mostrado el Dios de Jonás. Pero ¿qué ha pasado con el pobre Jonás? Ha caído al agua con los ojos bien abiertos, pateando el aire en todas direcciones y agitando los brazos para tratar de aguantar lo mejor posible la caída.

No importa lo fuerte que patee, no puede romper la superficie. Mientras se hunde en el agua, ora pidiendo a Dios que lo salve. Pero sigue hundiéndose. La oscuridad es tan completa y la corriente es tan fuerte que ya no sabe en qué dirección va. Eso tampoco le importa mucho. Siente que le quedan solo unos cuantos segundos de vida. Finalmente, cuando ya no puede retener la respiración, abre la boca y el mar penetra precipitadamente dentro de él.

La Biblia habla de un gran pez, sin especificar que se tratara de una ballena. De haber sido una ballena, Jonás estaría entonces en su boca. Técnicamente, las ballenas no son peces sino mamíferos que necesitan salir a la superficie periódicamente para obtener aire que inhalan y exhalan a través de un orificio en la parte superior de su estructura ósea. ∎

Después de eso, lo inunda una profunda paz. Olvidando lo que lo hizo entrar en pánico, se alegra de flotar en el vasto y oscuro mar, su cuerpo ondulando suavemente en aguas tranquilas. Pero un segundo antes de que su corazón deje de latir y su alma se escape al más allá, algo extraño y maravilloso sucede. Una enorme criatura marina se le aproxima, abre su enorme boca y se lo traga.

Acostado dentro de la boca de la criatura, Jonás tose y escupe, y luego cae en un estado de inconsciencia que va y viene. Con cierta regularidad, el monstruo sube a la superficie para respirar antes de nadar de nuevo hacia lo profundo. Gradualmente, Jonás va recuperando los sentidos. Permanece en el pez durante tres largos días con sus interminables noches. Finalmente, desde el interior del pez abre la boca y comienza a orar, diciendo:

> En mi angustia clamé al Señor,
>   y él me respondió.
> Desde las entrañas del sepulcro pedí auxilio,
>   y tú escuchaste mi clamor.
> A lo profundo me arrojaste,
>   al corazón mismo de los mares;
> las corrientes me envolvían,
>   todas tus ondas y tus olas pasaban sobre mí.
> Y pensé: "He sido expulsado
>   de tu presencia.
> ¿Cómo volveré a contemplar
>   tu santo templo?"
> Las aguas me llegaban hasta el cuello,
>   lo profundo del océano me envolvía;
> las algas se me enredaban en la cabeza,
>   arrastrándome a los cimientos de las montañas.
> Me tragó la tierra, y para siempre
>   sus cerrojos se cerraron tras de mí.
> Pero tú, Señor, Dios mío,
>   me rescataste de la fosa.
> »Al sentir que se me iba la vida,
>   me acordé del Señor,

y mi oración llegó hasta ti,
   hasta tu santo templo.
»Los que siguen a ídolos vanos
   abandonan el amor de Dios.
Yo, en cambio, te ofreceré sacrificios
   y cánticos de gratitud.
Cumpliré las promesas que te hice.
   ¡La salvación viene del Señor!

A pesar de que Jonás está morando en una profunda oscuridad en las partes más extremas del mar, Dios escucha su oración desesperada y lo rescata ordenando a la criatura que lo vomite en tierra firme.

Escupiendo y tosiendo mientras se saca el limo y las algas de la cara, intenta ponerse de pie, pero lo más que hacer es arrastrarse. Aunque parece medio muerto, tiene ganas de celebrar porque Dios lo ha rescatado.

Y Dios le vuelve a hablar, diciéndole lo que ya le había dicho antes: *Ve a la gran ciudad de Nínive y proclama el mensaje que te doy.*

Esta vez no hay disimulo. Jonás se va a Nínive, donde pasa tres días recorriendo la ciudad, predicando en cada esquina:

«¡Dentro de cuarenta días, Nínive será destruida!». «¡Dentro de cuarenta días, Nínive será destruida!». Pero su corazón no está en eso.

Para su gran sorpresa, multitudes comienzan a reunirse. Los ninivitas están ansiosos por ver a este profeta extranjero y escuchar el mensaje que transmite. Mientras más denuncia su pecado, más la gente lo escucha, se golpea el pecho y confiesa su culpa. En lugar de apedrearlo, no dejan ir ni una de sus palabras.

Dado que Asiria ha sido destrozada por revueltas y plagas sucesivas, su gente está desesperada por sentir alivio. Como adoran a muchos dioses, siempre hay lugar para uno más. Así que abrazan al Dios de Jonás, acogiendo su mensaje. Tan pronto como el mensaje del profeta llega a los oídos del rey de Nínive, éste se quita su túnica real, se cubre de cilicio y se sienta en el polvo. Y en seguida emite la siguiente proclama:

El cilicio era el vestido habitual de los pobres y de los prisioneros y esclavos. Con frecuencia hecho de pelo de cabra, también era usado por personas que estaban de luto. Como señal de que estaban dolidos por los pecados del pueblo, los profetas también llevaban tela de saco.[1] ■

«Ninguna persona o animal, ni ganado lanar o vacuno, probará alimento alguno, ni tampoco pastará ni beberá agua. Al contrario, el rey ordena que toda persona, junto con sus animales, haga duelo y clame a Dios con todas sus fuerzas. Ordena así mismo que cada uno se convierta de su mal camino y de sus hechos violentos. ¡Quién sabe! Tal vez Dios cambie de parecer, y aplaque el ardor de su ira, y no perezcamos».

Cuando Dios ve al rey de Nínive y a todos sus nobles y a todo el pueblo humillándose y vistiéndose de cilicio, responde con compasión. Porque los ninivitas están dispuestos a apartarse de sus malos caminos, él olvidará la destrucción con la que los ha amenazado. Pero en lugar de regocijarse ante este impresionante giro de 160 grados y de agradecer a Dios por su gran misericordia, Jonás golpea el suelo con sus pies y blande el puño.

«¡Oh Señor!» ora «¿No era esto lo que yo decía cuando todavía estaba en mi tierra? Por eso me anticipé a huir a Tarsis, pues bien sabía que tú eres un Dios bondadoso y compasivo, lento para la ira y lleno de amor, que cambias de parecer y no destruyes. Así que ahora, Señor, te suplico que me quites la vida. ¡Prefiero morir que seguir viviendo!»

«¿Tienes razón de enfurecerte tanto?» replica el Señor.

Amargo y decepcionado, Jonás abandona Nínive y se instala en una pequeña colina con vista a la ciudad. Construye un pequeño refugio para guarecerse y esperar a ver qué ocurrirá. Para su alegría, Dios lo provee de una enredadera, haciéndola crecer sobre su cabeza para que pueda sentarse cómodamente bajo su sombra.

Pero al amanecer del día siguiente, el Señor manda un gusano que empieza a comerse la planta y la hace marchitar. Con el sol naciente viene un viento abrasador del este. Jonás siente tanto calor que cree que se va a desmayar. Deprimido y enojado, dice:

«¡Prefiero morir que seguir viviendo!»

Pero Dios le dice:

«¿Tienes razón de enfurecerte tanto por la planta?».

«¡Claro que la tengo!» le respondió. «¡Me muero de rabia!».

Por contraste, es probable que en ese momento solo vivieran cerca de treinta mil personas en la ciudad capital de Samaria en Israel. Incluso menos personas vivían en Jerusalén.[2] ∎

El Señor le dice:

«Tuviste tú lástima de la calabacera, en la cual no trabajaste, ni tú la hiciste crecer; que en espacio de una noche nació, y en espacio de otra noche pereció ¿y no tendré yo piedad de Nínive, aquella gran ciudad donde hay más de ciento veinte mil personas que no saben discernir entre su mano derecha y su mano izquierda, y muchos animales?».

Así termina la historia de Jonás, con una pregunta que cada uno de nosotros tiene que responder. Si Dios tiene compasión por los que están lejos de él, ¿cuál debe ser nuestra actitud hacia esas personas? Además, si los habitantes de una ciudad pecadora como Nínive pueden arrepentirse y volverse al Dios que los ama, ¿por qué no podemos nosotros, como personas amadas por Dios, humillarnos al alejarnos de nuestros pecados y confiar en su misericordia?

LOS TIEMPOS

La historia de Jonás pudo haber tenido
lugar entre los años 770 y 750 A. C.
El relato se encuentra en los capítulos 1 al 4 del libro de Jonás.

Desde los años 782 a. c. hasta 745 a. c., Asiria se vio debilitada por una serie de reveses militares, levantamientos internos y hambrunas. Además de eso, en el año 763 a. c. hubo un eclipse de sol, que los asirios habrían considerado un mal presagio. Es posible que estos factores hayan contribuido al arrepentimiento espontaneo mostrado por los ninivitas cuando escucharon el anuncio de Jonás. Durante este período, mientras los asirios perdían fuerza, Israel la incrementaba y prosperaba.

El libro de Jonás es uno de los libros más controvertidos de la Biblia porque algunos eruditos lo ven como una crónica histórica y otros como un relato ficticio que se debe leer como tal. Los que lo ven como ficción fechan el libro en un período posterior, en algún momento después del siglo VI a. c. ∎

Jeroboam II había restaurado con éxito los límites de los días de Salomón, tal como Jonás había predicho que lo haría. A pesar de la prosperidad de Israel, había una brecha creciente entre ricos y pobres y una complacencia espiritual generalizada.

La historia de Jonás estaba destinada a confrontar a los israelitas con sus propios pecados.

En el siglo VIII a. c., Nínive y Tarsis se encontraban en los extremos opuestos del mundo de Jonás. Claramente, la intención de Jonás de irse lo más lejos posible era evitar predicar un mensaje que pudiera permitirles a los odiados asirios arrepentirse y evitar así el castigo divino.

Para escapar, Jonás abordó un barco que probablemente estaba tripulado por marineros fenicios. Como otros en el antiguo Oriente Medio, los fenicios creían que sus dioses habían domesticado aunque no abolido las fuerzas del caos. Se pensaba que estas fuerzas amenazantes estaban especialmente presentes en el mar caótico. El capitán de la nave instó a Jonás a orar porque con tantos dioses, nunca

se podría saber cuál de todos podría estar disgustado o cuál podría venir en su rescate. Dios demostró su poder al dominar el mar y rescatar a Jonás. El libro de Jonás no solo muestra el poder de Dios sino también su compasión y misericordia. Al enviar a su renuente profeta a predicarles a los ninivitas, Dios estaba enviando un mensaje a todos en Israel. Si incluso sus peores enemigos eran capaces de arrepentirse, seguramente ellos también.

ALGO PARA PENSAR

1. Muchas personas tienden a pensar que Dios está enojado o ansioso por condenar a los que hacen lo malo. Esta historia desafía esa perspectiva al retratar no a Dios sino a Jonás como el que está ansioso por impartir condenación y castigo. ¿Hay veces en que reconoces una tendencia similar a Jonás en ti mismo? ¿Qué situaciones tienden a hacerte rápido para juzgar y condenar? ¿Por qué?

2. ¿Cuándo estás más presto a tratar de huir de Dios para alejarte de sus órdenes y voluntad?

3. Aunque la historia de Jonás habla de un juicio inminente contra el pecado, también revela la compasión de Dios. ¿Dónde ves evidencia de esto en la historia?

4. ¿Qué hace Dios, y no hace, en un esfuerzo por traer de vuelta a Jonás? ¿Alguna vez ha usado Dios un enfoque similar para hacerlo contigo? Si es así, describe las circunstancias y los resultados. ¿Qué revela la historia de Jonás sobre cómo debemos pensar respecto de nuestros enemigos y de los individuos, comunidades o naciones que parecen estar lejos de Dios?

CAPÍTULO 22

LA HISTORIA DE JEZABEL

Cómo una reina mala aprende que no es inteligente pelear contra Dios

Los reyes de la tierra se revelan; los gobernantes se confabulan contra el Señor y contra su ungido. Y dicen: «¡Hagamos pedazos sus cadenas! ¡Librémonos de su yugo!». El rey de los cielos se ríe; el Señor se burla de ellos. En su enojo los reprende, en su furor los intimida.

SALMOS 2.2–5

Sus labios rojos se destacan contra la piel del color de la orilla del mar. Mientras camina, se puede escuchar el tintineo de los pequeños adornos atados a sus pies y tobillos. Los mechones de pelo negro rizado entrelazados firmemente serpentean hasta la mitad de la espalda, en dos trenzas cortas que caen una a cada lado. En su muñeca, un brazalete de oro con la cola de una serpiente en un extremo y la cabeza de un león en el otro. Con la espalda recta, la cabeza alta, y una banda de oro adornando su frente, es la imagen de una rica y poderosa mujer fenicia. Si no fuera por la mirada maliciosa que baila alrededor de sus ojos luciría encantadora.

¿Qué complot estará tramando ahora? No mucho tiempo atrás uno de sus vecinos, un hombre llamado Nabot, había sido ejecutado por cargos falsos debido a que Jezabel quería confiscar su viña para presentársela como un pequeño regalo agradable a Acab, su marido. Mientras residía en su palacio de invierno en Jezrel, el rey Acab había ofrecido comprar la hermosa viña de Nabot, pero estúpidamente, el hombre se había negado a venderla. Frustrado por este don nadie, Acab se había ido a su cama de mal humor, negándose a comer.

Asombrada de que un rey no pudiera tomar lo que su corazón deseaba, Jezabel no tardó en urdir un plan. Hizo arreglos para que Nabot fuera condenado por delitos graves de tal manera que perdiera la vida

Esto es lo que dice la Biblia acerca del marido de Jezabel: «Nunca hubo nadie como Acab que, animado por Jezabel su esposa, se prestara para hacer lo que ofende al Señor. Su conducta fue repugnante, pues siguió a los ídolos, como lo habían hecho los amorreos, a quienes el Señor expulsó de la presencia de Israel». (1 Reyes 21.25-26). ■

y sus tierras. Semanas después, los gritos del pobre hombre seguían resonando en los oídos de los que conspiraron contra él, haciendo caso omiso de sus ruegos por misericordia bajo la andanada de piedras que cobraron su vida.

El poder es una cosa terrible en manos de una persona malvada, pero es peor cuando esa persona pretende ser intensamente religiosa, como lo es Jezabel. Y no es de extrañar. Su papá es Et Baal, sacerdote, rey de Sidón, que sirve al jinete de las nubes, al dios de la tormenta, que trae la lluvia y la prosperidad. Este es el dios al que llaman Baal, al cual ella y su padre adoran.

Así como todos los matrimonios reales deberían ser, el matrimonio de Acab y Jezabel es estratégico, dándoles a los fenicios acceso a los mercados internos mientras le provee a Israel el acceso a los ricos mercados del Mediterráneo. A pesar de su creciente poder, Jezabel tiene enemigos, uno en particular. Su nombre es Elías, ¡y vaya que la impacienta ese profeta astuto!

Después de casarse con el rey de Israel, Jezabel trabaja duro para alejar los corazones del pueblo de su Dios, Jehová. Decidida a establecer a Baal como la máxima deidad reinante sobre Israel, les da muerte a todos los profetas que puede aprehender. Sin embargo, algunos la eluden, entre los cuales está el peor de todos, Elías, ese loco que afirma haber cerrado los cielos provocando sequía y hambre debido a que ni ella ni Acab se van a doblegar ante el Dios de Israel. Punto y aparte. Incluso ahora se pone furiosa al recordar la peor de sus escapadas en lo que ha sido el día más humillante de su vida. Su marido el rey acababa de regresar del monte Carmelo con noticias terribles.

«¡Elías nos ha convertido en el hazmerreír!», le dice.

El viejo enemigo de Jezabel había aparecido otra vez, reprendiendo al rey por rendirse a la influencia de su esposa y dedicarse a la construcción de un templo para Baal:

«Has abandonado a Dios, eligiendo seguir a los baales y creándole problemas a Israel», le echa en cara.

¡Qué insolencia! ¿Cómo pudo ese despreciable profeta atreverse a regañar a un rey?

Acab continúa con su triste historia.

«Invita a los ochocientos cincuenta profetas de Baal y Asera», me dijo Elías, «a los que tu mujer alimenta en su mesa, a reunirse conmigo en el monte Carmelo. Allí vamos a resolver la cuestión de una vez por todas acerca de quién es realmente Dios: Baal o Jehová.

»Traigan dos toros y deja que los profetas de Baal corten uno en pedazos y lo pongan sobre la leña sin encender el fuego. Después de eso, yo voy a preparar el otro toro, colocándolo sobre la leña, pero sin encender el fuego tampoco. Luego, que los profetas de Baal clamen a su dios y yo invocaré al mío. El dios que responda con fuego, ese es Dios».

Acab le dice a modo de confidencia a Jezabel:

«Hubiera parecido débil de mi parte rechazar su desafío. Además, pensé que con una apuesta tan fácil podríamos finalmente deshacernos de ese hombre con una buena patada en el trasero. Así que llamé a los profetas y presentaron su sacrificio en el altar, gritando y bailando alrededor de él, clamando e implorando:

> Baal, dios del trueno,
>   dios de la tormenta, que cabalgas sobre las nubes,
> arroja tus rayos,
>   quema la ofrenda que hemos preparado.
> ¡SEÑOR de la tierra fértil,
>   el más grande de todos los dioses guerreros,
> vindica tu buen nombre
>   y manifiesta tus fuerzas!

»Seguramente Baal responderá a hombres de tanta pasión, pensé. Y esperamos hora tras hora, pero no pasó nada. Ni rayos ni relámpagos. Ni siquiera una chispa.

»Miré a Elías, ese viejo estúpido, y lo vi estremeciéndose de risa. "¡Griten más fuerte!", chillaba. "Tal vez Baal está durmiendo y no se puede despertar. O tal vez anda de viaje, o tal vez se ha taponeado los oídos con algodón".

»Me dieron ganas de abofetearlo.

»Con la llegada de la noche llegó su turno. Increíblemente, comenzó haciendo el desafío aun peor: vertió cuatro jarras de agua sobre su sacrificio, empapándolo todo. Y no una, sino tres veces.

»¡Imbécil! Qué ridículo se va a ver cuando no pase nada, me dije. Y en ese momento clamó, invocando al Dios de Abraham, Isaac e Israel.

»De repente, el cielo se abrió y fuego bajó impetuoso cubriendo todo el altar y lamiendo hasta la última gota de agua que había en la zanja. Consumió el holocausto, la leña, las piedras, e incluso la suciedad debajo de ellas».

Recordando la escena, el rey se esfuerza por terminar.

«Cuando todo el pueblo vio esto, se postró y exclamó: "¡El Señor es Dios! ¡El Señor es Dios!".

»Después de eso, Elías le dijo al pueblo: "¡Agarren a los profetas de Baal! ¡Que no escape ninguno!"».

Jezabel está temblando, pero no de miedo, sino con una furia que corre a través de ella como una oleada de poder, haciéndola sentir invencible. No sabe ni le preocupa cómo Elías ha hecho funcionar su magia. No hay espacio en su corazón para la curiosidad, solo para la venganza. Sim embargo, hay una cosa que sí sabe. El anciano deberá ser castigado. No le puede permitir que la humille de esa manera. Va a complacer al señor Baal defendiendo su honor mientras aplasta al hombre que les ha provocado tantos problemas.

De una vez, despacha a un mensajero para que le lleve a Elías esta amenaza:

«Que los dioses me castiguen sin piedad si mañana a esta hora no te he quitado la vida como tú se la quitaste a mis profetas».

Lo que sucede es que los dioses en realidad se ocupan de Jezabel, pero decir ahora cómo esto ocurre sería apresurar el final de la historia.

Con la ayuda de un ángel, Elías huye, escondiéndose muy lejos, de modo que la reina malvada pronto se da cuenta de que es imposible matar a un hombre al que no puede encontrar.

El tiempo pasa.

Con todo, Jezabel sigue siendo la misma, solo que más mala de lo que lo ha sido hasta ahora, regodeándose con su más reciente triunfo: la cuestión de Nabot y el viñedo robado.

Sin embargo, el Dios que ve todas las cosas —el Dios de Abraham, Isaac e Israel, el Dios conocido como Jehová— tiene su ojo sobre Jezabel y su malvado esposo. Y este Dios anima a su siervo Elías, diciéndole: «Ve a encontrarte con Acab, rey de Israel, que gobierna en Samaria. En este momento se encuentra en el viñedo de Nabot, tomando posesión del mismo. Dile que así dice el Señor: "¿No has asesinado a un hombre, y encima te has adueñado de su propiedad?". Luego dile que así también dice el Señor: "¡En el mismo lugar donde los perros lamieron la sangre de Nabot, lamerán también tu propia sangre!"...

»Y en cuanto a Jezabel, el Señor dice: "Los perros se la comerán junto al muro de Jezrel"».

El rey, con todo y rey que es, apenas se atreve llevar la noticia de esta última amenaza a la reina. Para su sorpresa, Jezabel simplemente echa la cabeza hacia atrás y se ríe. Se ríe tanto y tan fuerte que Acab piensa que no va a detenerse nunca.

Pasan los años.

Un día, Acab sale a la batalla acompañado de Josafat, rey de Judá.

«Yo entraré a la batalla disfrazado, pero tú te pondrás tu ropaje real», le dice.

El idiota de Josafat hace precisamente lo que Acab le pide que haga.

Mientras tanto, su enemigo, el rey de Siria, instruye a sus comandantes, diciéndoles:

«No peleen con nadie, grande o pequeño, excepto con Acab, rey de Israel. Una vez que hayamos dado cuenta de él, la batalla habrá terminado».

Cuando los soldados ubican a Josafat, ataviado con las vestiduras reales, asumen que han dado con su objetivo. Sin embargo, cuando Josafat les grita para evitar que lo maten, se dan cuenta de su error. Entonces, olvidándose de él, se lanzan a la caza de Acab.

Un arquero dispara una flecha aparentemente al azar. La flecha vuela veloz y directo a través de largas filas de hombres, hasta que por fin llega a su destino: el rey Acab disfrazado. La flecha se abre camino por entre las piezas de su armadura. Herido de muerte, Acab le ordena al que conducía su carro que lo saque del campo de batalla. Apoyado como un pendón roto, el rey muere lentamente mientras la sangre que brota de la herida cubre el piso del carro.

Cargando el cuerpo de su otrora gran rey hacia el palacio real, sus soldados dejan el carro para lavarlo en una pileta frecuentada por las prostitutas. Entonces los perros lamen la sangre de Acab tal como el Dios de Elías lo había predicho.

Pasan más años.

Por ese tiempo, Elías ha sido trasladado al cielo y su lugar lo ha tomado su ayudante, Eliseo. Aunque Jorán, el hijo de Jezabel, está reinando en el lugar de Acab, Eliseo da órdenes secretas para que un hombre intrépido de nombre Jehú, comandante en el ejército de Jorán, sea ungido como el nuevo rey de Israel.

Eliseo nombra a un ayudante, otro profeta, para que lleve a cabo esta peligrosa misión. Tan pronto como localiza a Jehú, el mensajero lo lleva a una habitación privada, vierte aceite sobre su cabeza, y le dice:

«Así dice el Señor, Dios de Israel: "Ahora te unjo como rey sobre mi pueblo Israel. Destruirás a la familia de Acab, tu señor, y así me vengaré de la sangre de mis siervos los profetas; castigando a Jezabel, vengaré la sangre de todos mis siervos. Toda la familia de Acab perecerá [...] Y en cuanto a Jezabel, los perros se la comerán en el campo de Jezrel, y nadie le dará sepultura"».

Entonces el profeta abre la puerta de la habitación en la que acaba de ungir a Jehú rey y sale corriendo para salvar la vida.

Sin pérdida de tiempo, Jehú comienza a marchar hacia Jezrel, donde reside Jorán, el hijo de Jezabel. Cuando el centinela del palacio lo ve, grita:

«¡Se acercan unas tropas!».

En seguida Jorán ordenó:

«Llama a un jinete y mándalo al encuentro de las tropas para preguntarles si vienen en paz».

El jinete se fue al encuentro de Jehú y le dijo:

«El rey quiere saber si vienen en paz».

«¿Y a ti qué te importa?» replicó Jehú. «Ponte allí atrás».

Entonces el centinela anunció:

«El mensajero ya llegó hasta ellos, pero no lo veo regresar».

Por tanto, el rey mandó un segundo jinete. Cuando alcanza a Jehú y sus hombres, le pregunta:

«El rey quiere saber si vienen en paz».

«Eso a ti no te importa» replicó Jehú. «Ponte allí atrás».

El centinela informó de nuevo:

«Ya llegó el mensajero hasta ellos, pero no lo veo regresar. Además, el que conduce el carro ha de ser Jehú hijo de Nimsi, pues lo hace como un loco».

«¡Enganchen el carro!» ordenó Jorán, rey de Israel.

Enseguida, sale al encuentro de Jehú. Ambos se enfrentan, precisamente en los terrenos que Jezabel le había arrebatado a Nabot.

«Jehú, ¿vienes en paz?».

«¿Cómo puede haber paz mientras haya tantas idolatrías y hechicerías de tu madre Jezabel?» replicó Jehú.

Demasiado tarde, Jorán se vuelve para huir, pero Jehú le dispara una flecha que se le clava justo entre los hombros. El cuerpo cae a tierra. Jehú sigue cabalgando. Solo una vez mira atrás para ver al rey muerto, cuyo cadáver yace en el mismo terreno que una vez perteneció a Nabot.

Jehú prosigue su marcha.

Cuando Jezabel oye que viene por ella, no intenta escapar sino que corre al tocador. Ayudándose con un espejo de plata, examina su rostro, que ha perdido su lozanía. La malicia alrededor de sus ojos se ha endurecido. Los labios que una vez fueron redondos y llenos forman ahora una especie de cicatriz a través de la cara. Con mano temblorosa comienza a pintarse los ojos. Luego se cepilla el pelo. Externamente en calma, puede sentir los fuertes latidos de su corazón. Arreglándose la cabellera, la reina malvada se para junto a la ventana para ver a Jehú cuando llegue.

¿Está planeando seducirlo o resistirse a él? Sus asistentes no lo saben.

Sus siguientes palabras lo aclaran. Tan pronto como Jehú está al alcance de oírla, le grita:

«¿Has venido en paz, asesino de tu señor?».

Haciendo oídos sordos a la acusación, Jehú trata a la reina como si fuera nadie. Dirigiéndose a los servidores que están de pie a su lado, les grita:

«¿Quién está de parte mía? ¿Quién de ustedes? ¡Échenla abajo!».

En un instante, la mujer que se había hecho enemiga de Dios asesinando a sus profetas y robando los corazones de aquellos que le pertenecen es lanzada por la ventana, cayendo con un golpe seco sobre el suelo. Allí es pisoteada por los caballos.

Después, mientras Jehú come y bebe, recuperándose del duro trabajo de cometer regicidio, se le ocurre que Jezabel debe ser sepultada.

«Ocúpense de esa mujer maldita y entiérrenla, porque era la hija de un rey», le dice a su gente.

Sin embargo, ya es demasiado tarde.

En el momento en que llegan a ella, ven que casi nada queda de Jezabel. Ni la túnica púrpura que llevaba, ni siquiera una hebra de su cabello. Solo un cráneo más bien pequeño y los pies y las manos tirados en el suelo como basura.

Cuando Jehú oye la noticia, simplemente se encoge de hombros y dice:

«Se ha cumplido la palabra que el Señor dio a conocer por medio de su siervo Elías el tisbita, que dijo: "En el campo de Jezrel los perros se comerán a Jezabel". De hecho, el cadáver de Jezabel será como estiércol en el campo de Jezrel, y nadie podrá identificarla ni decir: "Ésta era Jezabel"».

La reina Jezabel, cuya maldad fue legendaria, de repente dejó de existir. ¿En qué terminaron sus malvados planes y conspiraciones despreciables? En nada. Al final, ella y su familia perecieron, y todo vestigio de su existencia quedó completamente borrado. Ciertamente, el suyo es el destino de todos los malos. Capaz de crecer por un tiempo, el mal es como una niebla que de pronto desaparece al calor de la ira del Señor para nunca volver a verse.

Así termina la historia de la reina más malvada de la Biblia, una mujer excepcionalmente persistente que descubrió demasiado tarde que luchar con Dios no trae beneficios.

LOS TIEMPOS

La historia de Jezabel se ubica durante los años 873 a 841 A. C.

Se encuentra en 1 Reyes 16.29-33;

18.1—19.2; 21.1-25; 2 Reyes 9.

Después de la muerte de Salomón, las tribus de Israel se dividieron en dos, con Israel en el norte y Judá en el sur. La historia de Jezabel y Acab se desarrolla en Israel.

Siendo uno de los más fuertes personajes femeninos en la Biblia, ella es también una de las pocas mujeres que se describen como terriblemente malas. Como una muestra de desprecio, el escritor bíblico distorsiona deliberadamente su nombre fenicio, que significa «el príncipe Baal existe», reemplazándolo con un nombre hebreo que transmite un insulto no tan sutil. La palabra hebrea significa: «¿Dónde está el excremento (estiércol)?».

Además de darles muerte a los profetas de Israel, Jezabel promovió activamente el culto a Baal, usando su considerable riqueza para apoyar a cuatrocientos cincuenta profetas de Baal y a cuatrocientos profetas de Asera, la consorte femenina del dios cananeo El.

Un antiguo sello, que pudo haber pertenecido a Jezabel y tiene su nombre escrito con caracteres fenicios, se descubrió en Samaria, donde gobernó junto con Acab. Aunque ella y Elías eran enemigos acérrimos, el desafío en el monte Carmelo representó la culminación de una guerra continua por la supremacía, no solamente entre dos seres humanos, sino entre Jehová y Baal.

Considerado como el dios de las tormentas y la fertilidad, Baal era ampliamente adorado en toda la región y se le conocía con varios nombres, como Baal Hadad, Baal Hamon o Baal Melqart, dependiendo del lugar. En una sociedad politeísta, la gente creía que los dioses operaban dentro de una estructura jerárquica. Las deidades gobernantes poderosas se asociaban con ciertas naciones, mientras que las deidades menores se conectaban con los clanes y las familias.

Es posible que Acab y Jezabel estuvieran tratando de reemplazar a Jehová por Baal como Dios nacional de Israel.

A diferencia de la mayoría de los profetas de Acab, Elías no estaba al servicio del rey. Como portavoz de Jehová, se separó de otros profetas de la región cuyo trabajo era halagar al rey y legitimar su gobierno. En lugar de adular a Acab y Jezabel, Elías repetidamente arriesgó su vida al atacar el corazón mismo del poder real. Él sabía que la idolatría destruiría a su pueblo, porque llegarían a ser iguales a los ídolos que adoraban en lugar de como el santo Dios que los había elegido para que fueran suyos.

ALGO PARA PENSAR

1. La raíz de la maldad de Jezabel estaba afianzada en la idolatría, que es una forma distorsionada de adoración. La idolatría consiste en darle primacía a algo o alguien que no sea Dios. ¿De qué maneras sutiles y no tan sutiles reconoces tú la idolatría en la cultura contemporánea? ¿Qué formas podría tomar no solo en el mundo más amplio, sino también entre los miembros de tu comunidad, incluyendo la cristiana?

2. ¿Qué nos dice la batalla desigual entre los cuatrocientos cincuenta profetas de Jezabel y el solitario profeta Elías acerca de la naturaleza del poder espiritual? ¿Cómo has experimentado tú el poder de Dios obrando en tu propia vida a pesar de las probabilidades en tu contra?

3. Pasaron años antes de que Acab y luego Jezabel enfrentaran el prometido juicio de Dios. Mientras tanto, es posible que Jezabel haya abrigado la seguridad de que había desafiado a Dios sin consecuencias. ¿Cómo es su historia un llamado de atención sobre lo que les ocurrirá a todos los que desafíen a Dios, ya sea abierta o sutilmente, como a veces sucede en el día de hoy?

CAPÍTULO 23

LA HISTORIA DE GOMER

Cómo una esposa disoluta aprende el significado del verdadero amor

Porque el que te hizo es tu esposo; su nombre es el Señor Todopoderoso. Tu Redentor es el Santo de Israel. ¡Dios de toda la tierra es su nombre!

ISAÍAS 54.5

Ella está de pie afuera en el frío, bajo una lluvia refrescante, dejando que se formen pequeños riachuelos que descienden por sus mejillas hasta sus labios. Es como el lirio del valle que derrama su fragancia por el campo, o como las uvas exuberantes que ponen a los hombres contentos. Fertilidad y fecundidad, celebración y abandono... esas son las fuerzas que fluyen de ella.

Es joven, bella y audaz, siempre está sonriendo. Sus grandes ojos oscuros brillan, atrayendo hacia sí misma una inevitable atención. Dios sabe lo fácil que le resultaría atraer a sus admiradores y con ellos una abundante cantidad de regalos de plata y oro. A pesar de que está decidida a exprimirle hasta la última gota de dulzura a la vida, eso no es todo lo que quiere. Más que cualquier otra cosa, está buscando a alguien a quien poder adorar.

De pronto, fija la mirada en un hombre que viene corriendo hacia donde ella está. No es el deseo lo que lo motiva, sino el dolor y la angustia. Ella lo sabe porque es buena para conocer a la gente y porque es su marido el que se acerca.

«Gomer», le dice. «¡Regresa a casa!».

Y es lo que hace, aunque a regañadientes.

Oseas es un buen hombre, pero a veces la bondad puede ser aburrida. Él solo habla de Dios y la fidelidad al pacto, apagando su buen humor y haciendo que se sienta avergonzada de sus pecados. Sin embargo, ¿por qué tiene que ser malo soñar con un poco de placer en esta vida?

Oseas está angustiado por todo lo que ve. El pueblo ofrece sacrificios en los santuarios paganos, lanzando alabanzas a Baal por cada cosecha. Se han olvidado de la fe que profesaban sus padres. No obstante, ella piensa que no tiene mayor importancia cómo nombra el pueblo a sus dioses —si Baal o Jehová, o incluso Asera, la presunta esposa de Jehová— mientras se reconozca y se reverencie al dios que les provee la lluvia, la cosecha, el pan y el vino. Si Jehová estuviera tan molesto, ¿por qué la lluvia ha sido tan abundante, los cultivos tan exuberantes y la paz tan duradera? Si todos están adorando al dios equivocado, ¿por qué hay tanta gente bendecida con tanto?

Aun así, Oseas insiste en señalar lo alterado que está todo: la brecha entre ricos y pobres, los engaños y las mentiras, la inmoralidad sexual, los asesinatos y la adoración a innumerables ídolos. Dice que el pueblo de Dios no es diferente a los cananeos. En lugar de susurrar su desaprobación, la grita, como el que ha sido elegido por Dios para decirles a todos —especialmente a los sacerdotes— que son rameras y prostitutas y Dios ciertamente los castigará.

Ella considera que es indignante y vergonzoso que la reconozcan como la esposa del profeta Oseas, por eso sus ojos comienzan a buscar a alguien a quien pueda amar de verdad.

Si Gomer pudiera detenerse solo un momento y tratara de leer el corazón de su marido, descubriría que se lo ha roto más de una vez. Tal vez ya lo sabe. Sin embargo, lo que no sabe —aún no— es cuán duro fue para Oseas casarse con ella. Gomer no tiene idea de que Jehová, el Dios de sus antepasados y los de ella, le dio instrucciones, diciendo: «Ve y toma por esposa una prostituta, y ten con ella hijos de prostitución, porque el país se ha prostituido por completo. ¡Se ha apartado del Señor!». Tampoco se da cuenta de que su matrimonio se ha convertido en una parábola pública, una historia que Dios le está contando a su pueblo.

Ya ella ha dado a luz tres hijos. El primero fue un niño que su marido llamó Jezrel, que significa «Dios desparrama».

Luego vino una niña a la que puso por nombre Lo-ruhama, que significa «Indigna de compasión», y otro hijo varón al que llamó Lo-ammi, que significa «Pueblo ajeno». Aunque él no ha dicho nada, ella sabe que él duda de que los dos últimos hijos sean suyos.

Sin embargo, cada vez que hace oír su voz anunciando muerte y destrucción, su marido el profeta no puede dejar de añadir algo de esperanza:

Jezrel fue el lugar donde Jehú ocasionó la muerte de Jezabel y mató a Jorán y los demás hijos de Jezabel, acabando con la línea de Acab. A través de Oseas, Dios declaró que iba a castigar a la dinastía de Jehú por su excesiva brutalidad y su reiterada tolerancia y promoción del culto a Baal. ■

«Con todo, los israelitas serán tan numerosos como la arena del mar, que no se puede medir ni contar. Y en el mismo lugar donde se les llamó: "Pueblo ajeno", se les llamará: "Hijos del Dios viviente". El pueblo de Judá se reunirá con el pueblo de Israel, y nombrarán un solo jefe y resurgirán en su país, porque grande será el día de Jezrel».

Gomer sabe que Jezrel, que es el nombre de un extenso y fértil valle al norte de Samaria, tiene más de un significado. Además de «Dios desparrama», también puede significar «Dios siembra», lo que representa que después de la venida del juicio, Dios proveerá una vez más para su pueblo en esta tierra exuberante y hermosa.

No obstante, ella está harta de escuchar sus advertencias y pronunciamientos pesimistas, así que lo deja y abandona a sus hijos. Echando por la borda todo tipo de autocontrol, comienza a llevar una vida disoluta. Por un tiempo, la disfruta. Hace lo que quiere y cuando quiere. Sus amantes no le dicen nada desagradable, sino solo lo que ella quiere oír: que es la mujer más estupenda y excitante que hayan conocido. Se siente rica con todos los regalos que le dan: plata y oro, lana y lino, vino y aceite. Aun así, algo le sigue faltando.

Ese algo resulta ser alguien: un hombre al que conoce y cuyos atractivos son aún mayores que los suyos. A ella le encanta dejar reposar su cabeza en su amplio pecho y sentir sus fuertes brazos rodeándola. Siendo un hombre de influencia y agudo ingenio, su amante sabe exactamente lo que le complace. Mientras él está cerca, ella se siente segura. Mientras ella le honra, él se alegra de estar a su lado.

Sin embargo, las cosas comienzan a cambiar. Él está lejos, más de lo que ella quisiera, y no siempre es tan atento como debería ser. Ella comienza a aferrarse a él y luego a hacerle preguntas sobre dónde y con quién ha estado. Y mientras más le pregunta, menos respuestas le da él; mientras más lo persigue, más él se aleja hasta que termina desapareciendo.

Al quedarse sola, siente su gran vacío. Aunque trata de convencerse de que su amante volverá pronto, sus lágrimas reflejan la verdad: se ha ido para siempre. A medida que el tiempo pasa, empieza a darse cuenta de que la soledad no es su único problema. El mundo a su alrededor está cambiando rápidamente. Por largos años, Jeroboam II gobernó a Israel. Ahora el rey ha muerto y el país está cayendo en un caos. La vida se vuelve más difícil cuando un rey cae asesinado y otro asciende al trono rápidamente.

Gomer también está cambiando. Está envejeciendo. Muchos de los hombres que buscan sus servicios ahora se muestran rudos y groseros. Cuando han hecho lo que venían a hacer, ya no se quedan. En estos tiempos de incertidumbre, ella no tiene a nadie que la anime cuando se deprime o la cuide cuando se enferma. En lugar de una roca sólida debajo de sus pies, solo hay arena movediza.

Y llega la enfermedad. Llagas que aparecen y no se curan. Se aplica capas de maquillaje lo mejor que puede para ocultar la preocupación que va cincelando pequeñas líneas alrededor de los ojos. La fatiga se desliza sobre ella como una niebla persistente que no se va a levantar.

Por ahora, su provisión de plata y oro se ha reducido. Al principio gastó despreocupadamente, pero ahora lo hace con frugalidad, porque solo algunas monedas la separan de vivir en la calle, en el desamparo. En las noches que nadie la visita, se sienta sola, recordando las palabras inquietantes que su marido le dijo el día cuando ella se fue de la casa. Todavía puede oír el enojo en su voz y ver las lágrimas de rabia que ruedan por su rostro.

> ¡Échenle en cara a su madre
>> que ni ella es mi esposa ni yo su esposo!
> ¡Que se quite del rostro el maquillaje de prostituta,
>> y de entre los pechos los adornos de ramera!
> De lo contrario, la desnudaré por completo;
>> la dejaré como el día en que nació.
> La pondré como un desierto:
>> ¡la convertiré en tierra seca y la mataré de sed!.

Aunque han sido dichas hace toda una vida, las palabras de Oseas finalmente han dado en el blanco. Ella sabe de lo que él le estaba hablando. De ser abandonada, rechazada, despreciada como si fuera nada. Seguramente no puede haber dolor mayor.

No obstante, sus palabras se vuelven tiernas cuando le habla de transformar el valle de la Desgracia en el paso de la Esperanza. ¿Pero qué clase de magia puede convertir las angustias de una persona en esperanza? Esto ella no lo sabe.

De acuerdo con la letra de la ley de esos días, Oseas pudo haber ejecutado a Gomer por su infidelidad, pero el castigo raramente se llevaba hasta ese extremo. ■

> Yo te haré mi esposa para siempre,
>> y te daré como dote el derecho y la justicia,
>> el amor y la compasión.
> Te daré como dote mi fidelidad,
>> y entonces conocerás al Señor.

A medida que las palabras le llegan, siente sus punzadas en lugar de sus promesas. Ha perdido demasiado, lo ha tirado todo por la borda. A pesar de que echa de menos su hogar, esposo e hijos, le falta el valor para regresar. En cambio, gasta el último de sus tesoros y cae en deuda. Incapaz de pagar los intereses, se vende como esclava. Todavía joven, su futuro se prolonga en una miseria sin fin.

Y entonces, un día, un hombre viene a buscarla. Su hombre viene por ella. Oseas tiene dinero en efectivo, todo el dinero que ha podido reunir. Cuando él descubre que el dinero no es suficiente, agrega una cantidad de cebada al trato. Y ella recupera la libertad.

Sin embargo, ¿qué va a hacer ella con su libertad?

Más tarde él le cuenta lo que pasó.

«El Señor vino a mí y me dijo que te hiciera mi esposa, diciendo: "Ve y ama a esa mujer adúltera, que es amante de otro. Ámala como ama el Señor a los israelitas, aunque se hayan vuelto a dioses ajenos y se deleiten con las tortas de pasas[1] que les ofrecen". Así que yo te compré por quince siclos de plata y una carga y media de cebada. Vas a vivir conmigo mucho tiempo, pero sin prostituirte. No tendrás intimidad con ningún otro hombre. ¡Ni yo te voy a tocar!».

De esta manera Gomer, que había vivido una vida disoluta, regresa a su casa para vivir con Oseas, un marido que no se merece. ¿Y qué ha sido de los hijos? Se alegrará al saber que Lo-ruhama es ahora Ruhama, que significa «Compadecida», y Lo-ammi es ahora Ammi, que significa «Pueblo mío».

Pero, ¿qué hay en cuanto a Israel? Fascinado por la historia del profeta y la prostituta, el pueblo de Dios es incapaz de ver la forma en que tal historia posiblemente se aplique a ellos. Por eso, continúa en su peligrosa rebeldía.

Después de no mucho tiempo, Dios permite que en el norte surja un rey. Pronto este poderoso rey pagano aplasta a Israel, llevándose a su pueblo a la cautividad. Separados de su propia tierra, la tierra que Dios les había dado, llegan a ser tan insustanciales como la niebla de la mañana, como un poco de humo escapando por una ventana. Sin embargo, Dios, que no desperdicia nada, utiliza sus pruebas para hacerlos volver a la sensatez. A través del tiempo, recuerdan la maravillosa historia de Gomer y Oseas, y las palabras del profeta, que dijo:

> ¡Vengan, volvámonos al SEÑOR!
> Él nos ha despedazado, pero nos sanará;
>   nos ha herido, pero nos vendará.
> Después de dos días nos dará vida;
>   al tercer día nos levantará,
>   y así viviremos en su presencia.
> Conozcamos al SEÑOR;
>   vayamos tras su conocimiento.
> Tan cierto como que sale el sol,
>   él habrá de manifestarse;
> vendrá a nosotros como la lluvia de invierno,
>   como la lluvia de primavera que riega la tierra.

Al igual que Gomer, que tuvo que soportar mucho sufrimiento por haber traicionado al único hombre que de verdad la amaba, el pueblo de Dios languidece en una tierra que no es la suya. No obstante, cuando por fin se vuelven a Dios, él viene a ellos tal como dijo que lo haría: como las lluvias de invierno, y como las lluvias de primavera que riegan la tierra. Él se inclina desde el cielo para bendecir y proveer, casándose con ellos para siempre con justicia y equidad, amor y compasión. Solo entonces ellos descubrirán con cuán profundo amor los ama Dios.

LOS TIEMPOS

La historia de Gomer tiene lugar en alguna
época entre los años 755 y 722 A. C.
El relato se encuentra en los capítulos 1 al 3 del libro de Oseas.

Después de la muerte de Salomón, el reino de David se dividió, con Israel en el norte y Judá en el sur. Según un comentarista describe la situación, Israel y Judá «eran como dos gatos que viven en un callejón con un tigre llamado Egipto en un extremo y otro llamado Asiria en el otro, cada uno peleando por tener el control del callejón».[2]

La historia de Gomer y Oseas se desarrolla en el extremo norte de ese callejón, en el reino de Israel. Cuando Oseas comenzó a profetizar, Israel disfrutaba de un período de relativa prosperidad y estabilidad política. Como la vida se hizo más fácil, la nación se alejó de Dios, adoptando muchas de las prácticas religiosas y culturales de los cananeos, incluyendo la adoración de Baal.

Debido a que los israelitas dependían de la lluvia para una buena cosecha, las tentaciones del culto a Baal con su énfasis en que él traía la lluvia y la fertilidad eran demasiado fuertes como para que el pueblo se resistiera. A pesar de que en el siglo anterior Elías le había asestado un duro golpe a Jezabel y los profetas de Baal, muchos israelitas aún combinaban la adoración a Baal con la adoración a Jehová, posiblemente pensando que eran seguidores fieles de Dios aun cuando se comportaran más como seguidores de Baal.

Después de la muerte de Jeroboam II (descendiente de Jehú, el hombre responsable de la muerte de Jezabel), la prosperidad de Israel comenzó a declinar. Gobernado por una sucesión de reyes débiles, llegó a ser políticamente inestable al mismo tiempo que Asiria estaba ganando fuerza en el norte.

A lo largo de su historia, Dios había prometido proteger a su pueblo si solo se mantenían cerca de él. Tristemente, los dos reinos se desviaron. Como consecuencia, Israel cayó ante Asiria en el año 722 a. c. y Judá ante Babilonia en el año 587 a. c.

ALGO PARA PENSAR

1. ¿Por qué crees que Dios le pidió a Oseas dar el paso tan radical de casarse con una mujer que otros hombres habrían despreciado?

2. ¿Por qué fue tan difícil para Israel escuchar lo que Dios estaba diciendo?

3. Aun los matrimonios bien cimentados pueden tener dificultades. Comenta sobre los retos inherentes a un matrimonio entre Dios y su pueblo, entre Dios y usted.

4. Cuando Dios le habló a su pueblo de contraer matrimonio, se estaba refiriendo a establecer una relación caracterizada por la justicia por un lado y la compasión por el otro. ¿Qué significado tiene esto en términos prácticos? Como parte de tus reflexiones, piensa en ejemplos recientes de tu propia vida en los cuales hayas experimentado la tensión entre la justicia y la compasión.

5. Cuando la historia de Gomer comienza, el pueblo de Dios se está comportando como cualquiera de los que estaban a su alrededor. Piensa en las similitudes y en las diferencias entre su cultura y la nuestra.

CAPÍTULO 24

LA HISTORIA DE HERODES EL GRANDE

Cómo el miedo gobierna a un rey

Herodes entonces, cuando se vio burlado por los magos, se enojó mucho, y mandó matar a todos los niños menores de dos años que había en Belén y en todos sus alrededores, conforme al tiempo que había inquirido de los magos. Entonces se cumplió lo que fue dicho por el profeta Jeremías, cuando dijo:

> *Voz fue oída en Ramá,*
> *Grande lamentación, lloro y gemido;*
> *Raquel que llora a sus hijos,*
> *Y no quiso ser consolada, porque perecieron.*

MATEO 2.16-18

Herodes no puede dormir. Su cama es demasiado dura, el aire es demasiado caliente, su cabeza está demasiado llena de preocupaciones que zumban como moscas en el momento en que cierra los ojos.

Se está quedando en el Herodión, la fortaleza impenetrable que ha labrado en el desierto de Judea. Como rey de Judea, ha instalado su fortaleza en una montaña artificial que ha formado en el extremo oriental de su reino. Adornado con brillantes frescos, pisos de mosaicos, patios, salas de banquetes, piscinas de chapoteo y jardines en terrazas, el palacio de Herodes es tan exuberante que hace que uno piense en el Edén. Es en este mundo pacífico de su propia creación que se siente más en casa. También es donde planea ser enterrado.

Aunque es un político astuto y un líder militar capaz, será conocido como «Herodes el Grande» no por estas u otras cualidades, sino porque es uno de los constructores más talentosos y visionarios del mundo antiguo.

Esta mañana Herodes se levanta temprano. Desde el Herodión, disfruta de una vista clara en todas las direcciones. Al sur y al este, una vasta extensión de desierto se extiende ante él, mientras que en el oeste las colinas de Judea se yerguen cual centinelas. Al noroeste se encuentra Belén y, a unos pocos kilómetros más allá, Jerusalén.

Permanece en silencio, como meditando mientras admira la salida del sol tras las montañas. Aunque es judío, no comienza el día con la bendición habitual, agradeciendo a Dios por devolverle su alma a él en compasión. Ni proclama su pequeñez en medio de la majestuosa creación del Señor.

En cambio, mira las montañas color sangre de Moab, más allá de la frontera oriental de su reino, y piensa solo en el color del poder. Para que un hombre obtenga lo que quiere, piensa, debe estar dispuesto a pagarlo en la moneda de la sangre de otros hombres.

Pero si el color del poder es rojo, se pregunta, ¿cuál es el color del miedo? Púrpura, debe ser púrpura, porque ese es el color de la realeza. No es posible ser rey, piensa, y no tener miedo. Él lo sabe por instinto y porque su padre, que había sido el verdadero poder detrás del trono judío, fue envenenado por un rival.

Su primera prueba de poder le llegó a la edad de veinticinco años, cuando su padre lo instaló como gobernador de Galilea. Aunque sus súbditos judíos lo desprecian, los señores romanos lo adoran. Porque nadie puede igualarlo en su capacidad para recaudar impuestos y llevar la estabilidad a una región notoriamente inestable de su imperio.

Aunque religiosamente judío, Herodes es racialmente árabe, hijo de un padre idumeo y una madre que es hija de un jeque árabe. Guapo y de contextura imponente, es considerado por aquellos que gobierna como un judío mestizo que también es un martillo en la mano de Roma.

Los antepasados de Herodes habían sido forzados a convertirse al judaísmo. Su padre, Antípatro, el fundador de la dinastía herodiana, fue un idumeo (edomita) de nacimiento y también un judío devoto. ∎

Para fortalecer su derecho al trono judío, se casa con una princesa llamada Mariamme. Su bella esposa hasmoneana es descendiente de una feroz familia de judíos conocidos como los Macabeos, que cien años antes se habían rebelado contra el Imperio Seléucida. Aunque se casó con la dinastía decadente de los hasmonianos,

Herodes ha subestimado su sed de poder. Sus ansias de dominio lo enfrentarán a muchos miembros de su propia familia, incluida la madre de su esposa, Alexandra, que se convertirá en su más amargo enemigo.

Cuando asciende al trono en el año 37 a. c., después de asegurarse de que los romanos dieran muerte al último rey de Hasmonea, comienza su reinado ejecutando a cuarenta y cinco miembros de la aristocracia, hombres ricos cuyas riquezas confiscadas ayudan a financiar su reino y consolidar su poder.

Sabiendo que la posición del sumo sacerdote tiene una gran influencia, nombra a un hombre sin ambición política. Al dar el trabajo a un no-hasmoneano, ha roto con una tradición muy apreciada provocando la furia de Alexandra, que creía que esta posición debería habérsele otorgado a su hijo Aristóbulo, a la sazón de diecisiete años.

Como Alexandra está bien conectada, se queja ante su amiga Cleopatra, la reina egipcia y esposa de Marco Antonio. Debido a que Antonio es el superior romano de Herodes, éste se ve obligado a rescindir su nombramiento inicial en favor de su cuñado, Aristóbulo.

A medida que aumenta la popularidad del joven, los celos de Herodes también aumentan. Fingiendo amistad, invita a Aristóbulo a refrescarse en la piscina de su palacio en Jericó. Hace que al sumo sacerdote lo acompañen a la piscina algunos de sus secuaces quienes, pretendiendo jugar lo mantienen debajo del agua el tiempo suficiente para que se ahogue.

Una vez más, Alexandra acusa a su yerno ante Marco Antonio. Antes de dirigirse a Egipto donde se encuentra establecido Marco Antonio para defenderse de un cargo de asesinato, Herodes le pide al marido de su hermana que vigile a Mariamme, dejando instrucciones secretas para que la mate en caso de que él también muera y así poder entrar juntos a la otra vida.

Al regresar a Jerusalén después de haber sido absuelto de todos los cargos, escucha rumores de que, en su ausencia, Mariamme se ha hecho de un amante. Sospechando que su cuñado la ha vigilado demasiado de cerca, lo manda a ejecutar.

La corte de Herodes se llena de intrigas cuando familiares y amigos comienzan a difundir rumores para aprovecharse de su paranoia para beneficio propio. Su madre y su hermana están entre los peores intrigantes. Al atizar su miedo, terminan incitándolo a ejecutar a su amada Mariamme. En el 29 a. c., después de ocho años de felicidad conyugal, la bella y joven princesa hasmoneana es asesinada por el marido que le profesa amor eterno.

Atormentado por sus fechorías, Herodes cae en una profunda depresión, vagando por el palacio en las noches y gritando quejumbrosamente su nombre. Cuando sus sirvientes no lo encuentran como les ha ordenado, los castiga. Cada vez más inestable, cae gravemente enfermo. Después de perder a su hijo y ahora a su hija por los celos de Herodes, Alexandra planea vengarse. Sabedora de su enfermedad y su creciente inestabilidad, echa a caminar un plan para apoderarse del trono. Tan pronto como Herodes se entera de eso, también la mata.

Después de asesinar a su suegra, entra en un período de relativa calma, tiempo durante el cual comienza a perseguir su pasión, que consiste en construir fastuosos edificios y monumentos. En este campo se destaca remodelando el mundo natural para satisfacer sus propósitos. Construye un puerto artificial en Cesarea, desvía el agua para hacer florecer el desierto e incluso erige y nivela pequeñas montañas. Construye ciudades, palacios, templos, anfiteatros, hipódromos y fortalezas, entre los que se encuentran Masada, Antonia y Herodión. Pero su logro más importante, la más brillante de sus hazañas arquitectónicas, con la excepción de Cesarea, es el magní-fico templo en Jerusalén, que algunos creen que lo hizo para expiar sus muchos pecados.

Construido de reluciente mármol, el templo se perfila sobre la ciudad como una montaña tan blanca como la nieve. En su corazón se encuentra el Lugar Santísimo, cubierto de oro. Reflejando los rayos del sol de la mañana, brilla como un fuego abrazador.

Aunque le ha dado a su pueblo el templo más hermoso del mundo, todavía lo desprecian. Tal vez sea porque ha colocado una gran águila romana en la entrada del templo, glorificando el poder que encuentran tan opresivo.

A lo largo de los años, el rey ha adquirido diez esposas, que le han dado múltiples hijos. Dos de sus favoritos —los hijos de Mariamme—, volvieron a avivar su paranoia. En el año 7 a. d.a. d., preocupado de que se alzaran contra él para vengar la muerte de su madre, mandó a estrangularlos.

Desde el principio hasta el final de su largo reinado, Herodes piensa en una sola cosa. Eternizarse en el poder. Al igual que los hombres crueles en toda época, está constantemente protegiéndose las espaldas. Incluso a la avanzada edad de setenta años, el viejo rey acostumbra a volver la cabeza para evitar cualquier amenaza que pudiera venirle desde atrás.

La última amenaza le llega en forma de hombres sabios que han venido a Jerusalén desde el este. Mientras van por la ciudad, van creando una especie de inquietud entre la gente al hablar de un rey que acaba de nacer.

«¿Dónde está el que ha nacido rey de los judíos?» preguntan. «Vimos levantarse su estrella y hemos venido a adorarlo».

Cuando la noticia llega a los oídos de Herodes, se apresura a consultar a los principales sacerdotes y maestros de la ley dónde había de nacer el Cristo.

«En Belén de Judea» le responden, «porque esto es lo que ha escrito el profeta:

> Pero tú, Belén, en la tierra de Judá,
>   de ninguna manera eres la menor entre los
> principales de Judá;
> porque de ti saldrá un príncipe
>   que será el pastor de mi pueblo Israel.

Al llamar a los sabios en secreto, Herodes finge compartir su entusiasmo. Si puede descubrir cuándo apareció la estrella, podrá determinar la edad del niño rey.

«Vayan a Belén» les dice, «e infórmense bien de ese niño y, tan pronto como lo encuentren, avísenme para que yo también vaya y lo adore».

Aunque los magos han dedicado sus vidas al estudio de las estrellas, no han sido educados de la manera de los reyes malvados. Confiando en Herodes, viajan a Belén donde descubren a un niño cuyo nombre es Jesús. Aunque solo es un campesino, se inclinan ante él y le ofrecen regalos: oro, incienso y mirra.

Advertidos en un sueño de que no vuelvan a donde Herodes, regresan por otra ruta.

A medida que pasan los días sin señales de los magos que regresan, Herodes se pone furioso y ordena a sus soldados que vayan a Belén, donde dan muerte a todos los niños menores de dos años.

Con este malvado acto criminal, Herodes consolida su papel como un nuevo faraón. Como el faraón de Egipto, ha sobreestimado su poder y subestimado a la oposición.

Porque el Señor ya ha alertado al padre del niño en un sueño para que huyan:

«Levántate, toma al niño y a su madre, y huye a Egipto. Quédate allí hasta que yo te avise, porque Herodes va a buscar al niño para matarlo».

De esta manera María, José y Jesús desandan los pasos de sus antepasados: José, Jacob, Judá y todos los demás. Sostenidos por los regalos de los magos, no volverán a casa hasta que un ángel se le aparezca a José con la noticia de la muerte de Herodes.

En una última convulsión paranoica, cinco días antes de su muerte, Herodes ejecuta a su hijo mayor y heredero. Gravemente enfermo y sabiendo que su muerte será motivo de una celebración universal, reúne a los principales ciudadanos de Judea y los encierra en el estadio de Jericó. Luego ordena que en el momento que él muera, los ejecuten para que todo el país se sumerja en el luto.

Su alma se balancea sobre un gran abismo mientras agoniza, devastado por una terrible enfermedad. Cuando finalmente sucumbe, en lugar del luto universal, hay un gran júbilo. Las puertas del estadio se abren y los presos quedan en libertad. Pasarán dos mil años antes de que finalmente se descubra la tumba del rey malvado en Herodión. Hoy es posible ir a Belén, la ciudad donde nació Jesús, y ver a la distancia la montaña donde fue enterrado Herodes el Grande.

Dos reyes. Uno sigue vivo, mientras que el otro no es más que un fantasma cuya historia nos recuerda la inquietante pregunta: «¿Qué aprovechará al hombre, si ganare todo el mundo, y perdiere su alma?».

LOS TIEMPOS

Herodes fue gobernador de Galilea desde el año 47
hasta el año37 A. C. y rey de Judea desde
el año 37 A. C. al año 4 A. C.
Su historia aparece en el capítulo 2 del Evangelio de Mateo.

La historia de Herodes el Grande tensa la credibilidad, y se lee como una novela real. Fuentes históricas confiables pintan una imagen aún más oscura de un rey dispuesto a hacer cualquier cosa para mantenerse en el poder.

Los herodianos llegaron al poder cuando la dinastía hasmoneana estaba en decadencia y cuando Siria e Israel habían caído bajo la jurisdicción de Roma. El padre de Herodes, Antípater, era un idumeo a quien los romanos habían designado para que sirviera como procurador (o gobernador) de Judea. Aunque los hasmonianos todavía estaban activos, Antípater era el verdadero poder detrás del trono.

Sorprendentemente, los comentaristas indican que Herodes el Grande puede no haber sido mucho peor que otros reyes que gobernaron en esa época y región del mundo. ■

Diez años después de que Herodes fuera nombrado gobernador de Galilea, fue ungido rey de Judea. Cinco días antes de su muerte, dio muerte a su intrigante hijo mayor, Antipater II. Su reino se dividió entonces entre tres de sus hijos restantes: Arquelao, Antipas y Felipe. El Evangelio de Mateo (2.19–23) indica que la reputación de Herodes Arquelao era tan brutal que cuando José, María y Jesús regresaron de Egipto fueron a establecerse en Galilea en lugar de en Judea. Después de que Arquelao fue depuesto, Judea fue gobernada por un procurador designado por Roma.

Herodes Felipe gobernó la parte noreste del reino de su padre, mientras que Herodes Antipas dominó Galilea y Perea, dos regiones en las que Jesús y Juan el Bautista dirigieron la mayor parte de su ministerio. Aunque Herodes el Grande figura prominentemente en la primera parte de la historia de Cristo, es Herodes Antipas quien aparece con mayor frecuencia en las páginas del Nuevo Testamento.

ALGO PARA PENSAR

1. Reflexiona brevemente sobre los «hombres malos» acerca de los que ya habías leído antes. ¿Qué personajes te recuerdan más a Herodes y por qué? ¿Qué implican sus vidas sobre la capacidad de Dios para cumplir su plan para tu vida, sin importar a quién o a qué te estés enfrentando?

2. El carácter de Herodes es modelado por dos cosas: un deseo desenfrenado de poder y una paranoia ante la posibilidad de perderlo. Describe brevemente tu propio «territorio»; es decir, las áreas de la vida sobre las que tienes algún poder o influencia. Puede incluir cosas como tu trabajo, cómo tratas a tus hijos, tu vida en el hogar o tus responsabilidades voluntarias. ¿Cómo respondes cuando algo o alguien se entromete en lo que percibes como tu «territorio»?

3. Dedica unos momentos a reflexionar sobre el siguiente pasaje del profeta Daniel: «¡Alabado sea por siempre el nombre de Dios! Suyos son la sabiduría y el poder. Él cambia Los tiempos y las épocas, pone y depone reyes. A los sabios da sabiduría, y a los inteligentes, discernimiento. Él revela lo profundo y lo escondido, y sabe lo que se oculta en las sombras. ¡En él habita la luz!» Daniel 2.20-22.

4. ¿Qué paralelos reconoces entre la oración de Daniel y la historia de Herodes y el niño Jesús?

CAPÍTULO 25

LA HISTORIA DE HERODÍAS Y SALOMÉ

Cómo una madre y su hija malas se confabulan para cometer un sangriento asesinato

Vi también a los muertos, grandes y pequeños, de pie delante del trono. Se abrieron unos libros, y luego otro, que es el libro de la vida. Los muertos fueron juzgados según lo que habían hecho, conforme a lo que estaba escrito en los libros.

APOCALIPSIS 20.12

Ella puede ver pequeñas gotas de sudor perlando su frente bajo la luz de la luna que fluye a través de la ventana. Lo observa agitarse y contraerse, perturbado por alguna visión nocturna. A pesar de que está preparada para lo que venga, brinca cuando un grito rompe el silencio. Y él también salta, ahora despierto por completo. Herodes Antipas se sienta en la cama, recordando el terror que acaba de experimentar.

«¡Era Juan!» exclama. «Algo muy real. Vi el tajo en el cuello, la sangre corriéndole por la barba y apelmazándose en ella. Se apareció de repente. En la oscuridad. Y vino directamente hacia mí. Aunque tenía la boca cerrada, le oí decir: "¡Tú, víbora! ¡El hacha se encuentra al pie de los árboles, y los árboles que no dan fruto serán cortados y echados en el fuego!". Siguió diciéndolo, una y otra vez, y no dejaba de llamarme víbora. Agarré un garrote para descargarlo sobre él, pero no se movió ni dejó de mirarme.

»Entonces los vi, a un lado, una multitud de personas gritando y en tormento. Se quemaban, pero no se consumían, y entre ellas distinguí mi rostro mirándome fijamente».

Las lágrimas corren por su rostro. Su cuerpo tiembla. Así ha estado desde la noche de su fiesta de cumpleaños.

Herodías todavía puede oler el aroma de los platos de carne, colmados de asados de oveja, cordero, codornices y ternera. Observa a la servidumbre entrando y saliendo en medio de una multitud ruidosa, cargando bandejas con uvas, higos y dátiles, así como platos de comida fina preparada con carne de gacela y lenguas de aves. Hay almendras, olivas, granadas y deliciosos postres. Los altos funcionarios y militares se han reunido para desearle a Herodes lo mejor. Llevando guirnaldas en sus cabezas, los principales de Galilea brindan con interminables copas de vino importado de Italia y Chipre. Pavimentado con hermosos mosaicos y adornado con grandes tapices multicolores, el palacio está lleno de músicos, danzarines y narradores cuyo único fin es divertir y proporcionar placer.

La ocasión es el cumpleaños de Herodes. La ubicación es Maqueronte, una fortaleza palaciega hecha de piedra que se alza justo al este del Mar Muerto. Encaramada en lo alto de una montaña, está rodeada en tres de sus lados por profundos riscos y goza de una vista imponente hacia la frontera oriental. Desde esas alturas se pueden apreciar claramente las ciudades de Jerusalén y Jericó. Como todas las fortalezas, esta tiene su sección de mazmorras. Dentro de una de ellas, un hombre está atado con cadenas a una de las paredes de piedra. Es el prisionero de Herodes, un profeta llamado Juan.

Indómito, despreocupado en el vestir, solo se cubre con una piel de camello sujeta a la cintura por un cinto de cuero. Juan el Bautista fascina y repele a Herodes, quien lo saca de vez en cuando para escuchar su predicación. Herodes lo encuentra tan convincente que a menudo se pregunta qué ocurriría si lo siguiera hasta el río Jordán para que lo bautizara. Sin embargo, tal cosa no puede ser, ya que Juan lo ha condenado públicamente, acusándolo de cometer incesto por haberse casado con Herodías, que es a la vez su sobrina y esposa de su medio hermano.

Los judíos habrían considerado incestuoso el matrimonio de Herodes con su sobrina, quien a su vez era la esposa de su medio hermano (véase Levítico 18.16 y 20.21). ∎

Aun así, una brizna de su conciencia le dice que sería un crimen matar a un hombre tan bueno. Además, quitarle la vida a un profeta como Juan podría dar origen a una insurrección, de modo que en lugar de ejecutarlo como le habría gustado, lo deja languidecer en prisión por más de un año.

No obstante, Herodías no ve las cosas de la misma manera. Ella desprecia a Juan por haber condenado su divorcio y sus segundas nupcias, y por hacerlo tan públicamente. ¿Cómo se ha atrevido a amenazarla de esa manera, arrastrando su nombre por el suelo como si fuera Dios? Cada vez que habla de él, Antipas capta un destello de malicia en sus ojos que le recuerda a su padre, de quien no tiene tan gratas memorias.

Herodes el Grande era un hombre de grandes ambiciones y habilidades, pero al mismo tiempo era un tremendo paranoico. Además de asesinar a varios de sus hijos, les dio muerte a todos los bebés varones de Belén simplemente por el mensaje de una estrella acerca de un niño destinado a ser rey.

Herodías es la nieta de Herodes el Grande y, por lo tanto, sobrina de su marido. Viviendo a la sombra de su abuelo, el monstruo paranoico, ella es consciente de que su propio padre, la abuela y varios de sus tíos se contaban entre sus muchas víctimas. Con diez esposas, con las que había tenido un montón de hijos, había gente que le temía. Sin embargo, Herodías no era una de estas personas. Ella se contaba entre sus nietos favoritos. Para demostrarle su cariño, arregló su matrimonio con uno de sus hijos supervivientes, su tío Herodes Felipe.

No obstante, Felipe no tenía ni tierras ni corona, y si algo ambicionaba Herodías era precisamente una corona de brillantes. Mientras pensaba en cómo llegar a tener una, Antipas, el medio hermano de Felipe, vino a visitarlos de Roma. Se quedó con ellos por muchos días, y quedó tan prendado de Herodías que le rogó que dejara a Felipe y se casara con él. Herodías era una descarada, pero muy inteligente, y no abandonaría a su marido a menos que Antipas le prometiera divorciarse de su esposa, una princesa nabatea, hija del rey Aretas IV.

Entonces Herodes Antipas rompió su alianza con Aretas al divorciarse de su esposa, y Herodías abandonó a su tío marido para unirse a otro.

Aunque lo ama, Herodías piensa que Herodes Antipas es decepcionante. No es más que un tetrarca que gobierna Galilea y Perea, la tierra más allá del Jordán, y que sigue sin haber podido conseguirle la corona. El territorio bajo la jurisdicción de Antipas es la región en la que Juan y su primo Jesús se hallan con mayor frecuencia. Allí predican, enseñan, hacen prodigios y milagros y causan disturbios.

Al igual que todos los Herodes, Herodías es una intrigante. Su primera intriga, utilizar a Herodes Antipas como un trampolín para alcanzar el poder, había sido impugnada de forma explícita por Juan, cuya franqueza rápidamente encendió su ira. Así fue como decidió que había que silenciarlo, si no de una vez y para siempre, paulatinamente, mediante pasos calculados. De modo que comenzó insistiendo ante Herodes para que lo encarcelara. Una vez que Juan fue arrojado a la cárcel, esperó el momento oportuno para acabar con él.

Las presiones a Herodes no rindieron el fruto por ella esperado. ¿Cómo es posible, se preguntaba, que siendo solo una mujer sea el doble de hombre que su marido?

Entonces llega el día de la celebración del cumpleaños de Herodes, la ocasión perfecta para completar su plan. Se vale de Salomé, la hija que había tenido con su primer marido, Herodes Felipe. La viste con un traje plateado brillante y la instruye para que lleve a cabo su baile más seductor. Contando con la actuación de Salomé, ha calculado cuidadosamente el momento para crear el clímax perfecto en la bulliciosa fiesta de cumpleaños de su marido. Y no queda decepcionada.

Con una sonrisa sensual, Salomé gira y da vueltas, extendiendo sus brazos en un círculo amplio mientras se desliza por el piso, invitando a todos los hombres a imaginar lo que sería convertirse en su compañía íntima. Por último, cuando ha agotado todas sus sorpresas seductoras, viene a descansar como una delicada flor a los pies de Herodes.

«¡Bravo!», exclama este. Todos sus invitados se levantan para aplaudirla.

«¡Pídeme lo que quieras y te lo daré, hasta la mitad de mi reino!», le dice él, emocionado.

Salomé se excusa por un momento y se dirige a donde está su madre.

«Pídele», le susurra esta, «la cabeza de Juan el Bautista».

Ella vuelve a Herodes y le dice:

«Quiero que ahora mismo me des en una bandeja la cabeza de Juan el Bautista».

La solicitud consterna a Herodes. Nunca se imaginó que le pediría eso. El clima político imperante no era propicio para la ejecución de un hombre como Juan. Además de que constituía una violación de la ley llevar a cabo una ejecución sin antes celebrar un juicio. Sin embargo, había hecho un juramento público y no se expondría a la vergüenza rescindiéndolo en presencia de tantos hombres poderosos. De modo que ordena de inmediato la ejecución de su prisionero.

En pocos minutos, mientras los invitados siguen comentando la extraordinaria danza de Salomé y su extraña petición, el verdugo ingresa en el salón. Trae en sus manos una bandeja en la que descansa la cabeza de Juan. Se la presenta a Salomé, y esta a su madre, quien la acepta sin disimular su alegría.

Al enterarse de la muerte de Juan, sus discípulos vienen y se llevan su cuerpo para darle sepultura.

Cuando le avisan a Jesús acerca de la muerte de su primo, él se retira de la siempre presente multitud para estar a solas y orar. Lamentando la muerte de Juan, el mejor hombre que haya conocido, se le hace claro el propio futuro que le espera a él.

A medida que la fama de Jesús se extiende, el pueblo empieza a decir que él es Juan el Bautista que ha resucitado de entre los muertos. Hasta Herodes está obsesionado por la posibilidad, al punto de que se le ha oído decir:

«Juan, el hombre a quien decapité, ha resucitado de entre los muertos».

Herodías no cree lo que para ella no es más que una tontería. Su obsesión es convertirse algún día en reina. No obstante, todavía hay más horror por venir. A su debido tiempo, acompañará a Herodes a Jerusalén para la fiesta de la Pascua. Estará presente el día en que Jesús, al que llaman el Cristo, aparecerá ante él acusado de muchos crímenes.[1]

Más tarde, después de que Juan y Jesús habían sido ejecutados, uno por orden de Herodes y el otro de Poncio Pilato, ahora amigo íntimo de Herodes, Herodías verá a los ejércitos de su marido huir del rey Aretas, quien está decidido a vengarse del hombre que años antes se había divorciado de su hija para casarse con otra.

Herodes Antipas resulta tan completamente derrotado que muchos piensan que su humillación es el castigo divino por la decapitación de Juan. En medio de toda esta situación, Herodías sigue con sus proyectos de grandeza, esta vez presionando a Herodes Antipas para que vaya a Roma a solicitarle al emperador Calígula que le conceda una corona real. Sin embargo, su hermano Agripa es un astuto mentiroso que envía adelante a un mensajero acusando a Herodes de sedición. Despojándolo de todas sus tierras y bienes, Calígula destierra a Herodes y Herodías a Galia, donde Herodes pronto perece.

Aunque Herodías sobrevive, su historia se desvanece. No sabemos lo que fue de ella. Si su encallecido corazón la llevó aun a más intrigas o si fue suavizado por la pérdida de todo lo que siempre quiso, nunca lo sabremos. Lo que sí sabemos es que fue culpable de al menos un gran acto de maldad, decidiendo el asesinato del hombre que mediante su poderosa predicación convenció los corazones de mucha gente rebelde para que se volvieran al Dios que los amaba.

LOS TIEMPOS

La historia de Herodías y Salomé tiene
lugar entre los años 27 y 29 A. D.
Se encuentra en Mateo 14.3–12;
Marcos 6.14–29; Lucas 3.19–20; 9.7–9.

El abuelo de Herodías, Herodes el Grande, se convirtió en gobernador militar de Galilea en el 47 a. c., cuando tenía solo veinticinco años de edad. Siete años más tarde, el senado romano lo nombró rey de Judea. Convertido ya en rey, se embarcó en proyectos masivos de construcción, incluyendo la ampliación del templo en Jerusalén y la construcción de la ciudad puerto de Cesarea.

Alertado por los sabios procedentes de Oriente sobre un niño de Belén que estaba destinado a convertirse en el rey de los judíos, les dio muerte a todos los niños varones menores de dos años con el fin de prevenir la aparición de un competidor. Gobernó hasta el año 4 a. c., cuando según el historiador judío Josefo murió de una muerte atroz, con el cuerpo lleno de gusanos. Antes de su muerte, Herodes, que era medio judío, ordenó que condujeran a los judíos líderes del área a un estadio en Jericó donde se les hizo prisioneros. Sabiendo que su propia gente lo odiaba, dio órdenes para que sus soldados ejecutaran a los líderes en el momento de su muerte, de modo que hubiera un luto universal cuando él falleciera. Afortunadamente, su orden nunca se llevó a cabo.

El segundo hijo de Herodes el Grande, Felipe, no era el primer marido de Herodías, Herodes Felipe, sino Felipe el tetrarca que se casó con Salomé, la hija de Herodías. ∎

Después de su muerte, el territorio de Herodes el Grande fue dividido entre tres de sus hijos: Arquelao, Felipe —no Herodes Felipe, el primer marido de Herodías, sino Felipe el tetrarca, quien después se casaría con Salomé, la hija de Herodías—, y su hijo menor, Antipas. Arquelao demostró ser un líder cruel e incompetente. El emperador romano Calígula lo desterró y Judea se convirtió en una provincia romana, la cual luego fue regida por una serie de prefectos, el más conocido de los cuales es Poncio Pilato.

A partir de la evidencia presentada en los Evangelios, parece que Herodes se sintió fascinado tanto por Juan el Bautista como por Jesús. Debido a que sus propiedades eran administradas por un hombre llamado Cuza, cuya esposa, Juana, era una discípula de Jesús, es posible que ambos les hablaran a Herodes y Herodías acerca de Jesús.

A lo largo de su reinado, Herodes Antipas fue vilipendiado por sus súbditos judíos. Debido al hecho de ser un idumeo, cuya familia desciende de Esaú en lugar de Jacob, y un samaritano por el lado de su madre, la gente a la que gobernó nunca confió en él.

ALGO PARA PENSAR

1. Es posible que tanto Herodes como Herodías hayan escuchado a Juan predicar sobre el arrepentimiento, e incluso hayan hablado con él acerca de Jesús. ¿Cuál ha sido tu propia experiencia en cuanto a la conexión entre el arrepentimiento y la nueva vida?

2. ¿Qué pudo haber impedido que Herodías se volviera a Dios, alejándose de su vida de pecado? ¿Qué te impide a ti hacer lo mismo?

3. ¿Por qué a menudo el poder es una fuerza corruptora incluso entre la gente buena? ¿Cómo has manejado tú el poder en tu propia vida, ya sea en una escala grande o pequeña?

4. ¿Alguna vez te ha llamado Dios a decirles verdades incómodas a las personas de influencia? ¿Cómo respondiste? ¿Cómo respondieron ellos?

CAPÍTULO 26

LA HISTORIA DE HERODES ANTIPAS Y SU MALVADO SOBRINO AGRIPA

Cómo el último que ríe es Dios

¿Por qué se sublevan las naciones, y en vano conspiran los pueblos? Los reyes de la tierra se rebelan; los gobernantes se confabulan contra el SEÑOR y contra su ungido.

SALMOS 2.1-2

La primera elección de Herodes para saber quién lo sucedería recae en sus hijos con su esposa favorita, Mariamna. Pero Aristóbulo y Alejandro fueron ejecutados en el año 7 a. c. Después de su hijo mayor, Antípater fue ejecutado en el año 5 a. c. por intentar envenenarlo, Herodes nombró a Antipas como su heredero. En el 4 a. c., cambió de opinión y redactó una nueva voluntad que dividió el reino de tres maneras, con Arquelao obteniendo la participación preeminente. ∎

Perea estaba al este del río Jordán. El Nuevo Testamento se refiere a ella como la «región a través del Jordán» o «al otro lado del Jordán». ∎

Después de enterarse que Arquelao estaba gobernando en Judea, José, con María y Jesús decidieron establecerse en Galilea en jugar de en Judea cuando regresaron de Egipto. Véase Mateo 2.22. ∎

Como la mayoría de los gobernantes, Antipas tiene enemigos. Pero el peor de todos es yacer frío como una piedra en su tumba real. Como el hijo menor de Herodes el Grande, Antipas había vivido temiendo que se manifestaran en él los terribles efectos secundarios de la paranoia de su padre.

Debido al desafortunado hábito de Herodes de matar a los miembros de su familia, el emperador Augusto dijo una vez que preferiría ser uno de los cerdos de Herodes (*hus*) que uno de sus hijos (*huis*). Desde que Herodes adhirió a las leyes dietéticas judías, los cerdos tenían poco que temer, aunque no se podía decir lo mismo de sus hijos.

Con su padre fuera del camino, Antipas presiona por su derecho al trono en Roma. Pero César Augusto divide el reino en tres porciones, dejando a Arquelao, el hermano mayor de Antipas, la parte del león. Mientras que aquél es nombrado etnarca de Idumea, Judea y Samaria, para Antipas quedan Galilea y Perea en tanto que su hermanastro,

Felipe, gobernó como tetrarca los territorios de Iturea y Traconítida, situados al este y al norte del Mar de Galilea.

Aunque Antipas y Felipe son lo suficientemente estables, Arquelao inaugura su reinado matando a tres mil personas durante la Pascua. Su gobierno es tan duro que une a dos enemigos jurados: los judíos y los samaritanos. Juntos forman una delegación para quejarse al emperador en Roma. Herodes Antipas y Herodes Felipe también se dirigen a Roma para presionar por la remoción de su hermano.

Como el emperador Tiberio no tiene ningún interés en entregar el trono judío a otro miembro intrigante de la familia Herodes, depone a Arquelao y convierte su territorio en una prefectura para ser regido por un gobernador que Roma nombrará.

Decepcionado por no poder pasar su capital a Jerusalén, Antipas canaliza su energía hacia una nueva ciudad que está construyendo en el borde occidental del Mar de Galilea. Para ganarse el favor del emperador, la llama Tiberias. Sólo hay un problema con su hermosa ciudad. Nadie quiere vivir allí porque se ha erigido sobre un antiguo cementerio, lo que la convierte en impura a los ojos de los judíos. Para contrarrestar el estigma, Antipas se ve obligado a atraer a los posibles residentes con promesas de tierras y viviendas gratuitas, así como con generosas exenciones de impuestos.

En una visita a Roma, Antipas se enamora de su sobrina Herodías, quien está casada con uno de sus medio hermanos. Demasiado débil para negarse a lo que quiere, se divorcia de su esposa para casarse con su sobrina.

Al divorciarse de su primera esposa, Herodes Antipas ha escandalizado a sus súbditos judíos. Un hombre en particular ha estado agitando las aguas. Se trata de un tipo de aspecto rudo que se alimenta de langostas y miel silvestre y que es muy querido por la gente. Juan el Bautista es ese hombre raro y de corazón puro que no puede ser presionado ni sobornado. El llamado de Juan al arrepentimiento es amplio. Sacerdotes, fariseos, gente de alta y baja alcurnia, incluso el propio Herodes, deben admitir sus pecados y regresar a Dios. En particular, Herodes debe poner fin a su matrimonio incestuoso con la esposa de su hermano.

Juan expresa su crítica con tanta vehemencia que Herodías la siente como una bofetada. ¿Cómo se atreve a referirse a ella en la forma pública en que lo hace? Presionando a su esposo para que lo haga callar, se siente aliviada cuando él lo toma preso y lo encierra en Macaronte, una fortaleza en el lado este del Mar Muerto.

Aunque ella insiste para que Herodes lo haga ejecutar, él se resiste porque hacerlo sería una mala jugada política y, al mismo tiempo, peligrosa. El pueblo está del lado del profeta de modo que matarlo podría fomentar una rebelión. Así es que, en lugar de eso lo encierra, sacándolo cuando le da la gana, como si fuera un oso amaestrado para entretener y hacer reír a la gente.

Después de la muerte de Juan, Herodes Antipas comienza a escuchar historias sobre otro hombre de corazón puro. Su nombre es Jesús y es primo de Juan. En medio de la noche, cuando el pensamiento racional es empujado hasta los límites de la conciencia, Herodes se pregunta si este hacedor de milagros no será el mismo Juan que ha regresado para mortificarlo. Jesús, por supuesto, sabe todo acerca de Herodes. Un día, algunos fariseos tratan de sacarlo de la ciudad y le dicen: «Sal de aquí y vete a otro lugar, porque Herodes quiere matarte».

Jesús les responde, diciendo: «Vayan y díganle a ese zorro: "Mira, hoy y mañana seguiré expulsando demonios y sanando a la gente, y al tercer día terminaré lo que debo hacer". Tengo que seguir adelante hoy, mañana y pasado mañana, porque no puede ser que muera un profeta fuera de Jerusalén».

El hombre que algún día será conocido como el León de la Tribu de Judá les está diciendo a sus oyentes que no le teme a un zorro apocado como Herodes, no importa lo inteligente que ese zorro pueda ser.

No pasará mucho tiempo antes que Herodes y Jesús finalmente se encuentren. Cuando esto ocurra, será obvio cuál es el zorro y cuál el león.

El encuentro ocurre así: Jesús es llevado ante Poncio Pilato por un supuesto delito de sedición. Cuando se entera que Jesús es un galileo, lo envía a Herodes Antipas, gobernador de Galilea. Aunque está hastiado de tantas disputas religiosas que ocurren en la región, Herodes está ansioso por conocer al hombre que se ha ganado el corazón de tanto pueblo. Quién sabe si hasta quiera hacer un milagro en su presencia. Ya frente a frente los dos hombres, Herodes levanta la mano para llamar a silencio a la multitud. Y le pregunta al prisionero:

«¿Quién era tu madre?». «¿Quién era tu padre?». «¿Es cierto lo que dicen de ti, que puedes convertir las piedras en pan?». «¿Eras tú uno de los seguidores de Juan?». «Tus discípulos dicen que eres un rey. ¿Quién dices tú que eres?». «¿Puedes convertir el agua en vino? Aquí hay una copa con agua. Muéstranos lo que puedes hacer».

Pero el prisionero no responde. El suyo no es un silencio hosco ni insolente sino algo más inquietante, lleno de significado.

Herodes no puede comprender.

Aunque trata de provocarlo, Jesús guarda silencio.

«¿Por qué las multitudes corren detrás de ti?».

Herodes opta por la burla.

«¡Un profeta que ni siquiera puede hablar!».

Lo viste entonces con una túnica de utilería para que simule un rey y lo manda de regreso a Pilato. Implícito hay un mensaje que podría decir:

«Es inofensivo. Haz lo que quieras con él».

Con eso, Herodes y Pilato, dos gobernantes que siempre habían sido enemigos, forjan un vínculo de amistad.

En tan solo unas horas, Jesús será crucificado. A Herodes eso le importa poco. ¿Qué es un hombre más colgado en una cruz romana? Tres años después de la muerte de Jesús, el ex suegro de Herodes, el rey de Nabatea, ataca sus tierras y consigue tantas victorias contra él que Herodes se ve obligado a pedirle a Tiberio que intervenga. Nada de esto lo lleva a Roma, un imperio que valora la estabilidad en sus reinos vasallos. Aunque Antipas ha gobernado Galilea y Perea durante cuarenta y dos años, es desterrado a la Galia y sus tierras son transferidas a su cuñado Herodes Agripa. Cuando Judea y Samaria también se agregan a las posesiones de Agripa, éste se convierte en rey de toda la tierra que anteriormente era gobernada por su abuelo Herodes el Grande.

El historiador judío Flavio Josefo es la fuente de la historia sobre la túnica plateada de Herodes y su posterior muerte. Aunque Josefo no menciona a un ángel que golpea a Herodes Agripa, el Nuevo Testamento (Hechos 12.23) proporciona ese detalle, y agrega que fue devorado por gusanos. ∎

Unos pocos años después de que Antipas desapareciera en la Galia, el rey Herodes Agripa se encuentra presidiendo una reunión pública en Cesarea.

Vistiendo una espléndida túnica de plata, los rayos del sol la hacen emitir destellos luminosos. Cuando la gente lo proclama como un dios en lugar de como un hombre, se gloría en las alabanzas. En lugar de honrar a Dios como un buen rey haría, se apropia de la adulación como si fuera la verdad del evangelio. Pero en medio de este espectáculo, es golpeado por una enfermedad. Después de sufrir severos dolores de estómago, deja de existir en medio de una muerte espantosa.

Como todos los gobernantes que construyen su casa sobre la base a medio caer del poder humano, los «reinos» de Herodes Antipas y de su malvado sobrino Agripa pronto desaparecen. Por lo que fueron e hicieron, estos horribles Herodes no habrían sido dignos más que de una nota a pie de página en los libros de historia; sin embargo, debido a que de alguna manera aparecen relacionados con Jesús y su primo Juan, el Bautista, sus historias persisten.

LOS TIEMPOS

Herodes Antipas gobernó desde el año 4 A. C. hasta el año
39 A. D. Herodes Agripa, desde el año 39 hasta el año 44 A. D.
Sus historias se cuentan en Marcos 6.14–29;
Lucas 23.6–16; Hechos 12.1–23.

Debido a que en el Nuevo Testamento se mencionan varios miembros de la dinastía herodiana, mantenerlos en orden puede parecer una tarea abrumadora. Aquí hay un rápido quién es quién donde se indica el lugar en que cada personaje aparece en la Biblia.

Los hombres

Herodes el Grande reinó desde el año 37 A. C. hasta el año 4 A. C. Alarmado por los informes de un rey recién nacido, mandó a matar a todos los varones de Belén menores de dos años (Mateo 2.1–19)

Arquelao era hijo de Herodes el Grande y su esposa samaritana, Maltace. Fue etnarca de Judea y Samaria desde el año 4 A. C. hasta el año 6 A. D. Cuando José supo que gobernaba Judea, evitó ir a Jerusalén a su regreso de Egipto. Él, María y Jesús se establecieron en Nazaret en Galilea. (Mateo 2.22)

Herodes Antipas era hijo de Herodes el Grande y su esposa samaritana, Maltace. Aunque nunca fue rey, gobernó como tetrarca en Galilea y Perea desde el año 4 A. C. hasta el año 39 A. D. Juan el Bautista y Jesús llevaron a cabo la mayor parte de su ministerio en el territorio que él gobernó. Dio muerte a Juan y se burló de Jesús justo antes de su crucifixión (Mateo 14.1–12; Marcos 6.14–29; Lucas 3.19–20; 9.7–9; 13.31–33; y 23.6–16; Hechos 4.27).

Herodes Felipe I era hijo de Herodes el Grande, el primer marido de Herodías y el padre de Salomé. (Marcos 6.17)

Herodes Felipe II, también llamado Felipe el tetrarca, era hijo de Herodes el Grande y su quinta esposa, Cleopatra, de Jerusalén. Gobernó en la tercera parte del reino de su padre desde el año 4 A. C. hasta su muerte en el año 34 A. D. y en general fue querido por sus súbditos. Se casó con su sobrina nieta Salomé, la hija de Herodías y Herodes Felipe I.

Herodes Agripa I era nieto de Herodes el Grande y hermano de Herodías. Gobernó desde el año 39 hasta el año 44 A. D., tiempo durante el cual dio muerte a Santiago, hijo de Zebedeo, y encarceló al apóstol Pedro. Debido a que se negó a dar gloria a Dios, fue golpeado por un ángel y murió de una muerte horrible (Hechos 12.1–23).

Herodes Agripa II, hijo de Herodes Agripa I, fue el último de los Herodes, gobernando desde el año 50 hasta el año 100 A. D. El apóstol Pablo compareció ante él cuando fue encarcelado en Cesarea. (Hechos 25.13–26.32)

Las mujeres

Herodías era nieta de Herodes el Grande. Su primer marido fue su tío Herodes Felipe I y su segundo fue su tío Herodes Antipas. Era hermana del rey Herodes Agripa I. Cuando Herodes Antipas fue desterrado a la Galia, ella fue con él voluntariamente (Mateo 14.1–12; Marcos 6.17–26)

Salomé era hija de Herodes Felipe I y Herodías y la hijastra de Herodes Antipas. Ella fue la que danzó en la fiesta de cumpleaños de Herodes Antipas, después de lo cual pidió la cabeza de Juan el Bautista en una bandeja. Más tarde se casó con su tío abuelo Herodes Felipe II (Mateo 14.6–11)

Berenice era hija de Herodes Agripa I y hermana de Herodes Agripa II. Se rumoreaba que ella y su hermano tenían una relación incestuosa. Ella estaba con él cuando Pablo compareció ante él en Cesarea (Hechos 25.13-26.32).

Drusila fue la hija menor de Herodes Agripa I y hermana de Berenice. Casada a la edad de catorce años, dejó a su esposo para casarse con Félix, el gobernador de Judea. Tuvieron un hijo que pereció en la erupción del Vesubio en el año 79 A. D. Drusila oyó a Pablo predicar cuando fue encarcelado en Cesarea (Hechos 24.22-26).

ALGO PARA PENSAR

1. Herodes Antipas quería ver a Jesús realizar un gran milagro. En cambio, lo que vio fue a un hombre con cadenas, débil, que se dirigía a la cruz. ¿De qué manera tu propio deseo de ver a Jesús actuar de cierta manera ha configurado tus respuestas a él?

2. Tómate unos minutos para imaginar que eres uno de los líderes religiosos que está presente cuando Jesús es llevado ante Pilato y luego por las calles de Jerusalén para presentarse ante Herodes. Es la Pascua, por lo que Pilato y Herodes están en la ciudad. Trata de imaginarte el ambiente, los gritos, los olores, la muchedumbre. ¿Qué sentimientos y pensamientos surgen en tu mente cuando ves a Jesús presentándose ante Herodes?

3. Juan el Bautista y su primo Jesús fueron, espiritualmente, los hombres más poderosos de su época, y, sin embargo, no parecían ser una amenaza para los poderes políticos reinantes. ¿Qué sugieren sus vidas sobre la naturaleza del auténtico poder espiritual? ¿Cómo deben ver los creyentes el impacto de su fe en el mundo que los rodea?

CAPÍTULO 27

LA HISTORIA DE LA MUJER QUE LAVÓ LOS PIES DE JESÚS

Cómo una prostituta se soltó el cabello en público, escandalizando a todos menos a Jesús

Dichosos ustedes cuando los odien, cuando los discriminen, los insulten y los desprestigien por causa del Hijo del hombre.

LUCAS 6.22

Antes del encuentro de Herodes con Jesús y antes de la crucifixión, el rabí galileo había concitado a una gran cantidad de pueblo, algunos atraídos desde los niveles más bajos de la sociedad. Sentada en el suelo, forma grupo con otros, en su mayoría mendigos. A diferencia de las túnicas de color sin brillo que ayudan a estos a camuflarse junto a la pared donde se apoyan, la capa tejida de ella, de un fuerte color rojo, no pasa para nadie desapercibida. Su frondosa cabellera, recogida en la parte alta de la cabeza, está cubierta con un pañuelo color oro que a su vez revela un bien delineado rostro. Sus ojos de un café intenso hacen juego con el color de su tez y unos labios rojos que parecen a punto de sonreír.

No obstante, Simón pasa junto a ella sin siquiera dirigirle una mirada de reojo. Esta noche, él le ha abierto las puertas de su casa a todo el mundo, incluso a mujeres como ella. Cualquier persona que quiera cenar puede hacerlo siempre que esté de acuerdo en esperar hasta que los invitados de honor hayan terminado de comer. Es la costumbre, una forma de buscar la bendición de Dios y manifestarles generosidad a los menos afortunados. Así es que ellos esperan en silencio, cortésmente, ordenándoles a sus estómagos que se estén quietos para no perturbar el banquete que está por comenzar.

Ella se siente cómoda entre ellos, aunque no es la fiesta que se había imaginado. En su regazo sostiene un frasco de alabastro que contiene un perfume carísimo. Es evidente que está esperando a alguien.

Simón, entretanto, inspecciona la habitación. Su mirada no se detiene en aquella gentuza apoyada contra la pared, sino en varios sofás dispuestos en forma de U que proporcionarán un lugar cómodo para que sus huéspedes se puedan reclinar y disfrutar de una comida placentera. Una vez que todos los invitados hayan ocupado su lugar, se colocará una mesa donde habrá abundancia de higos, pescado, uvas, pan, olivas y carne de cabritos asada.

Él sabe que la mayoría de sus invitados estarán ansiosos, como él, de examinar al joven y controvertido rabino al que llaman Jesús. Varios de sus compañeros fariseos tienen sus dudas sobre él. Por una parte, porque se asocia con recaudadores de impuestos que no son más que títeres romanos disfrazados de judíos, los cuales se hacen poderosos económicamente exprimiéndole el dinero a su propio pueblo, quedándose con una parte y entregándoles el resto a los romanos. Y por la otra, porque sus discípulos lucen inmaduros y toscos, rudos pescadores sin educación que están siempre comiendo y bebiendo, pero que no ayunan nunca. En realidad, se les ha visto recogiendo granos de trigo y comiéndolo el sábado. ¿Y por qué, cuando hay seis días a la semana para trabajar, tendría Jesús que escoger el séptimo día para profanarlo sanando a un hombre con la mano paralizada como había hecho recientemente?

Aun así, Jesús atrae a multitudes cada vez más grandes de gente sin educación que pide a gritos el siguiente milagro. El número de sus seguidores ha crecido tan rápidamente que algunos fariseos han venido de Jerusalén para observar el fenómeno de cerca. Simón ha estado hablando con estos hombres y conoce sus preocupaciones.

Últimamente, otra historia sensacional ha venido circulando. Hace pocos días, dicen, Jesús sanó a un paralítico que fue bajado a través del techo de la casa donde se encontraba. Simón no tiene ningún problema con que un sabio posea poderes curativos, pero Jesús tuvo la audacia de decirle al hombre que sus pecados eran perdonados, una blasfemia obvia, ya que solo Dios puede perdonar pecados.

Simón ha invitado al rabino a su casa para verlo con sus propios ojos, ponerlo a prueba y descubrir exactamente lo que ha hecho. Quizás las historias que la gente ha estado contando sobre él no sean del todo ciertas. Jesús es joven. Todavía puede haber tiempo de dirigirlo al camino correcto.

Lo habitual es que Simón honre a sus invitados dándole a cada uno un beso de bienvenida. Y les provea agua para quitar el polvo de sus pies, aceite de oliva que sirve como jabón para las manos, y ungüento para ungir la cabeza.

Sin embargo, ¿cómo recibirá a Jesús? ¿Cómo le dará la bienvenida a este rabino tan popular cuando llegue? Disfrutar de la visita de un sabio es un gran honor. ¿Pero y si las enseñanzas del rabino son cuestionables? Simón ha pensado mucho en esto y ha decidido que una bienvenida demasiado cálida podría ser malinterpretada. Sus otros invitados podrían sacar conclusiones equivocadas.

Mientras tanto, la joven sigue esperando, sentada tranquilamente en una esquina de la habitación. Simón parece ajeno a su presencia. No obstante, ella se percata de todo y de todos. Para pasar el tiempo, su mente se vuelve atrás a su primer encuentro con el rabino. Ella era una entre cientos de personas que estaban ansiosas por verlo realizar maravillas y oírlo predicar. En medio de la enorme multitud, le pareció como si estuviera dirigiéndose solo a ella.

> Dichosos ustedes los pobres,
>   porque el reino de Dios les pertenece.
> Dichosos ustedes que ahora pasan hambre,
>   porque serán saciados.

Dichosos ustedes que ahora lloran,
porque luego habrán de reír.
Dichosos ustedes cuando los odien,
cuando los discriminen,
los insulten y los desprestigien
por causa del Hijo del hombre.

«No juzguen, y no se les juzgará. No condenen, y no se les condenará. Perdonen, y se les perdonará».

A través de la multitud, el viento lleva su voz hasta donde ella está. Sus palabras caen fuertes, claras y directas en su alma. Comienza a orar en voz alta. Muchos otros en la multitud están haciendo lo mismo, mientras las lágrimas ruedan por sus mejillas.

Shekinah es una palabra hebrea que se refiere a la presencia de Dios habitando con su pueblo. Aunque no es una palabra que aparezca en la Biblia, los judíos la usaban para designar la presencia de Dios en la historia de Israel. ∎

¿Qué es esta presencia cálida y envolvente que está sintiendo? Es la *shekinah* de Dios que ha descendido sobre ella y muchos otros. Ya no tiene miedo de enfrentar y recordar sus pecados por nombre, sino que los trae a la mente uno por uno y luego los deja en manos de Dios. Hay mucho que admitir y entregar. Rebelión, dolor, rabia, infidelidad.

También empiezan a pasar nombres por sus labios. Ve las caras de los hombres que pagaron por acostarse con ella. Son una multitud. En este momento sagrado, encuentra la fuerza para poner a cada hombre en las manos de Dios. Ella ha sido el objeto de su lujuria, y ahora van a ser objeto de la misericordia de Dios. Al tiempo que va perdonándolos uno por uno, el sentimiento de que carece de valor se va esfumando dentro de ella y es sustituido por una sensación de paz y libertad.

Oye las palabras de Jesús de nuevo:

«Amen a sus enemigos, háganles bien y denles prestado sin esperar nada a cambio. Así tendrán una gran recompensa y serán hijos del Altísimo, porque él es bondadoso con los ingratos y malvados. Sean compasivos, así como su Padre es compasivo».

El mensaje que ella ha recibido es que Dios ama a los pecadores, algo tan maravilloso que ha cambiado su vida. Hasta ahora solo había esperado el desprecio de Dios. Sin embargo, el hecho de que pudiera quererla y llamarla suya hizo que su mundo diera un vuelco.

Sus pensamientos son interrumpidos por la llegada de Jesús a la casa de Simón. Ahora no hay gente que los separe, solo un pequeño grupo de hombres que habla con Simón. No deja de observarlo mientras entra a la habitación. Para su sorpresa, no hay una bienvenida según la costumbre: ni beso, ni agua para los pies, ni aceite para la cabeza. Simón simplemente le hace un movimiento de cabeza a su invitado a modo de bienvenida y luego se vuelve, dándole la espalda sin dejar de hablar con los demás comensales.

El insulto es obvio. Ella siente la atmósfera tensa que se ha posesionado de la habitación. Todo el mundo espera que el joven rabino reaccione, tal vez explotando o sacudiéndose el polvo de sus pies y marchándose ofendido de la casa del fariseo. ¿Qué hará?

Ella está acostumbrada a los desaires de hombres como Simón. Incluso los que pagan por el privilegio de abusar de su cuerpo mantienen la pretensión de una vida justa, dándose ínfulas en los lugares públicos. No obstante, nunca había visto que se tratara así a un rabino. La hospitalidad ha sido siempre una obligación sagrada. Tratar a un huésped de esa manera es vergonzoso.

Ella lo siente fuertemente, como si Jesús acabara de ser abofeteado y el dolor se irradiara a través del cuarto y terminara posándose en sus mejillas. Su faz se enrojece ante tal insulto.

Sin embargo, Jesús no muestra signos de haberse molestado. En lugar de darles la espalda a los que están allí reunidos como podría haberse esperado de cualquiera, simplemente se dirige hacia uno de los sofás y se reclina, esperando el comienzo de la cena. Con todo, tal acto en sí mismo resulta impactante, ya que siempre el que se reclina primero es el más viejo y sabio, mientras que el resto de los invitados lo va imitando según el orden de antigüedad. Siendo uno de los más jóvenes en la sala, Jesús acaba de hacer una afirmación contundente.

Para ella, ha llegado el momento de actuar; así que deja su lugar junto a la pared, ofendida por la forma en que han tratado a su querido rabino, y se dirige hacia donde él se encuentra. Tenía la intención de ungirle las manos y la cabeza con el perfume como una forma de agradecerle su regalo del perdón, pero como ya está reclinado, solo puede alcanzar sus pies. Sintiendo el rechazo que él debe estar experimentando, se arrodilla a sus pies y rompe a llorar, y acto seguido hace lo impensable. Se lleva las manos a la cabeza, se suelta su larga cabellera, y la usa para secar las lágrimas derramadas en los pies del rabino. Luego los besa y los unge con el perfume. Con este gesto dramático, demasiado íntimo para una exhibición pública, ella comparte su humillación y lleva a cabo un acto que su anfitrión ha ignorado deliberadamente.

«¡Qué asco!», piensa Simón. «Es evidente que mis aprehensiones con respecto a este rabino estaban bien fundadas».

Él sabe que ninguna mujer que se respete a sí misma va a mostrarle el cabello a su marido sino hasta la noche de bodas. Simón ve su gesto como una declaración de intimidad.

«Si este hombre fuera profeta, sabría quién es la que lo está tocando, y qué clase de mujer es: una pecadora», dice para sí mismo.

Sin embargo, en lugar de reprenderla, Jesús parece conmovido por el gesto de la mujer.

Como si leyera sus pensamientos, se dirige a Simón y le dice: «Simón, tengo algo que decirte».

«Dime, maestro».

«Dos hombres le debían dinero a cierto prestamista. Uno le debía quinientas monedas de plata, y el otro cincuenta. Como no tenían con qué pagarle, les perdonó la deuda a los dos. Ahora bien, ¿cuál de los dos lo amará más?».

Simón sabe que quinientos denarios es un montón de dinero, dos años de salario para un trabajador, mientras que cincuenta denarios representan solo dos meses de trabajo. De modo que su respuesta es la que se esperaba:

«Supongo que aquel a quien más le perdonó».

«Has juzgado bien» le contesta Jesús.

Y por el tono con el que lo dice, Simón sospecha que el rabino también está infiriendo que él no siempre ha juzgado correctamente.

Volviéndose hacia la mujer que se ha expuesto a las burlas por él, Jesús continúa.

«¿Ves a esta mujer, Simón?».

La pregunta lo obliga a dirigir su mirada por primera vez a la mujer.

«Cuando entré en tu casa, no me diste agua para los pies, pero ella me ha bañado los pies en lágrimas y me los ha secado con sus cabellos. Tú no me besaste, pero ella, desde que entré, no ha dejado de besarme los pies. Tú no me ungiste la cabeza con aceite, pero ella me ungió los pies con perfume. Por esto te digo: si ella ha amado mucho, es que sus muchos pecados le han sido perdonados. Pero a quien poco se le perdona, poco ama».

Luego Jesús vuelve su atención a la mujer, que está todavía de rodillas.

«Tus pecados quedan perdonados» le dice. «Tu fe te ha salvado; vete en paz».

Y ella se va.

Los invitados comienzan a murmurar, diciéndose entre sí:

«¿Quién es éste, que hasta perdona pecados?».

Más tarde, Simón se pregunta lo mismo. Aunque sigue creyendo que él tiene la razón, no deja de sentirse confundido. Sus labios comienzan a temblar ligeramente. Se siente fuera de balance. Una pequeña lágrima corre por su mejilla. Aunque trata de encontrarle sentido a lo que ha ocurrido, se da cuenta de que no puede manejarlo, y sigue preguntándose

«¿Quién es este hombre que ofrece perdonar mis pecados?». ¿Puede él perdonar mis pecados?[1]

LOS TIEMPOS

La historia de esta mujer tiene lugar en alguna
época entre los años 26 y 30 A. D.
El relato se encuentra en Lucas 7.36–50.

En el Oriente Medio, la hospitalidad ha sido siempre algo sagrado. Negarla se consideraba una ofensa grave.

Con frecuencia, las comidas eran algo relajado, especialmente si a los invitados se les ofrecía alguna forma de entretenimiento. Comer con alguien significaba que se disfrutaba de una buena relación, que había paz entre los participantes, de ahí que los religiosos se escandalizaran tanto cuando Jesús comía con pecadores reconocidos.

En lugar de sentarse a la mesa como lo hacemos hoy, los invitados se sentaban en esteras sobre el piso o se reclinaban en divanes. Al menos un erudito[2] cree que cuando participaron en la última cena antes de su muerte, Jesús y sus discípulos lo hicieron reclinados en esteras y divanes a ras de suelo en lugar de en sofás elevados. A veces, en las comidas formales, los invitados se reclinaban en un *triclinium*, que era un área de divanes arreglados en forma de U. La comida se servía en bandejas removibles que se colocaban sobre mesas de tres patas. En lugar de cubiertos, se usaban pedazos de pan que cumplían las funciones de cucharas y la comida se extraía de una escudilla común.

Era responsabilidad del anfitrión no solo preocuparse de los invitados y protegerlos de cualquier daño, sino defenderlos con su vida si era necesario.

Simón no solo se negó a darle el beso de bienvenida a Jesús cuando entró a su casa, sino que prescindió de las cortesías más elementales, como proveerle agua y aceite para la cabeza y los pies.

Al no ofrecer estas formalidades, especialmente tratándose de un rabino, Simón cayó en un hiriente insulto público.

Sin embargo, ¿qué estaba haciendo una prostituta en la casa de un fariseo, un hombre que la consideraba indigna de su mesa? Una práctica común para dar muestras de magnanimidad era invitar a una comida formal a la gente marginada. No obstante, a estos parias se les permitía comer solo una vez que todos los invitados lo hubieran ya hecho. En lugar de imponer su presencia en la fiesta, esta mujer pudo humillarse identificándose con los marginados, exponiéndose así al ridículo debido a su deseo de agradecerle a Jesús todo lo que había hecho por ella.

ALGO PARA PENSAR

1. Comenta sobre la inversión de papeles que tiene lugar en esta historia cuando un «infractor de la ley» llega a ser el héroe y un «guardador de la ley» parece ser el villano.

2. ¿Qué te dice la historia de esta mujer en cuanto a la tendencia humana a juzgar a otros por las apariencias?

3. Al pensar en esta historia, dedica unos minutos a considerar con cuál de los personajes te identificas más. ¿Qué te hace identificarte con esa persona?

4. ¿Has amado usted alguna vez tanto a alguien que no te importaba lo que los demás pensaran? ¿Cómo se vería Tu relación con Cristo si lo amaras intensamente?

5. Jesús afirma que aquellos que han sido perdonados mucho aman mucho. Piensa por un momento si en tu vida hay pecados que aún no has admitido, incluyéndote a ti mismo. Deja que la historia de esta mujer te anime a revelarle a Dios todo lo que hay en tu corazón.

CAPÍTULO 28

LA HISTORIA DE JUDAS ISCARIOTE

El hombre que vivió con la luz pero que prefirió las tinieblas

*El traidor les había dado esta contraseña:
«Al que le dé un beso, ese es; arréstenlo». En
seguida Judas se acercó a Jesús y lo saludó.
«Rabí» le dijo, y lo besó.*

MATEO 26. 48-49

Jesús y sus discípulos se dirigen hacia el sur, hacia Jerusalén, en la que será su última visita a esta tan sagrada y más intratable de las ciudades. Mientras avanzan por esos caminos polvorientos, los discípulos se aglomeran en torno de él pues no quieren perderse ninguna de sus palabras; sin embargo, hay uno que se queda atrás.

En lo que respecta a Judas, estos galileos son hombres simples, incapaces de un pensamiento original. Como muchos judíos de Judá, mira con menosprecio a estos judíos del norte. Parece no darse cuenta de que la diferencia entre él y los demás discípulos no es cuestión de inteligencia o de crianza sino simplemente es una cuestión de amor. Ellos están dedicados a su rabino, mientras que él está dedicado a sus ambiciones.

Aunque Jesús proviene de Galilea, Judas lo coloca en una categoría completamente diferente. Como un rabino cuya fama va en aumento, Jesús muestra un carácter sorprendente ante los fariseos y sacerdotes que tratan de desvalorizar a los demás con sus conocimientos de la ley y su cacareada piedad. Es esta voluntad de desafiar a las élites religiosas lo que atrajo a Judas a Jesús; además de sus poderes milagrosos que nunca dejan de impresionar a la gente.

Seguramente fue un golpe de suerte y un motivo de gran conmoción cuando Jesús invitó a Judas a convertirse en su discípulo. Todavía mejor es la deliciosa ironía de que él, un pequeño ladrón,

Poco se sabe de Judas Iscariote. Algunos eruditos creen que Iscariote significa «hombre de Keriot», posiblemente una aldea en el sur de Judea, pero el significado está en disputa. Si Judas era de Judea, puede haber menospreciado a los galileos, un prejuicio común entre las personas que vivían en Judea. ∎

haya sido nombrado encargado de la bolsa del dinero. Él prefiere pensar en ir haciendo pequeñas sustracciones en lugar de desaparecer con la bolsa completa como tiene que haberse visto tentado a hacer en más de una ocasión.

Pero ¿por qué debería huir? Jesús es el rabí más popular en Galilea. Pronto volverá su atención a Jerusalén y entonces no habrá nada que lo detenga. Cualquier hombre que sea su aliado cercano seguramente irá con él.

En lugar de escuchar atentamente las palabras del rabí mientras el grupo camina por el sendero terroso, Judas se distrae imaginándose un futuro glorioso. Se ve a sí mismo adornado con oro y joyas, instalado como gobernador de una provincia, o dos. O quien sabe si no llega a ser el nuevo sumo sacerdote cuando Jesús reclame para sí el trono judío.

Al igual que muchos judíos comunes y corrientes, se da cuenta de cuán proclives se han puesto los sumos sacerdotes a acumular riqueza y poder bajo el pretexto de piedad. Lo que le ofende no es su ambición por las riquezas materiales sino el hecho de que este poder les es otorgado por Roma. Le reconforta pensar que cuando el Mesías se haga del trono, la actual estructura de poder colapsará.

¿No han predicho las Escrituras la venida de un gran rey que derrotaría a los enemigos de Israel? El país está ansioso ante la expectativa de que el Mesías pronto se levantará para liberarlos de sus opresores romanos. ¿Por qué no Jesús? ¿Por qué no ahora? Pero hay un problema. Judas recuerda aquel día en la montaña cuando Jesús exaltó a los mansos, a los hambrientos y a los misericordiosos, llamándolos bendecidos. Incluso elogió a los pacificadores.

Pero ¿por qué hablar de paz cuando la guerra es inevitable? ¿Y por qué hablar de misericordia cuando lo que se impone es la venganza?

El Evangelio de Juan usa con frecuencia la frase «los judíos» para designar no a los judíos comunes sino a los líderes religiosos corruptos y espiritualmente ciegos que se oponían a Jesús. La mayoría de los eruditos creen que la audiencia de Juan incluía a creyentes judíos que habían sido expulsados de las sinagogas por su fe en Jesús.[1] ∎

Más de una vez, Judas se ha preguntado si su rabí tiene la decisión política para reclamar el trono. En lugar de aprovechar cada oportunidad para avanzar en su posición, Jesús prefiere desaparecer cada vez que la multitud trata de proclamarlo rey. Aunque el populacho sigue acudiendo a Jesús, la oposición crece día con día dentro de las filas de la élite religiosa: los sumos sacerdotes, los fariseos, los escribas. Desde el incidente en Betania, cuando Jesús resucitó a un hombre que había muerto, las tensiones han aumentado.

Celosos de su creciente fama, y preocupados de que él y sus discípulos pudieran provocar una insurrección política, los líderes religiosos buscan la manera de neutralizarlo. En su afán por aferrarse al poder y proteger a la nación de la ira de Roma, convocan a los miembros del Sanedrín —que es el cuerpo gobernante del pueblo judío— a una sesión especial para analizar la situación.

Debido a su hostilidad, Jesús ya no puede moverse libremente en público, por lo que junto con sus discípulos se retira a una pequeña aldea a orillas del desierto.

Pensando que la Pascua presenta la oportunidad perfecta para que Jesús reclame su trono, Judas se impacienta. Sabe que cientos de miles de judíos irán a Jerusalén para celebrar La liberación por parte de Dios. Durante la cena de Pascua, conmemorarán los hechos portentosos ejecutados por el Señor Dios Jehová cuando sacó a la nación de Egipto.

También sabe que no sería difícil sustituir la palabra *Roma* por *Egipto* y el nombre *Jesús* por *Moisés*. De hecho, muchos creen que

Jesús es el nuevo Moisés, el único que Dios ha llamado para liberar a su pueblo de la opresión romana. Entre los discípulos, Judas no está solo en eso de que si el pueblo se levanta como uno solo, y aclama a Jesús como su rey, los romanos serán derrotados instantáneamente. Esto es exactamente lo que temen los principales sacerdotes y los fariseos, aunque no son tan optimistas sobre el resultado. Ellos planean arrestarlo en silencio si él viaja a Jerusalén para asistir a la fiesta. Pero primero deben encontrarlo.

Como el tiempo pasa rápido, Judas espera que Jesús llegue a Jerusalén antes de que sea demasiado tarde. Se siente aliviado cuando a solo unos días de la Pascua, se dirigen finalmente a Betania, una aldea a poco más de tres kilómetros de Jerusalén. Betania es una especie de epicentro de la fama de Jesús, ya que allí fue donde llevó a cabo el milagro más espectacular. Lázaro, el hombre al que resucitó después de cuatro días de haber muerto, sigue viviendo en Betania, junto con sus hermanas Marta y María.

Muchos testigos han contado la historia de cómo Lázaro salió de su tumba aún envuelto en su ropa mortuoria. Día a día, mientras la gente en multitud entra en la ciudad, hablan del rabí que tiene el poder de resucitar a los muertos. Mientras tanto, Jesús disfruta de una cena celebrada en su honor en Betania. Lázaro, Marta y María están allí. Mientras los comensales, reclinados en sus divanes disfrutan de la cena, María hace algo extraordinario. Con un frasco de alabastro lleno de nardo pura se aproxima al diván donde Jesús está reclinado; lo abre y vierte en sus pies el perfume, cuyo valor equivale al salario de un año de un trabajador. Luego, seca los pies con su cabellera. Aunque ungir la cabeza de un

El nardo es un aceite de color ámbar intensamente aromático extraído de una planta con flores que crece en las estribaciones del Himalaya en el norte de la India. ■

huésped con un poco de aceite es algo que se practica con cierta regularidad, los pies generalmente se lavan con agua y luego se secan con una toalla, nunca con el cabello de una mujer. Soltarse ante quien sea, excepto su marido, es considerado un signo de inmoralidad. Pero el amor de María por Jesús es tan extravagante que no se sujeta a las convenciones habituales.

Judas es el primero en expresar su indignación.

«¿Por qué no se vendió este perfume y se dio el dinero a los pobres?», dice.

A pesar de la aparente conmiseración de su pregunta, él no está pensando en los pobres sino en todo el dinero que pudo haberse sacado de la venta.

Pero Jesús desvirtúa su objeción, diciéndole:

«Déjala; para el día de mi sepultura ha guardado esto. Porque a los pobres siempre los tendréis con vosotros, más a mí no siempre me tendréis».

Judas siente las palabras de Jesús como un doble reproche: primero, por su codicia y luego, por sus sueños. No tiene sentido hablar de sepultura cuando deberían celebrar la victoria venidera. Al día siguiente, él y los otros discípulos acompañan a Jesús cuando entra a Jerusalén. Montado en un asno, Jesús es recibido por una enorme multitud que agita ramas de palma como si estuvieran aclamando a un rey victorioso. Aunque Judas está encantado con el tamaño de la multitud, se siente incómodo. ¿Por qué montar un asno para entrar en la ciudad como una señal de paz cuando lo que se requeriría es un corcel de guerra?

Un poco más tarde y la escena cambia. Ahora Judas está apoyado contra una pared. De nuevo, se ha apartado un poco de los demás. Su rostro, medio en sombra medio en luz. Escucha a Jesús quien se dirige a los doce:

«Ha llegado la hora para que el Hijo del Hombre sea glorificado» les dice. «De cierto, de cierto os digo, que si el grano de trigo no cae en la tierra y muere, queda solo; pero si muere, lleva mucho fruto. El que ama su vida, la perderá; y el que aborrece su vida en este mundo, para vida eterna la guardará».

Mirando a sus discípulos, se detiene en Judas, como si le estuviera extendiendo una invitación. Pero si es una invitación, Judas la declina. Está enfermo y cansado de oír hablar de muerte. Tampoco quiere ser plantado en el suelo para que otros hombres puedan florecer. Después de meses de luchar contra sus dudas sobre Jesús, se rinde ante lo peor de todo. A medida que la verdad se hunde, Judas se da cuenta de que Jesús no tiene intenciones de liderar una rebelión armada. No habrá victoria gloriosa. Tampoco los hombres que lo siguen se verán elevados a posiciones de poder.[2]

Amargado y desilusionado, se adentra en las sombras. De pronto, se le ocurre que quizás Jesús no lo ama. Quizás nunca lo haya amado. Recuerda con qué frecuencia durante los últimos tres años se ha sentido como un extraño, como si hubiese sido la única alma comprometida en el grupo. Ha intentado hacer algo de su vida. Pero ahora se siente afligido, como si hubiese perdido una oportunidad de oro que no volverá a presentarse.

Luego otro pensamiento. Si no puede tener oro, se conformará con plata.

Cuando comienza la cena de la Pascua, Jesús se levanta de la mesa. Luego hace algo que endurece aún más el corazón de Judas. Quitándose la túnica exterior, se coloca una toalla alrededor de la cintura. Vertiendo

Los pies de los discípulos estarían polvorientos por caminar en caminos de tierra. En algunos vecindarios, los caminos eran depósitos de basura y desechos humanos, lo que hacía que la tarea de limpiar los pies fuera más necesaria y repugnante. El lavado de los pies era una tarea reservada para los esclavos no judíos, el más bajo de los más bajos. ■

agua en un lebrillo, se arrodilla y comienza a lavar los pies de sus discípulos, secándoselos con la toalla. Esto no hace más que aumentar el desprecio que siente Judas hacia su Maestro. Definitivamente, Jesús o es un soñador o es un fraude, pero Mesías no es. Porque el Mesías nunca se rebajaría lavando los pies de otro hombre, porque lavar los pies sucios de alguien es una tarea tan indigna que incluso los esclavos judíos eluden hacerla. Volviendo a su lugar en la mesa, Jesús dirige la mirada a cada uno de sus discípulos.

«¿Sabéis lo que os he hecho? Vosotros me llamáis Maestro, y Señor; y decís bien, porque lo soy. Pues si yo, el Señor y el Maestro, he lavado vuestros pies, vosotros también debéis lavaros los pies los unos a los otros. Porque ejemplo os he dado, para que como yo os he hecho, vosotros también hagáis. De cierto, de cierto os digo: El siervo no es mayor que su señor, ni el enviado es mayor que el que le envió. Si sabéis estas cosas, bienaventurados seréis si las hiciereis».

Luego dice algo que inyecta un escalofrío en la habitación.

«No me estoy refiriendo a todos ustedes; conozco a los que he elegido. Pero esto es para cumplir este pasaje de las Escrituras: "El que compartió mi pan se ha vuelto contra mí". De cierto les digo que uno de ustedes me va a traicionar».

Ante el temor a la revelación, Judas se siente aliviado cuando Jesús lo honra inclinándose sobre la mesa y le ofrece un pedazo de pan sin levadura que ha mojado en un *charoset*, un sabroso plato que forma parte de la cena de la Pascua. Pero tan pronto como Judas acepta el pan, siente que la oscuridad se precipita y toma posesión de su alma.

«Lo que estás a punto de hacer, hazlo rápido» le dice Jesús.

Camina en la oscuridad hasta el templo. Allí promete a los principales sacerdotes entregarles a Jesús en un momento oportuno cuando no haya multitudes que sean testigos de su arresto. A cambio, ellos le prometen recompensarlo con treinta piezas de plata. Es menos de lo que esperaba, pero al menos es suficiente para mantenerlo durante unos meses, pues ya no tiene trabajo.

Después de la comida, Jesús y sus discípulos abandonan la ciudad y se dirigen al Jardín de Getsemaní para orar. Este es un lugar que Judas conoce bien. Dirigiendo a una multitud de hombres armados con espadas y palos, se acerca a Jesús y lo besa en la mejilla. Esta es la señal preestablecida para que los soldados sepan a quién arrestar.

En lugar de tratar de escapar, Jesús da un paso adelante y pregunta a quién buscan.

«A Jesús de Nazaret» dicen.

«Yo soy» les dice.

Retirándose unos cuantos pasos, Judas observa a los soldados mientras avanzan hacia Jesús. De repente, caen al suelo. Demasiado poder emana de aquel a quien quieren detener para que puedan avanzar.

Una vez más, Jesús pregunta:

«¿A quién buscan?».

Cuando dicen: «A Jesús de Nazaret» él responde:

«Ya les dije que yo soy. Si es a mí a quien buscan, dejen que estos se vayan».

Ahora habla de sus discípulos.

No dispuesto a correr, Simón Pedro de repente saca su espada y ataca al siervo del sumo sacerdote, cortándole la oreja derecha. Temiendo que uno de los discípulos lo ataque a continuación, Judas decide escapar. Antes de que pueda irse, Jesús le dice a Pedro:

«¡Vuelve esa espada a su funda. ¿Acaso no he de beber el trago amargo que el Padre me da a beber?».

En medio de la confusión, Pedro y los otros discípulos huyen.

A la mañana siguiente, Judas es presa del remordimiento. Ola tras ola de vergüenza lo invade en una corriente interminable y nauseabunda. En un vano esfuerzo por distanciarse del asesinato judicial que está teniendo lugar, se dirige al templo para confesar su pecado.

«He pecado porque he entregado sangre inocente», llora.

Pero los principales sacerdotes y los ancianos lo ignoran. ¿Por qué deberían preocuparse por Judas y sus dolores de conciencia? Un discípulo que traiciona a su rabí vale menos que la suciedad.

«¿Y eso a nosotros qué nos importa? le dicen. «¡Allá tú!».

Arrojando las monedas al suelo del templo, Judas sale corriendo.

Habiendo recuperado las treinta piezas de plata, los sacerdotes discuten sobre cómo disponer del dinero. Deben preservar su pureza al no gastarlo en ellos mismos ni en el templo; así es que, deciden comprar un campo que se convertirá en un cementerio para extranjeros, cumpliendo así las palabras del profeta Jeremías, quien dijo:

«Tomaron las treinta monedas de plata, el precio que el pueblo de Israel le había fijado, y con ellas compraron el campo del alfarero, como me ordenó el Señor».

Pocos hombres en la historia fueron tan privilegiados como Judas Iscariote y ninguno tan maldecido, un hombre que vivió con la luz, pero en su lugar eligió la oscuridad.

LOS TIEMPOS

La historia de Judas tuvo lugar alrededor
de los años 27 y 31 A. D.
El relato está en Mateo 26–27; Marcos 14;
Lucas 22; Juan 12–13; 18.1–14.

En el período previo al primer siglo, algunos individuos se hicieron conocidos por su dedicación al estudio y la enseñanza de la Torá, los primeros cinco libros de la Biblia. Eran gente del pueblo: agricultores, herreros, carpinteros, que contaban parábolas y explicaban las Escrituras. Algunos trabajaban en su oficio durante parte del año y luego viajaban de sinagoga en sinagoga enseñando.

En los días de Jesús, esos hombres eran conocidos como «mi maestro», que en hebreo es, rabino. No fue sino hasta después del año 70 a. d. que *rabino* se convirtió en un título formal utilizado por escribas o teólogos entrenados en la Ley.

Durante el primer siglo era común que un rabino tomara discípulos, quienes luego de varios años de estudiar con él se convertían ellos mismos en rabinos. Jesús rompió con la tradición no aprendiendo él mismo de un rabino. Lo que hizo fue más simple: Dejó sus herramientas de carpintero, seleccionó a doce hombres comunes y corrientes e hizo que fueran con él a dónde él iba. Eso también rompió los precedentes, ya que los aspirantes a rabinos siempre buscaban a un "maestro" que los formara.

Las sesiones de enseñanza se realizaban con frecuencia cerca del mercado, junto a los caminos o en el campo. Los rabinos no recibían paga, sino que dependían de la hospitalidad de los demás.

La tarea de un discípulo no era simplemente escuchar las enseñanzas de su rabino, sino «leer el libro de su vida». En otras palabras, se esperaba que un discípulo observara a su maestro de cerca para imitar la forma en que respondía a la gente y a las circunstancias de la vida.

Muchos discípulos vivían y viajaban con su rabino, tal como lo hacían los discípulos de Jesús. Para expresar su respeto y amor hacia él, debían tratarlo con el honor que le darían a un padre. También se esperaba que sirvieran a sus necesidades personales, así como un esclavo serviría a un amo.

La meta de los discípulos era aprender del rabino cómo entender y aplicar la palabra de Dios a sus propias vidas. Al estudiar tanto las Escrituras como el texto de la vida del rabino, los discípulos esperaban adquirir, no solo la comprensión de la Torá por parte de su maestro, sino también la profundidad de su carácter moral. Entender cuán íntimo era el vínculo entre el rabino y los discípulos nos ayuda a entender cuán escandalosa fue la traición de Judas a Jesús.[3]

ALGO PARA PENSAR

1. Imagínate a ti mismo como uno de los personajes en la historia de Judas. ¿Serías María de Betania ungiendo los pies de Jesús con un perfume carísimo; Lázaro, quien resucitó de entre los muertos; un miembro de la multitud agitando ramas cuando Jesús entra en Jerusalén, o uno de los principales sacerdotes cómplice en su arresto? Desde la perspectiva de ese personaje, ¿cómo describirías tu relación con Judas o tu perspectiva de él?

2. ¿Qué sugiere la historia de Judas sobre la condición del corazón humano? ¿De qué manera te desafía este aspecto de su historia?

3. Cuando Dios se reveló a Moisés en las Escrituras hebreas, usó la misteriosa frase: «Yo soy el que soy» (Éxodo 3.14). ¿Por qué crees que los soldados se desplomaron cuando Jesús les dijo: «Yo soy» al tratar de arrestarlo en el Huerto de Getsemaní (Juan 18.5–6)?

CAPÍTULO 29

LA HISTORIA DE PONCIO PILATO

Cómo un sueño horrible

se hizo realidad

Cuando Pilato vio que no conseguía nada, sino que más bien se estaba formando un tumulto, pifió agua y se lavó las manos delante de la gente. «Soy inocente de la sangre de este hombre» dijo. «¡Allá ustedes!».

MATEO 27.24

Su cabeza palpita como si un pequeño martillo le estuviera golpeando el cráneo a un ritmo fijo y constante. Los dolores de cabeza se le han convertido en una cosa de todos los días. Se le ocurre que es el precio que tiene que pagar por ser el gobernador romano de una atrasada región del imperio.

Sentado al borde de la cama, Poncio Pilato observa a su esposa que duerme plácidamente. «Es raro» piensa «que la mujer de un funcionario decida acompañar a su esposo asignado a una región tan remota». Por eso, la ama aún más.

Recordando lo inquieta que había parecido hacía unas horas, se pregunta si no sería algo que estaba soñando que la había perturbado. Él ha aprendido a respetar la sabiduría de sus visiones nocturnas.

Seis años antes, Sejano, amigo de Pilato y confidente del emperador Tiberio, lo había ayudado a asegurar su posición como prefecto de Judea. Pero la ejecución de Sejano por sospecha de traición había socavado su posición en Roma.

Como un hombre que ha izado su vela en mares traicioneros, se siente vulnerable a todo viento político.

Aunque Pilato reside habitualmente en Cesarea Marítima, la magnífica ciudad romana que Herodes el Grande había construido en el extremo oriental del Mediterráneo, se queda en Jerusalén en momentos de inestabilidad o cuando se observan las fiestas. Además de recaudar impuestos y adjudicar juicios penales, su deber solemne como gobernador de Judea es mantener la paz.

Para que un despliegue del poder romano no provoque la ira de sus intransigentes súbditos, hace todo lo posible por mantener un perfil bajo cuando está en Jerusalén, especialmente durante la fiesta de la Pascua; por lo tanto, deja el gobierno diario de la ciudad al Sanedrín, la corte judía presidida por el sumo sacerdote.

Pilato no siempre ha sido tan sensible a las costumbres de los que gobierna. Su primera incursión en Jerusalén casi provocó una insurrección. Ignorando la política de los gobernadores romanos anteriores, él y sus soldados habían ingresado a la ciudad con símbolos militares que sus súbditos judíos consideraron idolátricos. Demasiado terco para admitir su error, trató de aplastar las protestas. Después de cinco días de manifestaciones crecientes, intentó salir de la crisis ordenando la ejecución de cualquiera que continuara rebelándose. Pero los judíos continuaron resistiendo, y ante su obstinado desafío, su estrategia colapsó, y se vio obligado a quitar los símbolos ofensivos.

Pero esta mañana, Pilato no está pensando en errores pasados, si es que piensa que fueron errores. A medida que la luz del día inunda Jerusalén, es recibido por miembros del Sanedrín que han traído a un prisionero para juzgarlo. La noche anterior, mientras el resto de la ciudad dormía, los líderes religiosos lo han arrestado y maltratado, presentando luego cargos contra él. Como la ley judía prohíbe que el tribunal dicte sentencias bajo la cobertura de la oscuridad,[1] esto sorprende a Pilato.

Por lo general, los gobernadores romanos escuchaban casos desde el amanecer hasta las 11 de la mañana. ■

———

No es posible establecer el momento preciso de los juicios civiles de Jesús ante Pilato y Herodes, aunque probablemente ocurrieron entre las 6 y las 9 de la mañana. ■

Se pregunta qué tipo de prisionero podría provocarles a actuar con tanta prisa y secreto.

Sabedor de que los líderes judíos no pueden entrar en su residencia sin quedar ritualmente impuros, sale él a su encuentro.

Desde el *bema* (la sede del tribunal) instalado sobre una plataforma elevada, escucha sus quejas.

«¿Qué cargos están presentando contra este hombre?» pregunta.

«Si él no fuera un criminal, no se lo habríamos entregado a ustedes», le responden.

Su tono defensivo le dice a Pilato que hay más en la historia.

«Llévenselo y júzguenlo ustedes según sus propias leyes» les dice.

«Pero nosotros no tenemos derecho a ejecutar a nadie», replican los líderes religiosos.

Ahá… Así es que este es el juego ¿eh? Lo que esta gente quiere es que yo haga su trabajo sucio.

Aunque Pilato es el único con poder absoluto sobre la vida y la muerte, los romanos a veces toleraban las ejecuciones locales, como en el caso de Esteban en Hechos 7. ∎

———

El Pretorio es la sede de Pilatos en Jerusalén, ubicado en el antiguo palacio de Herodes el Grande. ∎

«Hemos encontrado a este hombre subvirtiendo a nuestra nación» continúan.

«Se opone a pagar impuestos a César y afirma ser Cristo, un rey».

Las denuncias son graves. Alentar al pueblo a no pagar los impuestos es en sí mismo un crimen capital y, por otra parte, no puede haber otro rey además de César. Pero Pilato sospecha que los cargos parecen haber sido inventados para cubrir una disputa religiosa. Esta no sería la primera vez que se usara una táctica de este tipo.

Bajando de la *bema* y entrando en el Pretorio, Pilato convoca al prisionero para interrogarlo en privado.

«¿Eres tú el rey de los judíos?» le pregunta.

«¿Es tu propia idea o te hablaron otros de mí?» responde Jesús.

«¿Soy yo judío?» le dice Pilato, burlándose. «Fue tu propia gente y tus principales sacerdotes quienes te entregaron a mí. ¿Qué has hecho?».

Espera que el prisionero plantee una defensa contundente; pero Jesús, simplemente, responde:

«Mi reino no es de este mundo. Si lo fuera, mis sirvientes pelearían para evitar mi arresto por parte de los líderes religiosos. Pero mi reino está en otro lugar».

«Ah, tú eres un rey entonces», dice Pilato, mirando a Jesús con un ojo inquisitivo.

«Tienes razón en decir que soy un rey», responde Jesús. «De hecho, por esta razón nací, y por esto vine al mundo, para dar testimonio de la verdad. Todos en el lado de la verdad me escuchan».

«¿Qué es la verdad?» pregunta Pilato, frotándose la frente para aliviar la presión creciente en la cabeza. ¡Cómo odia estos miserables dolores de cabeza!

Satisfecho de que su prisionero no sea un criminal, sino simplemente un sabio judío que ha despertado la envidia de la élite religiosa, regresa a la *bema*, anunciando a los principales sacerdotes y a la multitud: «No encuentro ninguna base para acusar a este hombre».

«Agita a la gente por toda Judea con su enseñanza», gritan. «Comenzó en Galilea y ha llegado hasta aquí».

¡Así que, el hombre es de Galilea! Quizás hay una manera más fácil de calmar la situación. Como Herodes Antipas está en la ciudad para la Pascua, Pilato decide enviarle a Jesús. Tal vez ese viejo zorro encuentre una manera de calmar las cosas.

En cuestión de minutos, Jesús es llevado al otro lado de la ciudad. Como Herodes no encuentra nada de qué acusarlo, lo devuelve a Pilato a las 7 dela mañana. Pilato, entonces, vuelve a interrogar a Jesús, esperando que se defienda.

«¿No vas a responder? Mira de cuántas cosas te acusan».

Seguramente el prisionero es consciente de que la ley romana exige que se le condene si no se defiende.[2]

Pero Jesús no dice nada.

Volviendo a la *bema*, Pilato se dirige a la multitud.

«No encuentro base alguna para un cargo contra este hombre» les dice. «Pero ustedes acostumbran a dejar en libertad a un prisionero con ocasión de la Pascua. ¿Quieren que deje libre "al rey de los judíos"?».

Mientras está hablando, un soldado llega con un mensaje urgente de su esposa.

«No te metas con ese justo» le dice «pues, por causa de él, hoy he sufrido mucho en un sueño».

Sus palabras lo traspasan. Por una fracción de segundo siente como si estuviera entrando en una dimensión diferente, en un sueño propio. El ruido de la bulliciosa multitud se desvanece mientras el golpeteo constante en su cabeza empeora. Sentado en el tribunal, mira a Jesús a los ojos. Por un momento, le parece que él y su prisionero son las únicas dos personas en la ciudad. ¿Quién —se pregunta— es el cautivo y quién el juez?

Luego escucha la voz de su esposa, como si ella estuviera de pie junto a él:

«No tengas nada que ver con este hombre inocente».

Cerrando los ojos por un momento, recuerda a Barrabás, un insurrecto y asesino que está encerrado en el Pretorio. Seguramente los líderes religiosos no querrán ver a ese fanático liberado. Tal vez pueda llegar a un acuerdo.

«¿Cuál quieren que les suelte: Barrabás, o Jesús, el que se dice el Cristo?» pregunta a la multitud.

Parece no darse cuenta de que todos son secuaces de los principales sacerdotes.

«¡No! ¡A Jesús, no! ¡Entréganos a Barrabás!», gritan, como una sola voz.

«¿Qué haré, entonces, con Jesús, que se dice el Cristo?» pregunta.

«¡Crucifícalo!».

«¿Por qué? ¿Cuál es el crimen que ha cometido?».

Pero la multitud no le contesta, sino que grita aún más fuerte:

«¡Crucifícalo!».

Pilato entonces ordena que Jesús sea azotado. Se usará un látigo multi-tiras de cuero trenzadas con piezas de hueso y plomo en las puntas. A diferencia de los judíos, que limitan el número de azotes, los romanos no tienen tal regla. A veces azotan a sus prisioneros hasta darles muerte. Los soldados arrastran a Jesús al Pretorio, lo desnudan y luego lo visten como un rey ficticio. Lo cubren con una capa de soldado sobre los hombros, forman con unas ramas espinudas una corona que se la colocan en la cabeza, presionándola para que quede firme. Le ponen una vara en la mano para simular un cetro, se arrodillan ante él y le dicen, riendo:

A los soldados de esa época les gustaba practicar un juego realmente cruel con los que se sublevaban. Los vestían con una túnica escarlata, que era la capa exterior de un soldado romano, lo disfrazaban de rey, se burlaban de él, lanzaban los dados y lo movían como un peón en un tablero que estaba grabado en el piso.[3] ▪

«¡Salve, rey de los judíos!».

Luego lo abofetean. Este es uno de sus entretenimientos favoritos. Les encanta tratar así a los farsantes.

Después de que hubieron terminado con él, Pilato vuelve a dirigirse a la multitud.

«Aquí está el hombre» dice a los judíos. «Lo he sacado para que sepan que no lo encuentro culpable de nada».

Tan pronto como los principales sacerdotes y funcionarios ven el rostro ensangrentado de Jesús, gritan,

«¡Crucifícalo! ¡Crucifícalo!».

«Pues llévenselo y crucifíquenlo ustedes» replicó Pilato. «Por mi parte, no lo encuentro culpable de nada».

«Nosotros tenemos una ley, y según esa ley debe morir, porque se ha hecho pasar por Hijo de Dios» insisten los judíos.

Cuando Pilato escucha esto, su miedo aumenta.

«¿De dónde vienes?» le pregunta.

Pero su prisionero guarda silencio.

«¡Vamos hombre! ¿Por qué te niegas a hablar conmigo? ¿No te das cuenta de que tengo poder para liberarte o crucificarte?».

«No tendrías ningún poder sobre mí» le respondió Jesús, «si no te fuera dado desde arriba».

Aunque Pilato quiere liberar a Jesús, los líderes religiosos siguen gritando:

«Si dejas en libertad a este hombre, no eres amigo del emperador. Cualquiera que pretende ser rey se hace su enemigo».

Al oír esto, el gobernador se da cuenta de que ha perdido la batalla. A pesar de su fuerte deseo de prestar atención a la advertencia del sueño de su esposa, su posición en Roma es tan precaria que no puede arriesgarse a que llegue una queja al emperador. Sus oponentes lo saben y se han aprovechado de su miedo para hacer más fuerte su oposición.

El tiempo en el relato del Evangelio de Juan difiere del que ofrece el Evangelio de Marcos. Juan dice que Jesús fue condenado a muerte a la hora sexta; es decir, a las 12 del mediodía. Puede ser que Juan estuviera usando la hora romana, lo que explicaría las diferencias. ∎

Así es que, sumergiendo sus manos en un lebrillo con agua, se las lava frente a la multitud y dice:

«Soy inocente de la sangre de este hombre. ¡Allá ustedes!».

«¡Que su sangre caiga sobre nosotros y sobre nuestros hijos!» contesta todo el pueblo.

Entonces deja en libertad a Barrabás y entrega a Jesús para la crucifixión. Son las 8 de la mañana.

A las 9, los soldados lo clavan en una cruz.

Sobre la cabeza del crucificado hay una placa que dice: Este es Jesús, el Rey de los judíos.

Cuando Pilato finalmente se retira de la *bema*, siente que su cabeza va a explotar. Los árboles están llenos de pájaros chirriantes y el aire lo siente espeso y repentinamente cálido.

De pronto, escucha un rumor siniestro, siente que el suelo comienza a temblar y todo se cubre de tinieblas.

Los que están en el templo se caen cuando escuchan un gran ruido desgarrador: es el velo del templo que separa el Lugar Santo del Lugar Santísimo, que se rompe en dos, de arriba abajo, por la presión del terremoto. Debido al hombre en la cruz, el mundo como lo conoce Pilato y como todos lo conocen, nunca volverá a ser el mismo.

LOS TIEMPOS

Poncio Pilato fue el gobernador romano de
Judea desde el año 26 al año 36 A. D.
*Su historia se encuentra en Mateo 27.1–31; Marcos
15.1–20; Lucas 23; y Juan 18.28–19.16.*

Los gobernadores romanos generalmente dependían de las autoridades locales para mantener el orden público. Sin embargo, el sacerdocio aristocrático que gobernaba Jerusalén con frecuencia abusaba de su poder, especialmente cuando se trataba de personas que consideraban una amenaza a su control.

El tribunal supremo judío, llamado Sanedrín, estaba dominado por el partido de los saduceos, que estaba integrado por miembros del sacerdocio y la aristocracia. Durante el período del Nuevo Testamento, sus setenta y un miembros, que frecuentemente estaban en desacuerdo entre sí, eran seleccionados de entre los saduceos, los fariseos y miembros de la aristocracia.

Debido a que Jesús fue juzgado en medio de la noche en la casa del juez principal en lugar de durante el día en la sala de reuniones cerca del templo, su juicio debería haberse considerado poco ético. Es probable que muchos miembros del Sanedrín estuvieran ausentes de la sesión especial que se convocó para condenar a Jesús porque se llevó a cabo en medio de la noche durante un festival.

El sumo sacerdote, designado por el gobernador romano en esta etapa de la historia, funcionaba tanto como el presidente del Sanedrín y el sumo sacerdote del templo. Bajo él estaban los principales sacerdotes, el tesorero del templo y el resto de los sacerdotes y levitas. En el primer siglo A. D., había varios miles de sacerdotes, la mayoría vivían en sus casas y se turnaban para servir en el templo por un período de una semana.

Como gobernador, Pilato era la máxima autoridad. Pero su poder estaba atenuado por las realidades políticas, una de las cuales fue que su mecenas romano, Sejano, había estado bajo sospecha y fue ejecutado en el año 31 a. d. En el año 36, Pilato se vio obligado a dimitir como gobernador debido a la forma en que manejó un incidente en Samaria. Nada se sabe sobre su muerte.

ALGO PARA PENSAR

1. Pilato parece haber estado profundamente en conflicto acerca de condenar a Jesús. Repasa brevemente los diversos factores y eventos que movieron a Pilato en diferentes direcciones.

2. En última instancia, Pilato hizo lo que era políticamente conveniente en lugar de lo que era correcto. Al igual que Judas, quien arrojó las treinta piezas de plata al piso del templo, Pilato trató de distanciarse de su lamentable decisión. Si fueras a defender la posición de Pilato, ¿qué argumentos harías en su favor? Del mismo modo, ¿qué argumentos harías en contra de su forma de actuar?

3. Para referirse a la condición humana, el apóstol Pablo escribió: «No hay un solo justo, ni siquiera uno» (Romanos 3.10). Es fácil ver cómo se aplica esta afirmación del apóstol a aquellos que fueron cómplices de la muerte de Jesús. ¿Pero cómo se aplica a nosotros hoy?

4. Tómate un momento para considerar lo que Jesús debe haber sufrido al ser arrastrado entre Pilato y Herodes y torturado

por sus tropas. Más de una vez, Jesús deja claro que él no es una víctima. «No tendrías ningún poder sobre mí», le dice a Pilato, «si no te fuera dado desde arriba» (Juan 19.11). Y antes había dicho a los discípulos: «Nadie puede quitarme la vida sino que yo la entrego voluntariamente en sacrificio. Pues tengo la autoridad para entregarla cuando quiera y también para volver a tomarla» (Juan 10.18 NTV). ¿Por qué es importante entender que Jesús no es una víctima, sino que elige morir en una posición de poder y autoridad?

5. Jesús te amó tanto que voluntariamente decidió tomar tu lugar en el tribunal. ¿Qué te viene a la mente cuando reflexionas sobre la profundidad de su amor y su sacrificio por ti? Si lo encuentras útil, usa una de las siguientes oraciones como parte de tu respuesta:

> Debido a tu amor, yo…
> Tu sacrificio para mí significa…
> *Te alabo por amarme por…*

CAPÍTULO 30

LA HISTORIA DE MARÍA MAGDALENA

Cómo una mujer endemoniada llegó a ser una discípula fiel

Y le llevaban todos los que padecían de diversas enfermedades los que sufrían de dolores graves, los endemoniados, los epilépticos y los paralíticos, y él los sanaba.

MATEO 4.24

Él está lo suficiente cerca como para percibir el olor de su cuerpo sin bañar y ver la mugre apelmazada debajo de sus uñas. Hebras grasientas de pelo se asoman por debajo de un pañuelo que le enmarca el rostro, el cual parece mucho más viejo de lo que es. Ella está sentada en las sombras, meciéndose rítmicamente y mirando hacia donde él está; sin embargo, posa sus ojos más allá de su persona, como si el hombre no estuviese ahí. Él la observa mientras ella se agarra la garganta, tratando en vano de acallar las voces que surgen de su interior completamente fuera de su control.

Sus ataques llegan como ráfagas. Los vendavales de risa chillona son seguidos de lamentos en alta voz y luego de un largo período de susurros, como si estuviera hablando con fantasmas que nadie más que ella puede ver. Él percibe los sucesivos cambios de tono, unos seguidos de otros en rápida sucesión. Este es bajo y amenazador, y el siguiente resulta estridente y zalamero. Los demonios que viven dentro de ella gruñen, pelean y se muerden unos a otros en una maraña infernal.

La aldea de Magdala está acostumbrada a los ataques de María. La gente dice que está loca, desesperada y más allá de cualquier ayuda que se le pudiera brindar. Seguramente habrá cometido terribles pecados para merecer semejante tormento. Incapaces de comprenderla, las personas simplemente la ignoran. Todos, excepto los niños, quienes le temen y guardan una prudente distancia. Algunos, cuando se tropiezan con ella, la insultan y le gritan «¡Mujer del diablo!» o «¡Bruja!».

Sin embargo, ella no es una bruja. Es solo un alma torturada cuya mente ha descendido a los infiernos mientras su cuerpo sigue en la tierra.

Jesús sabe esto. Es por eso que ha venido a salvarla. A medida que se le aproxima, ella recoge un puñado de piedras de un pequeño montículo que hay cerca. No obstante, antes de que pueda lanzarle la primera, se oye una voz potente, fuerte y clara:

«¡Fuera!».

Su voz tiene tal autoridad que ella se sacude al mismo tiempo que siente que el suelo donde está parada retumba y comienza a temblar. Pero en lugar de abrirse la tierra y tragársela, arrastrándola a la muerte como la mujer cree que debería ocurrir, algo muy dentro de ella estalla, un lugar cerrado lleno de miedo. Entonces, con un estremecimiento, siente que salen de su interior. Antes de que pueda darse cuenta de lo que ha sucedido, escucha gritos de rabia mezclada con terror. Desprovistos del cuerpo que habitaban, los demonios aúllan y se desvanecen.

Un gran peso de angustia se le ha quitado de encima a la mujer, y de nuevo es ella misma. ¿Cuánto tiempo ha estado atrapada por aquella oscuridad que había tomado posesión de su alma? No lo puede decir. Lo único que sabe es que las cadenas que la habían tenido atada se han roto. Se siente tan ligera que cree que puede flotar en el aire.

«María», le dice Jesús, atrayéndola a sí.

Ahora su voz es tierna, como si la hubiera conocido de toda la vida. Cuando toma las manos que se extienden ante ella, ve en su expresión solo un amor y una misericordia tan profundos y amplios que no los puede dimensionar. Las lágrimas comienzan a rodar suavemente por su rostro y una sonrisa ilumina su faz, la primera en muchos años.

Meses más tarde, ella se ha convertido en una especie de celebridad.

«¡Allí está!», la señalan mientras procuran abrirse paso hacia el grupo de discípulos que va caminando con Jesús.

No se pueden imaginar cómo una mujer como ella, tan imponente, esbelta y dueña de sí misma, pudo haber estado perdida en tanta oscuridad. Sin embargo, muchos han escuchado la historia de labios de testigos oculares y miembros de la familia que estuvieron presentes cuando se produjo el milagro.

Aunque los Evangelios no dicen nada sobre si alguien se habría escandalizado por el hecho de que discípulos mujeres viajaban con Jesús y sus discípulos varones, es probable que la escena social presentada en los Evangelios haya sido algo fuera de lo común.[2] ◼

Ahora María de Magdala viaja libremente junto con aquellos que acompañan a los discípulos más cercanos de Jesús. Juana, Susana y varias otras mujeres se encargan de los gastos de Jesús acudiendo a sus propias carteras.[1] Dondequiera que van, son tema de conversación. Ver a un grupo de hombres y mujeres viajando de pueblo en pueblo y acompañando a su rabino, más que sorprendente, resulta chocante, algo que indigna a algunos, que lo ven como otra razón para oponerse al controvertido rabino. En cuanto a las mujeres, normalmente solo viajan en compañía de hombres a los que no las une ningún vínculo afectivo cuando es posible pasar la noche con algunos familiares.

Sin embargo, María no se preocupa por las formalidades o dónde va a pernoctar. Ella simplemente quiere estar con Jesús, expresarle su amor, servirle y aprender de él y seguirle. Por lo tanto, está en el monte cuando él multiplica los panes para darles de comer a cinco mil, y luego cuando asombra a pobres y ricos declarando que los primeros serán los últimos y los últimos serán los primeros. Está ahí cuando abre los ojos del ciego y pone al cojo a caminar. Cada vez que Jesús expulsa a algún demonio, ella es la primera en compartir su historia y orar con aquellos que han sido liberados. Siendo una líder entre las mujeres, les da ánimo a todos con su fe.

Ha estado viajando a lo largo y ancho de Galilea y Judea con Jesús y los otros discípulos. Ahora se dirigen a Jerusalén para la fiesta de la Pascua. La ciudad está convertida en un hervidero de fervor político y religioso. Acompañados de una abigarrada multitud, caminan cerca del Monte de los Olivos. Jesús va montado en un burro, símbolo de humildad, lo que indica que va a ascender a su trono por medios pacíficos en lugar de por medios violentos. Las voces de la multitud que lo aclama gritan:

«¡Hosanna al Hijo de David!».

«¡Bendito el que viene en el nombre del Señor!».

«¡Hosanna en las alturas!».

Se siente emocionada ante una entrada tan triunfal en la ciudad, mientras camina sobre mantos y ramas de palma que la gente ha lanzado al camino por donde pasará Jesús. A pesar del hecho de que Jesús se ha encontrado con una oposición obstinada por parte de la élite religiosa, la gente común lo aclama como el rey de Israel largamente deseado. Ella se pregunta qué les depararán los próximos

Los Evangelios indican que Jesús fue crucificado en el Gólgota, o «el lugar de la calavera». Aunque no conocemos la ubicación exacta, la Iglesia del Santo Sepulcro, construida en el siglo cuarto, marca hoy el lugar probable. En el tiempo de Jesús, esta pudo haber sido una cantera abandonada de forma oval donde había por igual tumbas y jardines.[3] ■

Tanto la ley romana como la judía mandaban que las crucifixiones se hicieran fuera de las murallas de la ciudad. Por lo general, los romanos plantaban cruces a lo largo de los caminos altamente transitados para que esta horrible forma de ejecución sirviera como disuasivo a los posibles criminales y agitadores. ■

Aunque a menudo las víctimas eran crucificadas desnudas, los romanos eran conscientes de los escrúpulos judíos sobre la desnudez, por lo que es probable que hayan permitido que Jesús conservara un taparrabo.[5] ■

La madera era escasa, por lo que es posible que las piezas transversales de la cruz se usaran más de una vez. Estas vigas las tenía que cargar la persona condenada hasta el lugar de la ejecución y luego eran integradas a un poste vertical o árbol que ya estaba allí. ■

Las cruces podían tener forma de X, Y, I o T.[6] ■

días y qué maravillosa obra hará Dios para establecer a Jesús en el trono.

Aunque es consciente de los riesgos políticos, está segura de que nada es imposible para Dios. ¿No han hablado los profetas de este día? ¿No ha realizado Dios milagros y prodigios que apuntan al hecho de que Jesús es el Mesías que todos han estado esperando?

En medio de su júbilo, no se puede imaginar que en tan solo unos días pasará a ser parte de otro grupo, una gran multitud de gente que acompañará a Jesús de nuevo, pero esta vez será en su salida de la ciudad hasta el lugar de su ejecución.

Junto con miles de peregrinos, permanece en Jerusalén para celebrar la gran fiesta de la Pascua. Al igual que el resto de su pueblo, ella conmemorará la liberación de Dios recordando las maravillas que él hizo para ellos en Egipto, rescatándolos de la mano de sus opresores y conduciéndolos a la tierra prometida. Es un tiempo de fiesta y celebración que durará hasta bien entrada la noche.

Cuando finalmente se despierta, no es por los rumores de gloria, sino por un desastre inimaginable. Se entera de que el Señor ha sido arrestado, juzgado, azotado y sentenciado a muerte. Ahora mismo está siendo llevado hasta la cantera fuera de los muros de la ciudad, donde se crucifica a los criminales.

Se apresura a unirse a la multitud que va aumentando rápidamente. Confía en que los rumores que le han llegado sean falsos. A medida que se abre paso entre la multitud, trata de ubicar a los discípulos de Jesús, pero no ve a la mayor parte de ellos.[4] Luego logra divisar a sus amigos: María la madre de Jesús, Salomé, María la madre de Santiago y José. Observa cómo se aferran unos a otros, inconsolables. Jesús está de espaldas en el suelo a pocos metros de distancia de ellos. Le han puesto sobre sus hombros una pesada viga y su túnica está empapada de sangre. En la cabeza lleva una corona de espinas.

El Evangelio de Juan es el único de los cuatro Evangelios que indica que alguno de los doce discípulos estuvo presente. Véase Juan 19.27.

«¡Levántate, rey!», le gritan los soldados, agarrándolo de un brazo y tirando de él para ponerlo de pie. Jesús se tambalea, lo que hace que las mujeres traten de romper el cerco de la multitud para llegar hasta él. Sin embargo, los soldados se lo impiden, empujándolas hacia atrás. Sus gritos de angustia son ahogados por el rugido ensordecedor de la multitud.

María coge la mano de Salomé y las dos tratan de avanzar hacia el lugar de la crucifixión. Observa cómo despojan a Jesús de sus ropas y lo clavan a la viga transversal, que luego es atada a un poste alto que ya se encuentra enterrado en el suelo. Los soldados presionan sus piernas a uno y otro lado del madero, hundiendo largos clavos en sus tobillos para asegurarlo a la cruz.

La escena es tan horrible que muchos de los que la presencian se inclinan, incapaces de controlar sus náuseas. Aunque María ha visto a innumerables hombres crucificados junto a los caminos, nunca ha estado tan cerca de uno. Incapaz de ahorrarse el dolor que padece su

Señor, mantiene la mirada fija hacia delante junto a las otras mujeres que observan y esperan. La gente que entra y sale de la ciudad a lo largo de la concurrida carretera que bordea la cantera se detiene a mirar, agita la cabeza y lanza burlas contra Jesús.

«Tú, que destruyes el templo y en tres días lo reconstruyes, ¡sálvate a ti mismo! ¡Si eres el Hijo de Dios, baja de la cruz!».[7]

Y se echan a reír.

Los sacerdotes y los ancianos también ríen. Y dicen:

«¡Salvó a otros, pero no puede salvarse a sí mismo! Él confía en Dios; pues que lo libre Dios ahora, si de veras lo quiere».

María desea abofetearlos, gritarles en la cara que él es la verdad y decirles que de todos los necios que hay en el mundo, ellos son los peores. Sin embargo, antes de que pueda hacer nada, una espesa oscuridad desciende sobre el lugar cubriéndolo todo. Su corazón siente el peso de un dolor demasiado profundo como para decir algo. A pesar de lo que está sufriendo, sabe que no se alejará de allí. ¿Cómo podría abandonar a su liberador cuando no hay nadie que lo libere a él?

Juan 19.39 indica que Nicodemo llevó unas setenta y cinco libras de mirra y áloe, una impresionante cantidad muy similar a la que se usaba en los entierros reales.[8] ■

Después de un largo rato, escucha a Jesús clamando a gran voz:

«*Elí, Elí, ¿lama sabactani?* (que significa: "Dios mío, Dios mío, ¿por qué me has desamparado?")».

Ella siente ahora la agonía que trató de mantener alejada de su corazón. La pregunta que no puede contener, explota:

«¿Dónde está Abba? ¿Cómo puede abandonar a su Hijo amado al tormento de la cruz?».

A través de las sombras ve a hombres en movimiento. Levantan una esponja empapada en vino y adherida a un palo y se la ofrecen a Jesús. Luego oye a Jesús exclamar de nuevo en alta voz:

«¡Padre, en tus manos encomiendo mi espíritu!».

Su cabeza cae sobre su pecho al tiempo que exhala su último aliento.

Antes de que María y las otras mujeres puedan expresar su dolor, la tierra comienza a temblar y retumbar. Enormes rocas son sacadas de su sitio. Grietas se abren en la tierra. Aquellos que solo unos momentos antes habían estado burlándose de Jesús ahora se acurrucan en la oscuridad que los rodea.

Cuando finalmente la tierra se calma, se escabullen, uno tras uno. Ahora solo las mujeres se quedan junto a unos pocos soldados romanos que deben proteger el cuerpo. Cuando cae la tarde, un discípulo secreto de Jesús se presenta en el lugar, un hombre rico llamado José de Arimatea. Ha obtenido permiso para retirar el cuerpo de la cruz y llevarlo a una tumba recién cavada a un lado de la cantera. María observa. Está agradecida de que al menos Jesús no va a sufrir la desdicha de un entierro vergonzoso, su cuerpo no será arrojado a una fosa común junto con criminales que ya han sido o serán ejecutados.

Sentada frente al sepulcro, observa cómo preparan cuidadosamente a Jesús para su descanso. Cargados con especias, José y Nicodemo, un miembro del concilio de los gobernantes judío y seguidor secreto de Jesús, se agachan para entrar a la tumba. Amortajan el cuerpo, envolviéndolo en telas de lino como es la costumbre. Una vez que han terminado, sellan la tumba haciendo rodar una gran piedra para cerrar la entrada y así evitar que penetren los animales.

Esa noche María apenas duerme. Experimenta un sueño tras otro. Le parece escuchar las voces estridentes y chillonas de sus antiguos atormentadores golpeándole el corazón. Ellos se mofan y le dicen triunfantes que han ganado y pronto volverán a vivir en ella para siempre. Ahora nadie podrá ayudarla.

No obstante, el amor de Dios crea una barrera que ellos no pueden traspasar.

El domingo, María se levanta temprano, antes del amanecer, y se apresura a ir a la tumba de Jesús con otras dos mujeres: Salomé y María, la madre de Jacobo. Es lo único que se les ocurre hacer. Llevan especias para ungir el cuerpo. Yendo poco después de la salida del sol, se acuerdan de la gran piedra que cubre la entrada a la tumba. ¿Quién podrá quitarla para que ellas puedan entrar?

Sin embargo, no hay necesidad de preocuparse, porque la piedra ya ha sido removida. Mirando dentro, María ve que el cuerpo de Jesús no está. ¡Alguien se lo ha robado! Corriendo regresa a la ciudad, se encuentra con Pedro y Juan, y les dice:

«¡Se han llevado del sepulcro al Señor, y no sabemos dónde lo han puesto!».

A toda carrera, Pedro y Juan se dirigen a la tumba. Pedro entra primero. Ve los lienzos en el suelo y el sudario que habían puesto en la cabeza de Jesús a un lado delicadamente doblado.

Entonces Pedro y Juan regresan a la ciudad, mientras María permanece en la tumba, llorando. Al inclinarse para mirar dentro, se asusta al ver a dos ángeles con vestiduras blancas resplandecientes sentados en la cornisa donde habían puesto el cuerpo de Jesús.

«¿Por qué lloras, mujer?» le preguntan.

«Es que se han llevado a mi Señor, y no sé dónde lo han puesto» les responde.

Luego, desde detrás de ella, otra voz le pregunta:

«¿Por qué lloras, mujer? ¿A quién buscas?».

Dándose la vuelta, ve a un hombre que cree debe ser el jardinero. Con una voz de súplica, le dice:

«Señor, si usted se lo ha llevado, dígame dónde lo ha puesto, y yo iré por él».

Aunque María se había sentido impotente para impedir la muerte tan vergonzosa de Jesús, haría cualquier cosa para asegurarse de que fuera tratado con dignidad en su muerte.

Luego, una sola palabra la desarma.

«María» le dice el hombre, y la ternura en su voz es inconfundible.

«¡Raboni!» exclama ella.

Antes de que se acerque y lo toque, Jesús le indica:

«Suéltame, porque todavía no he vuelto al Padre. Ve más bien a mis hermanos y diles: "Vuelvo a mi Padre, que es Padre de ustedes; a mi Dios, que es Dios de ustedes"».

De repente, la oscuridad que había estado acechando a María durante los últimos tres días se levanta y una explosión de alegría llena su alma. ¡Jesús está vivo! ¡La muerte ha sido derrotada! ¡Ahora todo es posible!

Así es como María Magdalena, la mujer de quien Jesús había expulsado siete demonios es elegida por Dios para estar presente en el momento en que el acontecimiento más grande en la historia del mundo llega a su clímax. Amando a Jesús en la más amarga de las amarguras, ella es la primera persona en recibir el honor de compartir las buenas nuevas de su resurrección de entre los muertos, diciéndoles a los demás: «¡He visto al Señor!».

LOS TIEMPOS

La historia de María Magdalena probablemente
se ubica entre los años 27 y 30 A. D.
Se encuentra en Mateo 27.56, 61; Marcos 15.40, 47;
16.1–11; Lucas 8.2; 24.10; Juan 19.25; 20.1–18.

En el antiguo Oriente Medio era común la creencia en los demonios y el poder de los encantamientos mágicos y los amuletos. En contraste, la Biblia desalienta el uso de la magia o el intento de entrar en contacto con los espíritus. Tanto el Antiguo como el Nuevo Testamento dejan claro que solo Dios tiene el poder absoluto sobre los espíritus malignos. Es notorio que cuando Jesús liberó a María y a otros de los malos espíritus, lo hizo basándose en su autoridad y no mediante el uso de hechizos u objetos mágicos.

A lo largo de los siglos, muchos escritores han representado erróneamente a María Magdalena como una prostituta, confundiéndola con la mujer que vivió una vida de pecado y lavó los pies de Jesús con sus lágrimas. Sin embargo, los evangelios simplemente la identifican como una mujer que era víctima de la posesión demoníaca. Después de su liberación, se convirtió en una devota discípula de Jesús, viajando con él junto a otros de sus seguidores, tanto hombres como mujeres. Algunos eruditos creen que pudo haber sido una líder de la iglesia primitiva. Su nombre se conserva en los cuatro Evangelios y, además, se le menciona de primera en la lista de mujeres discípulos de Lucas 8.1–3 y de primera entre las mujeres nombradas en Marcos 16.1.

María Magdalena fue también el testigo más importante de la muerte, sepultura y resurrección de Jesús. Dado que a principios del siglo primero en Israel a las mujeres no se las consideraba testigos confiables, muchos eruditos ven esto como una mayor evidencia de la veracidad del Nuevo Testamento. Señalan que ningún escritor en aquel período habría incluido voluntariamente dicha información a menos que fuera cierta.

Aunque la mayoría de los discípulos huyeron una vez que Jesús fue arrestado y juzgado, María y varias otras mujeres estuvieron con él durante la crucifixión. Como una mujer que se mantuvo fiel a Jesús a lo largo de su crucifixión, muerte, sepultura y resurrección, María Magdalena es un modelo de lo que significa seguir al Señor.

Cuando los romanos crucificaban a sublevados o criminales, por lo general dejaban que sus cuerpos se descompusieran en la cruz para que sirvieran de vergüenza y advertencia a otros descontentos. Sin embargo, la práctica judía era sepultar los cuerpos el mismo día de su muerte.

A la gente común se la enterraba en fosas poco profundas, mientras que a los ricos se los sepultaba en tumbas familiares labradas en la roca. Generalmente, estas consistían en cámaras subterráneas a las que se accedía a través de una entrada baja y sellada por una piedra para impedir el paso de los animales. El cuerpo era depositado en una especie de cornisa cortada en la roca misma, se ungía con aceite y especias, y luego se envolvía con tela de lino. La mandíbula podía mantenerse en su lugar mediante una pieza separada de tela que se le enrollaba alrededor de la cabeza, y el cuerpo entero podía entonces ser envuelto en un sudario.

Entre los judíos, así como en muchos otros pueblos, las prácticas funerarias eran extremadamente importantes. Un cuerpo que se dejara a la intemperie en lugar de ser sepultado de forma honorable era considerado una vergüenza y una tragedia.

ALGO PARA PENSAR

1. La experiencia de María con Jesús presenta un dramático «antes y después». ¿Cómo tu propio encuentro con Jesús cambió tu vida? Comenta otros «antes y después» de personas que conozcas y que se han encontrado con Jesús de una forma profunda.

2. ¿Qué obligó a María y las otras mujeres a permanecer junto a la cruz? ¿Crees que tú habrías tenido la entereza para hacer lo mismo?

3. Frente a la tragedia o las dificultades, es posible que nos sintamos tentados a creer que la oscuridad es más fuerte que la luz. ¿Cómo has experimentado la presencia de Dios en los tiempos de oscuridad personal?

4. Imagínate que Jesús hubiera pronunciado tu nombre cuando te encontrabas junto a la tumba vacía. ¿Cómo te habrías sentido? ¿De qué forma esta experiencia impacta tu comprensión de quién es Jesús? ¿Y de quién eres tú en relación con él?

AGRADECIMIENTOS

Como siempre, se necesita, —si no una población entera— a lo menos una multitud de buen tamaño para publicar un libro y luego lanzarlo con algún grado de éxito.

Agradezco a David Morris, editor comercial de Zondervan, y a Sandy Vander Ziht, editor asociado, quienes apoyaron con entusiasmo la idea de este libro. Junto con Alicia Kasen, directora jefe de mercadotecnia de Zondervan, y Sue Smith, gerente de Baker Book House, una librería estelar en mi propio patio trasero (o quizás el mío en el de ellos), formaron un equipo de expertos que me aconsejaron mientras exploraba cómo enfocar y dar forma a este libro.

Al igual que con muchos de mis libros anteriores, Sandy Vander Zicht pudo aportar sus considerables habilidades y experiencia editorial al proyecto, brindando orientación que ha ayudado a mejorarlo de muchas maneras. Le estoy agradecido por su papel de amigo, alentador y defensor del diablo, un papel que todo buen editor debe desempeñar. Cuando pienso en sus contribuciones al libro, recuerdo cómo Erik Larson expresó sus agradecimientos a su editora en Crown Publishers, diciendo: «Ella demostró ser una maestra en el arte de ofrecer elogios, mientras al mismo tiempo metía pequeños cuchillos debajo de mis uñas…».[1] Gracias, Sandy, por ser generosa con los elogios y al mismo tiempo olvidarte de mis uñas, a lo menos por el momento.

Gracias también a Christine Anderson y John Sloan, quienes me brindaron un aliento maravilloso y muchas sugerencias interesantes sobre cómo podría mejorarse el manuscrito. Mis agradecimientos a Bob Hudson por su cuidadosa labor editorial mientras llevó adelante el proyecto hasta su Algo para pensar. También estoy en deuda con Verlyn Verbrugge, que ya no está con nosotros, por la considerable ayuda que prestó no solo para este libro, sino para muchos de los que he publicado a lo largo de mi carrera de escritor.

En lo que respecta a la comercialización, agradezco a Alicia Kasen y su equipo por su impecable ética de trabajo y sus constantes esfuerzos creativos para difundir la noticia sobre este libro.

Mi gratitud también a mi agente, Sealy Yates, por su sabio consejo, en el que he confiado a lo largo de muchos años.

Gracias también a Karen Yates, que nos brindó ayuda crítica cuando llegó el momento de titular el libro.

También agradezco a mi amigo Chris Meyer, quien me sugirió que leyera el fascinante libro de Leon Kass, *The Beginning of Wisdom: Reading Genesis* («El principio de la sabiduría: Leyendo el Génesis»). Las ideas de Kass sobre el primer libro de la Biblia fueron inmensamente útiles mientras luchaba con cómo volver a contar las historias fundamentales del judaísmo.

The Zondervan Illustrated Bible Backgrounds Commentary («Comentario ilustrado del contexto cultural de la Biblia de Zondervan») fue otro recurso valioso para comprender el mundo bíblico antiguo y las historias que ayudan a darle vida.

Cualesquiera que sean las deficiencias del libro, espero que los lectores puedan pasarlas por alto y que compartan mi entusiasmo por las historias antiguas que han dado forma a nuestra civilización y por las ricas ideas que inevitablemente brindan a aquellos que pasan tiempo reflexionando sobre ellas.

NOTAS

Introducción

1. Citado en *Engaging God's World* de Cornelius Plantinga, Jr. (Grand Rapids, Eerdmans, 2002), p. 49.

Capítulo 1: La historia de Adán

1. Lois Tverberg, «Together Again», Engedi Resource Center, publicado en http:77www.egrc.net/articles/Rock/Jesus'_Jewish_Teachings/ TogetherAgaibn.html.
2. Ibíd.

Capítulo 2: La historia de Eva

1. Para un comentario profundo sobre Génesis y más información acerca de por qué el Jardín del Edén pudo haberse considerado parte de la residencia de Dios en el Edén, véase «Génesis» de John H. Walton, Zondervan Illustrated Bible Backgrounds Commentary on the Old Testament, ed. John H. Walton (Grand Rapids: Zondervan, 2009), 1:10-38.

Capítulo 3: La historia de Caín

1. Aunque la NVI traduce Génesis 4.1 como «¡Con la ayuda del Señor, he tenido un hijo varón!», León Kass afirma que esta interpretación convencional es una interpolación interpretativa y que el contexto favorece: «He conseguido (o creado) a un hombre igualmente con Dios». Véase Leon R. Kass, *The Beginning of Wisdom: Reading Genesis* (Chicago: The University of Chicago Press, 2003), p. 126.
2. Véase John H. Walton, «Genesis», *Zondervan Illustrated Bible Backgrounds Commentary on the Old Testament*, ed. John H. Walton (Grand Rapids: Zondervan, 2009), 1:38.

Capítulo 4: La historia de Sara

1. Véase John H. Walton, «Genesis», *Zondervan Illustrated Bible Backgrounds Commentary on the Old Testament*, ed. John H. Walton (Grand Rapids: Zondervan, 2009), 1:73-74.
2. Véase John H. Walton, «Genesis», 1:91.

Capítulo 5: La historia de Jacob y Esaú

1. Algunos comentaristas critican a Rebeca por su engaño. Pero habría que tomar en cuenta que ella es la heroína de este drama familiar. ¿Qué habría pasado si, a diferencia de su anciano esposo, se haya dado cuenta de que de sus dos hijos, solo uno estaba llamado a asumir el liderazgo del clan, permitiendo que llegara a ser una realidad el pacto? Para un estudio concienzudo de esta historia, véase Leon R. Kass, *The Beginning of Wisdom: Reading Genesis* (Chicago, The University of Chicago Press, 2003), pp. 376-403.
2. Véase la nota a Genesis 30.25, *NVI Cultural Backgrounds Study Bible*, ed. John H. Walton y Craig S. Keener (Grand Rapids, Zondervan, 2016), p. 70.
3. Véase John H. Walton, «Genesis», *Zondervan Illustrated Bible Backgrounds Commentary on the Old Testament,* ed. John H. Walton (Grand Rapids: Zondervan, 2009) 1:115.
4. La ubicación exacta de la tumba de Raquel es motive de controversia, aunque el sitio tradicional se ubica en las afueras de Belén.
5. Según Génesis 46.15, Jacob tuvo más hijas mujeres, aunque sus nombres no se mencionan en la Biblia.

Capítulo 6: La historia de Siquén

1. El texto no dice qué edad tenía Dina aunque era una jovencita, probablemente entre doce y trece años.
2. Estoy en deuda con la interpretación que hace León Kass de esta antigua historia. Para más detalles, véase *The Beginning of Wisdom: Reading Genesis*, de Leon R. Kass (Chicago: The University of Chicago Press, 2003), pp. 476-499.
3. Leon R. Kass, *The Beginning of Wisdom: Reading Genesis* (Chicago: The University of Chicago Press, 2003), p. 313.
4. Ibíd., p. 314.

Capítulo 7: La historia de Tamar

1. Mientras algunos traductores de la historia parecen indicar que Tamar servía como una prostituta de santuario; es decir, como una mujer que se involucraba en ritos de fertilidad, actualmente hay eruditos que piensan que esta pudo haber sido una traducción no exacta y que la palabra hebrea quiere

decir, simplemente, «prostituta». De modo que parece poco probable que
Tamar y Judá se hayan involucrado en un tipo de rito pagano de fertilidad.
2. A pesar del hecho que esta ley hitita aparece registrada mucho después del
periodo en el que tiene lugar esta historia, refleja la ley como debe de haberse
practicado en el tiempo de Judá y Tamar. Citado por John H. Walton,
«Genesis», *Zondervan Illustrated Bible Backgrounds Commentary on the Old
Testament*, ed. John H. Walton (Grand Rapids: Zondervan, 2009), 1:126.

Capítulo 8: La historia de Judá y sus hermanos malvados

1. Para una reflexión a fondo de cómo Judá llegó a ser un hombre capaz de
liderar a una familia complicada, véase *The Beginning of Wisdom: Reading
Genesis* de Leon R. Kass (Chicago: The University of Chicago Press,
2003), pp. 509-648.
2. Para una mirada fascinante aunque crítica de José, véase Leon R. Kass,
The Beginning of Wisdom: Reading Genesis (Chicago: The University of
Chicago Press, 2003), pp. 509-526, 538-659.

Capítulo 9: La historia de Miriam

1. También conocida como Monte Sinaí.
2. Véase «The Egyptians Priest and Their Snakes» en *The Archeological Study
Bible*, ed. Walter C. Kaiser Jr. (Grand Rapids: Zondervan, 2005), p. 96.
3. Aunque el texto bíblico traduce la escena como si Miriam estuviera
tocando una pandereta, los estudiosos indican que la pandereta aún no
se había inventado. Es más probable que la referencia sea a un tambor de
mano de algún tipo. Véase Miriam Feinberg Vamosh, *Women in the Time
of the Bible* (Nashville, TN.: Abingdon, 2007), p. 66.
4. Moisés se casó con una mujer cusita antes de regresar a Egipto a liberar a
su pueblo de la esclavitud.

Capítulo 10: La historia de Faraón, rey de Egipto

1. Véase León R, Kass, *The Beginning of Wisdom: Reading Genesis* (Chicago:
The University of Chicago Press, 2003), p. 654.
2. Para una explicación sobre cómo esta palabra hebrea llegó a ser traducida
erróneamente como «Jehová», véase mi libro, *Praying the Names of God*
(Grand Rapids: Zondervan, 2004), pp. 74-78.

Capítulo 11: La historia de Rajab

1. Citada en «Joshua» de Richard S. Hess, *Zondervan Illustrated Bible
Backgrounds Commentary on the Old Testament*, ed. John H. Walton
(Grand Rapids: Zondervan, 2009), 2:19.

Capítulo 14: La historia de Ana y Penina

1. Véase en Lucas 1.46-55 la oración de María, llamada frecuentemente «El Magníficat».

2. Para una información más completa sobre los sacrificios en aquel tiempo, consulte «Sacrifice in Ancient Israel» de William K. Gilders en *Teaching the Bible: anenews letter for public school teachers by Society of Biblical Literature* (consultado en mayo de 2010), htpp://www.sbl-site.org/assets/pdfs/TBv2iS_Gilders2.pdf.

Capítulo 15: La historia de Saúl

1. Véase «Introducción a 1 Samuel» en *The Archaeological Study Bible,* ed. Walter C. Kaiser Jr. (Grand Rapids: Zondervan, 2005), p. 396.

Capítulo 16: La historia de la adivina de Endor

1. Aunque la Biblia no nos dice que era viuda, la adivina de Endor se muestra sola. Dado que las viudas tenían muy poca capacidad para autoabastecerse, es fácil pensar que una de ellas podría dedicarse a la práctica de la hechicería para sobrevivir aun ante los peligros a que se exponía.

2. Véase «Akkadian Divination» en *The Archeological Study Bible,* ed. Walter C. Kaiser Jr. (Grand Rapids: Zondervan, 2005), p. 277.

Capítulo 17: La historia de Mical

1. Aunque la poesía citada aquí no fue escrita por David sino que es parte de Cantar de los Cantares (4.1, 3, 5-7), David fue un poeta y músico y bien pudo haber compuesto una canción de amor para Mical.

2. Muchos eruditos creen que Mical colocó un ídolo familiar en la cama.

Capítulo 18: La historia de David

1. Citado en «2 Samuel» de V. Philips Long, *Zondervan Illustrated Bible Backgrounds Commentary on the Old Testament,* etc. John H. Walton (Grand Rapids: Zondervan, 2009), 2:416.

2. Véase «2 Samuel» de V. Philips Long, *Zondervan Illustrated Bible Backgrounds Commentary on the Old Testament,* ed. John H. Walton (Grand Rapids: Zondervan, 2009), 2:457.

3. En 2 Samuel 11.3, a Betsabé se la identifica como hija de Eliam. Si este es el mismo Eliam mencionado en 2 Samuel 23.34, tiene que haber sido uno de los mejores soldados de David. El padre de Eliam fue Ahitofel, un consejero cercano del rey. Estas asociaciones pudieron haber hecho del pecado de David mucho peor a los ojos de sus contemporáneos.

4. Los comentarios no están de acuerdo en si Betsabé tuvo alguna responsabilidad en lo sucedido. Kenneth Bailey sostiene que Betsabé sabía lo que estaba haciendo cuando se bañó al alcance de la vista del palacio real. (Véase *Jesus through Middle Eastern Eyes*, por Kenneth E. Bailey [Downers Grove, Il.; Intervarsity, 2008], 40-41). Otros la ven como una víctima inocente. Si esto último es verdad, los pecados de David pudieron haber sido aún más graves.

5. Aunque Urías era un mercenario foráneo, era un adorador del Señor. Se le incluye entre los hombres más poderosos de David (2 Samuel 23.39; 1 Crónicas 11.41).

6. La Biblia dice que David escribió este salmo (Salmos 51), después de haber sido confrontado por Natán por su pecado de adulterio con Betsabé.

7. Véase «2 Samuel» de V. Philips Long, *Zondervan Illustrated Bible Backgrounds Commentary on the Old Testament*, ed. John H. Walton (Grand Rapids: Zondervan, 2009), 2:461.

8. Véase *A Shepherd Looks at Psalm 23* (Grand Rapids: Zondervan, 1977), p. 97.

Capítulo 19: La historia de Betsabé

1. Para diversas interpretaciones del rol de Betsabé en la historia, lea *Women of the Bible* de Ann Spangler y Jean Syswerda (Grand Rapids: Zondervan, 2007), pp. 176-84,

Capítulo 20: La historia de Amnón, Absalón y Adonías, hijos de David

1. La Biblia no dice explícitamente que David no hizo nada. Pero su silencio sobre el asunto combinado con los acontecimientos que siguieron, estarían indicando que él no hizo nada para que su hija recibiera justicia.

2. Véase «1 Samuel» de V. Philips Long, *Zondervan Illustrated Bible Backgrounds Commentary on the Old Testament*, ed. John H. Walton (Grand Rapids: Zondervan, 2009), 2:370.

3. El segundo hijo de David que tuvo con su esposa Abigail, fue Kital. Es posible que haya muerto antes ya que no se le menciona en esta historia.

4. En 2 Samuel 14.2, se la llama como una «mujer astuta». Aquí, probablemente se la presenta como «astuta» por su habilidad para persuadir a otros.

5. Además de servir como parte de la estructura defensiva de la ciudad, las puertas eran lugares donde funcionaban los mercados y se llevaban a cabo procedimientos legales. A veces los profetas daban sus mensajes en las puertas de la ciudad, y con frecuencia los reyes ofrecían audiencias en

las que el público podía traer sus problemas para que el rey hiciera una decisión sobre ellos.

6. En 2 Samuel 11.3 se identifica a Eliam como el padre de Betsabé. Si este es el mismo Eliam que se menciona en 2 Samuel 23.24 como hijo de Ahitofel, entonces pudo haber sido el abuelo de Betsabé.

7. Los príncipes como los reyes se movilizaban regularmente en mulas. El rico simbolismo de la muerte de Absalón se expone en la nota de 2 Samuel 18.9 en *The Archaeological Study Bible*, ed. Walter C. Kaiser Jr. (Grand Rapids: Zondervan, 2005), 2:466

8. *Zondervan Illustrated Bible Backgrounds Commentary on the Old Testament*, ed. John H. Walton (Grand Rapids: Zondervan, 2009), 2:469.

9. Véase D. Freedman, «Kingly Cronologies: Then and Later», *Eretz-Israel* 24 (1998): 41*ʼ-65* según cita de John Monson en «1 Reyes», *Zondervan Illustrated Bible Backgrounds Commentary on the Old Testament*, ed. John H. Walton (Grand Rapids: Zondervan, 2009), 3:98.

10. Aun cuando el texto no indica que Betsabé se dio cuenta de lo que en realidad estaba pidiendo Adonías, tiene que haber recordado que Absalón había dormido con las concubinas de David en su afán para conseguir el trono para sí. Es posible que ella, deliberadamente haya repetido a su hijo la petición de Adonías para permitirle que eliminara a su rival.

11. «The Middle Assyrian Laws», *The Archaeological Study Bible*, ed. Walter C. Kaiser Jr. (Grand Rapids: Zondervan, 2005), p. 179.

Capítulo 21 La historia de Jonás

1. Véase «Jonah» de H. L. Ellison en Kenneth L. Barker y John R. Kohlenberger III, ed. *Zondervan NIV Bible Commentary*, (Grand Rapids: Zondervan, 1994) 1:1464.

2. Véase «Jonah» de H. L. Ellison en Kenneth L. Barker y John R. Kohlenberger III, ed. *Zondervan NIV Bible Commentary*, (Grand Rapids: Zondervan, 1994) 1:1463.

Capítulo 23: La historia de Gomer

1. Oseas 3:1; nótese que el pueblo ofrecía tortas de pasa a Baal en agradecimientos por una buena cosecha.

2. J. Glen Taylor, «Hosea», *Zondervan Illustrated Bible Backgrounds on the Old Testament*, ed. John H. Walton (Grand Rapids: Zondervan, 2009), 5:6.

Capítulo 25: La historia de Herodías y Salomé

1. Aunque el evangelio no lo dice, es razonable asumir que Herodías habría viajado a Jerusalén con su esposo.

Capítulo 27: La historia de la mujer que enjugó los pies de Jesús

1. Estoy en deuda con Kenneth E. Bailey por su fascinante interpretación de esta historia en su libro *Jesus through Middle Eastern Eyes* (Downers Grove, Il.: InterVarsity Press, 2008), 239-60. Aunque Bailey no especula sobre si Simón dio muestras de arrepentimiento como lo he señalado en esta historia, deja claro que la historia que Jesús cuenta de Simón habla de arrepentimiento que se extiende tanto a los que deben mucho como a los que deben poco, implicando que Simón está entre los que deben poco.
2. El doctor Steven Notley, como aparece mencionado en *Sitting at the Feet of Rabbi Jesus* de Ann Spangler y Lois Tverberg (Grand Rapids: Zondervan, 2018), p. 217.

Capítulo 28: La historia de Judas Iscariote

1. «The Jews» y «Jewish Leaders» en *NVI Cultural Backgrounds Study Bible*, ed. John H. Walton y Craig S. Keener (Grand Rapids, Zondervan, 2016), p. 1810.
2. La Biblia no indica si Judas llegó a esta conclusión, pero es una explicación probable a su decisión de traicionar a Jesús. Como todos los demás, los discípulos estaban esperando al Mesías que sería un gran líder militar que derrocaría a Roma.
3. Para más información sobre la relación rabino-discípulo en el siglo primero, véase *Sitting at the Feet of Rabbi Jesus*, de Ann Spangler y Lois Tverberg (Grand Rapids: Zondervan, 2018) y mi libro *Praying the Names of Jesus* (Grand Rapids: Zondervan, 2006), pp. 134-37.

Capítulo 29: La historia de Poncio Pilato

1. Véase Lucas 22.66, que parece indicar que el Sanedrín llevó a cabo una segunda sesión poco después del amanecer para dar la apariencia de legitimidad.
2. Véase la nota en Marcos 15.4, The *Archaeological Study Bible*, ed. Walter C. Kaiser Jr. (Grand Rapids: Zondervan, 2005), p. 1659.
3. Véase la nota en Mateo 27.28-31, *The Archaeological Study Bible*, ed. Walter C. Kaiser Jr. (Grand Rapids: Zondervan, 2005), p. 1614.

Capítulo 30: La historia de María Magdalena

1. Que Jesús tuvo discípulos mujeres lo confirma Mateo 12.48-50; Lucas 8.1-3; 10:38 y Hechos 9.36.
2. Véase *Jesus through Middle Eastern Eyes* de Kenneth E. Bailey (Downers Grove, Il.: InterVarsity, 2008), pp. 192-93.

3. Véase «Mark» de David E. Garland, *Zondervan Illustrated Bible Backgrounds Commentary*, ed. Clinton E, Arnold (Grand Rapids: Zondervan, 2002), 1:298-99.

4. El evangelio de Juan es el único de los cuatro evangelios que indica que uno de los doce discípulos estuvo presente (Juan 19.27).

5. Véase «Mark» de David E. Garland, 1:301.

6. Véase la nota sobre Juan 19.17, *Archaeological Study Bible*, ed. Walter C. Kaiser Jr. (Grand Rapids: Zondervan, 2005), p. 1758.

7. Mateo 27.40.

8. Véase nota sobre Juan 19.39, *Archaeological Study Bible*, p. 1760.

Reconocimientos

1. Erik Larson, *Dead Wake* (New York: Crown Publishers, 2015), p. 358.